鸣谢： LI KA SHING FOUNDATION
李嘉誠基金會

潮汕碑铭研究

陈景熙 主编

社会科学文献出版社
SOCIAL SCIENCES ACADEMIC PRESS (CHINA)

前　言

2018年12月8日至9日，由汕头大学文学院宗教文化研究中心和潮汕文化研究中心联合主办的“潮汕碑铭整理与研究”学术会议在汕头大学学术交流楼举行，来自厦门大学、中山大学、汕头大学、韩山师范学院、嘉应学院、汕头职业技术学院、揭阳职业技术学院等高校，泉州海外交通史博物馆、汕头海关关史陈列馆、汕头市博物馆、南澳县海防史博物馆、澄海区博物馆、濠江区文化馆等文博机构，汕头华侨历史学会、潮汕历史文化研究中心、汕头市岭海诗社、汕头市民间文艺家协会等文史社团的30余位专家学者参加了此次会议。

会议开幕礼由汕头大学文学院陈景熙教授主持，会议主礼嘉宾汕头大学文学院院长毛思慧教授，广东历史学会副会长、汕头大学原党委书记黄赞发先生，先后发表致辞，表示对本次会议召开的祝贺和对汕头大学振兴潮汕文化研究工作的积极支持。随后，厦门大学民间历史文献研究中心主任郑振满教授、中山大学古文字研究所副研究馆员黄光武先生、汕头大学文学院陈景熙教授分别以“碑刻资料的收集与研究”“浅谈樟林古港碑刻的文献价值”“砂拉越古晋上帝庙碑铭研究”为题发表主题演讲。

碑铭资料是研究华人社会文化史的重要历史文献。以历史人类学、民间历史文献学的方法理论整理与研究碑铭文献，是当代中国史学界、海外汉学界方兴未艾的学术前沿。会议中，来自闽粤两地的专家学者聚焦“民间历史文献学视野下的潮汕碑铭搜集与整理”“历史人类学视野下的潮汕碑铭研究”“海外潮人社会碑铭的整理与研究”三个学术取向，围绕“潮汕历代碑铭的整理与研究”“潮汕碑铭与海洋史研究”“潮汕碑铭文献与地方社会史研究”“潮汕碑铭文献与史事考稽”等学术课题，展开了深入的学术讨论。

此次会议得到地方学界的鼎力支持，文史学家小得斋主郭思恩先生，陈新杰老师，金石学家三颂堂主李德欣先生，分别向主办单位暨与会学者赠送《潮汕金石萃编》《潮汕书画人物录》《东山文脉集》等历史文献集和东晋永和九年铭文砖、汉代画像砖拓片等珍贵礼品。会议现场特别展出了李德欣先生惠借的三颂堂珍藏潮州开元寺立唐代“加句灵验佛顶尊胜陀罗尼经幢”、潮州开元寺宋代铜钟拓本和韩愈书《白鹦鹉赋》拓本长卷等潮汕地区早期珍贵碑铭拓片实物。

会议闭幕礼由汕头大学文学院宗教文化研究中心霍淑萍女士主持，汕头大学文学院陈占山教授代表主办方致辞，感谢闽粤两地专家学者对汕头大学潮汕文化研究的支持，表示此次会议于潮汕历史文化研究意义重大，相关领域的老中青三代学者济济一堂，期待在学界同人的支持下，未来汕头大学持续展开潮汕历史文化研究工作和学术交流活动，为推动潮汕历史文化研究不断做出新贡献。

目　录

碑铭对于宋元潮州研究的价值*

陈占山**

一 宋元潮州研究的资料瓶颈

宋元潮州研究一直存在资料瓶颈问题，最基本的原因是有关记载原本就不丰富而又历经战乱多有散佚。大体说来，涉及有关记载的文献有两类：一是宋元时期的本地文献；二是同一时期以记述全国为范围而涉及潮州史事的文献。

本地资料主要包括本地方志、文人别集、考古资料和碑铭。

宋元时期，潮州三县均无县志。对于这一点，《永乐大典》残卷和郭子章《潮中杂记》卷7《艺文志》都没有此时期三县县志已有纂修的任何信息；更为重要的是，明代以后所修潮阳、揭阳和海阳三县县志中的有关题跋对元代以前之无志有十分清晰的确认。如对《潮阳县志》的修纂，永乐时有说“潮阳海滨甲邑，俗尚礼教，人习诗书，蔼然邹鲁之风，仰今耀古。第以图志附于三阳郡志之一，其所登载，弗克备举，览之怅然”；① 对《揭阳县志》有说“《志》之创修，在前明嘉靖二十四年乙巳，纂修者邑宰王公凤，增校者孝廉郑君大仑”；② 对《海阳县志》有说“独怪海阳旧无志，志

* 本文曾刊载于《汕头大学学报（人文社会科学版）》2019年第4期。

** 陈占山，历史学博士，汕头大学文学院教授。

① 郑义：《永乐十七年潮阳县志序》，隆庆《潮阳县志》，潮州地方志办公室2005年编印本，第9页。

② 雍正《揭阳县志》卷1《凡例》。按，值得注意的是，雍正《揭阳县志》所载薛侃、盛端明二序，不曾指出揭阳令王凤《揭阳县志》为首创，相反，盛端明的序中说王凤“暇日，因考旧志多阙，乃聘儒硕相与订正，增辑而成是《志》，呈于当道”。由此看来，王凤嘉靖《揭阳县志》是否为“首创”，还需要研究。但无论如何，尚不足以动摇揭阳县宋元时期无志这一看法。

自康熙丙寅前令金君子翔始”。①

相形之下，宋元潮州州、路一级志书曾有较为频繁的纂修，② 也确实留下若干有价值的记载，③ 但总体上仍存在较多缺憾。以今天的眼光来看，这些志书对本地居民的记载，很少涉及此一时期势力依然很大的土著以及庞大移民进入后的聚落分布；对本地手工业的记载，除稍事涉及盐业外，很少触及当时颇为兴盛的瓷器生产、船只制造等行业。还有，种种迹象表明，此一时期本地与周边及海外应存在较为繁荣的商业贸易，但上述文献对此同样很少记载。诚然，以今量古，确有苛求古人之嫌。那么，可回到宋元时期，举一部同类志书稍事比较。南宋开庆元年（1259）汀州知州胡太初主持纂修了与潮州毗邻的福建汀州州志，名为《临汀志》，该志后较为完整地录入《永乐大典》中。④ 检视一番后不难得出这样的结论：《永乐大典》之残存潮州州、路一级志书栏目设置与《临汀志》区别并不明显，仅少了“墟市”“仓场库务”等项，而巨大的差异其实是在内容方面，《临汀志》的信息量要广泛许多且翔实具体。最突出的是，《临汀志》几乎是在每个栏目里，都十分完备地逐一述及临汀所属6县的情况。

宋元时期，有记载的潮州文人别集有12种，⑤ 但都未能流传下来。

此时期潮州的史事载体，如上所说还有考古资料和碑铭。前一类就现有发掘来看，主要是宋代瓷器窑址、港口遗址及船只遗物、古墓等，数量颇为有限；⑥ 后一类关涉本文中心议题，对于其内容和价值，本文第二、三

---

① 刘运鲋：《海阳志序》，雍正《海阳县志》，潮州市地方志办公室2002年编印。

② 基本情况可参阅杨宝霖《已佚的潮州古方志考》（《潮学研究》第7期，花城出版社，1998）、马楚坚《两宋潮州方志之史辙考索》（黄挺主编《第七届潮学国际研讨会论文集》，花城出版社，2009）等文。

③ 有关记载现在能够看到的即集中过录于《永乐大典》卷5343、卷5345萧韵“潮”字等残卷中，主要涉及道里、形胜、州城及相关设施（营寨、桥道、驿站、学校、书院、祠庙）的建设以及户口、田赋、税课等方面情形。上述内容不完全出自宋元旧志，其中有不少涉及明初史事，是自洪武、建文二朝本地州志过录的。

④ 原载《永乐大典》卷7889～7895，此据《永乐大典方志辑佚》，马蓉等点校，中华书局，2004，第1201～1468页。对于《临汀志》录入《永乐大典》时有无变化的问题，学者看法差异很大。方健先生认为已全失原本旧貌，见方健《〈开庆临汀志〉发覆》，严耀中主编《论史经传》，上海古籍出版社，2004，第314～349页。

⑤ 具体情形可参阅陈占山《海滨“邹鲁”的崛起：宋元潮州研究》，中国社会科学出版社，2015，第198～200页。

⑥ 具体可参阅陈历明主编《潮汕文物志》上册，第68～74页；广东省博物馆编《潮州笔架山宋代窑址发掘报告》，文物出版社，1981；澄海县博物馆编《澄海县文物志》，1987，第44～45、54～55页。

部分会专门评介。而从本节着眼于检讨缺陷而论，这类文献同样存在不足：受其特性和功能决定，宋元潮州碑铭对本地有关史事的记载，基本限于设施营建、记游题名和人物墓志等事，远未能全面覆盖宋元潮州社会的各个方面。

宋元时期潮州的本地文献原本不富，而后又历经战乱，丧失颇多，如《永乐大典》“潮”字号卷5344整卷散佚不存；而本文所关注之宋元碑铭，也有很多遗失或残缺。

本地文献外，潮州的上隶政区即两宋时期的广南东路以及元代的江西行省，基本上没有与潮州相关的文献传世。而此时期以记述全国为范围的不少史籍确实有较多涉及潮州的，如王象之《舆地纪胜》于广南东路下有“潮州”专篇，记述范围涉及沿革、风俗形胜、景物、古迹、官吏、人物等门类；而《宋会要》、李心传《建炎以来系年要录》、李焘《续资治通鉴长编》以及《宋史》和《元史》等，限于体例，它们自然不可能有《舆地纪胜》那样的专篇，但对于潮州史事，仍有一定的涉及。其中，尤以《宋会要》和《建炎以来系年要录》所载较多。《宋会要》的《职官》部分，较多载述宋朝廷对广南（自然包括潮州）选拔、派遣官吏的各种原则和特殊措施；《食货》部分则载广南官员劝课农桑、催纳租税钱粮和贡物以及宋政权减免税额、救灾赈济等事务的说明和规定。由于潮州等沿海之地富产海盐，《食货》“盐法”部分还较多涉及潮州等地的食盐走私问题。《刑法》部分涉及广南社会资料，包括各种禁约、诉讼、勘狱及配隶政策；《兵》部分涉及广南军事力量配置以及“讨叛”“捕贼”等事务；《方域》则涉及广南地理、交通等方面的情况。《建炎以来系年要录》涉潮史料也较多，因此前笔者曾有专门评介，[①] 这里不再重复。综合来看，上述文献虽然对宋元时期的潮州有一定的记载，但这一时期潮州并非岭南政治经济文化的中心，也不属于这个中心的周边地带，加之潮州自宋代，实际上主要是从南宋才开始迈上建设开发的快车道，因此，总体上上述文献对潮州的记载还比较有限。

综上所述，宋元时期涉潮文献及相关记载原本不富，流传至今的更为有限，这就使得宋元潮州的研究明显存在资料瓶颈问题。由此，需要研究者尽可能开发并有效利用各种相关资料，其中自然也包括潮州碑铭。

---

① 陈占山：《〈建炎以来系年要录〉涉潮史事述论》，《汕头大学学报（人文社会科学版）》2008年第3期。

二　宋元潮州碑铭评介

缘于对其独特价值的认识，宋元潮州碑铭很早就引起学者注意。南宋王象之《舆地纪胜》卷100《潮州》已开辟“碑记”一栏，著录《韩退之题名》《李公亭记》《韩文公庙碑》等碑目。[①] 嗣后，明初《永乐大典》卷5345《文章》即收录了其中的近50篇碑铭。万历年间郭子章《潮中杂记》卷8《艺文志下》即为“碑目”，道光年间阮元《广东通志》[②] 及光绪年间卢蔚猷《海阳县志》等都收录了宋元时期的潮州金石，而民国以来有饶锷、饶宗颐和陈维贤等先生的赓续。但这项工作最终还是以黄挺、马明达两位学者于20世纪90年代后期完成《潮汕金石文征（宋元卷）》（以下简称《文征》）而获全功。[③] 本文据此进行统计，知《文征》收录宋元时期的潮汕碑铭共计210多通，但有20余通有目无文，所以现在能够全部或部分看到内容的有190通。这190通碑铭，原件存或残存者80通，存佚不明15通，已佚80通，未见15通。

自上所述可知，宋元潮州碑铭一直备受关注。潮汕文化研究兴起之后，这些碑铭也为有关学者取资利用。在这样的背景下，笔者之所以撰写本文，主要是基于两个考虑：一是此前尚无人将碑铭作为相对独立的资料门类，对之进行专门梳理、评介，而这种工作显然是有学术意义的；二是这类资料的利用，特别是全面利用，在相关研究中其实也只是刚刚起步。由此，笔者希望借助本文，能重新唤起研究者对这类资料的关注。这里就依《文征》所录，对其基本情形做些评介。

第一，潮州城垣、官衙和州城景区建设，州境桥道、驿馆及堤防兴修等方面的碑记，计20多通。

潮州城垣建设，基本上只及子城（详见第三部分）。官衙如咸淳元年（1265）《潮州司理厅记》、泰定三年（1326）《总管府忠爱堂记》、《经历司衡政厅记》等。

---

① 王象之：《舆地纪胜》，中华书局，1992，第3117页。

② 阮元主修《广东通志·金石略》，梁中民校点，广东人民出版社，1994。

③ 黄挺、马明达：《潮汕金石文征（宋元卷）》，广东人民出版社，1999。值得注意的是，近年由饶宗颐总纂、潮州海外联谊会、《潮州志补编》整理小组编印的《潮州志补编》第3册《金石志》也收录了宋元时期的潮州金石，但数量只有80多通，基本上没有超出《文征》所收范围。

州城景区建设主要集中在金山、西湖山和韩山三地。有大中祥符五年（1012）《始开金城山记》、绍兴十八年（1148）《金山亭记》和大中祥符五年至六年（1012～1013）《独秀峰诗》《立石诗》、庆元四年（1198）《金山诗》等；有关湖山（西湖）景区建设和开发的有庆元五年（1199）《重辟西湖记》《湖山记》、开庆元年（1259）《浚湖铭》以及林嘌、赵善涟、陈炜等人的写景抒怀诗；有关韩山的宋元时期金石比较少，乾道元年（1165）《韩山亭记》与之直接相关。

潮州桥道建设方面，主要有乾道七年（1171）《康济桥记》、淳熙二年（1175）《仰韩阁记》和至正六年（1346）《仰韩阁记》等。绍兴二十九年（1159）《潮惠下路修驿植木记》记载了广南东路转运判官林安宅主持对潮惠下路驿道的整治；乾道三年（1167）《凤水驿记》、元贞元年（1295）《三阳驿壁记》等专门记述了此时期潮州驿馆建设所取得的进展；嘉定七年（1214）《修路碑记》较真切反映了当时基层社会实施乡村道路建设的情形。

宋元时期潮州水利建设有很大进展，但有关金石文字并不多见，绍熙三年（1192）《海阳筑堤记》记述绍熙二年（1191）冬到三年春潮守张用成、海阳尉赵善连修复溃决堤防，当地百姓“涂地创宫，合祠绘像”以纪功一事。宝祐元年（1253）《新堤记》记载淳祐十一年（1251）至宝祐元年海阳县令王衜翁等主持新修南桂堤之始末。

第二，韩祠、名贤祠、州学、书院等文化教育设施等方面的修建碑记，计20多通。主要者如至和元年（1054）《文公祠题记》、元祐七年（1092）《潮州昌黎伯韩文公庙碑》、绍定元年（1228）《仰斗堂记》、宝祐元年《潮州修韩文公庙记》、元大德十一年（1307）《重建潮州韩文公庙》、延祐四年（1317）《思韩厅记》以及泰定四年（1327）《重修水东韩庙记》等。这些碑铭在时间上前后持续近300年，反映了宋元时期潮人尊韩的心路历程以及相关设施屡建迭修的过程。其中一些因成于名家之手，长期以来备受关注。

除韩愈外，此时期潮州还有“八贤”（或“九贤”）、“双忠”（张巡、许远），以及原本为山神后被赋予国家正统观念的“三山国王”等。相关碑铭如庆元六年（1200）《八贤堂记》、至顺三年（1332）《南珠亭记》、皇庆元年（1312）《灵威庙记》、至正六年《马发祠记》和至顺三年《潮州路明贶三山国王庙记》等。

宋元时期潮州儒学教育颇为兴盛，其所依托的主要是各级儒学和几座书院，这种情形同样在本地金石中有所体现。主要者如乾道元年《重修州学记》、至元三十年（1293）《重建文庙记》、大德六年（1302）《修文庙新田记》、至顺元年（1330）《续石柱记》、至顺三年《潮州路重修庙学记》、至正十年（1350）《海阳县学明伦堂记》及刘嵩等人于咸淳五年（1269）、至顺三年、至正二十七年（1367）撰写的有关潮州韩山书院的兴建、增置和修废碑记，以及至元三十一年（1294）《重建元公书院记》、至正二年（1342）《得全书院记》等。

第三，佛教寺院建设碑记以及佛教信徒施捐题记等，近50通。重要者如景祐元年（1034）《敕赐灵山开善禅院记》、庆历三年（1043）《开元寺重修大殿记》、政和四年（1114）《潮州开元寺藏铜钟铭文》、绍兴四年（1134）《潮州资福禅院铜钟铭文》、咸淳五年（1269）《潮州开元寺法堂记》、治平三年至熙宁二年（1066～1069）《潮州笔架山窑造白瓷佛像铭文》、泰定元年（1324）《双峰院记》、致和元年（1328）《创建帝师殿碑》、至元三年（1337）《南山寺记》和至正十一年（1351）《报德堂记》等。《创建帝师殿碑》记录了潮州地方政府奉元最高当局之命，为帝师（也是藏传佛教密宗领袖）胆巴建庙的过程；《报德堂记》记载了大峰筹措资金建造和平桥的事迹。

第四，人物墓志及记游题名等，约40通。人物墓志重要者如康定二年（1041）蔡襄《尚书屯田员外郎林君墓志铭》、同一年余靖《宋故两浙提点刑狱尚书度支员外郎林公墓碣铭并序》以及乾道六年（1170）胡铨《王大宝墓铭》等。记游题名数量不少，一般内容都较为简略，但涉及潮州或出于各种情由前来潮州之人物及其作为，所含信息量可观。

宋元潮州碑铭从其所属来看，大体可以分为官方和民间两类。从数量上说，两类占比大体相当，民间类稍多一些。官方碑铭主要为各种营建而作，因营建基本由官府策划、发起，所以有关碑铭的作者或为组织、实施营建的官员，如陈尧佐、王汉、郑伸、王涤、傅自修、曾汪、林嶠、林光世、王元恭和王翰等；或是受前者委托的文人，他们有的是本地俊彦，如王大宝等，而更多的是非本籍的名流，如苏轼、真德秀、刘克庄、吕大圭、林希逸、吴澄、欧阳玄、周伯琦、吴海等。民间碑铭内容较为庞杂，既有如官方碑铭般记营建的，如佛教寺院建设，信徒有关施建、烧造等，也有墓碑、铭文和各种题名、记游等。与官方碑铭作者相仿，民间碑铭作者既有本地名人如许申、卢侗等，也有非本地的名家如蔡襄、余靖、胡铨、朱熹、陈淳等。还有相当一些民间碑铭已不知作者。

三　碑铭在宋元潮州研究中的价值

宋元潮州碑铭总量虽不算多，涉及面也不甚广，但对于此时期本地历史文化研究的价值不可忽视，主要可归纳为以下三个方面。

第一，可填补有关记载之缺失。需要说明的是，这里所说“有关记载之缺失”，包括那些本来有记载，但后来因文献散佚而导致记载缺失的情况。如宋元时期潮州佛教十分兴盛，而自现存《永乐大典》卷5344的目录看，《潮州府二》于“人物”部有“仙释”一目，“宫室”部有“庙”“寺”“院”“庵”“堂”等目。它们原本应是最直接载述有关情形的文字，惜如前述，该部分内容已佚；而其他同时期相关资料，唯有碑铭在相当程度上可以填补记载的缺失。如宋元时期潮州究竟有哪些著名的寺院，有关碑铭文字就可以提供答案。首先，应该是开元和灵山两座寺院。入宋后，开元寺经扩建、重修，成为本地首屈一指的大寺院。庆历三年余靖《开元寺重修大殿记》就有明确记载，经历修缮“凡寺之制，完者饰之，缺者补之，隳者革之，凡五百楹，为一郡之表”。[①] 南宋末年林希逸《潮州开元寺法堂记》追述说：“寺始甚雄，中有子院三十六。绍兴毁于虔寇，后虽更造，仅有佛殿、罗汉堂、三门两庑而已，余皆豪民大姓据为列肆矣。”[②] 引文中的“虔寇”，是指绍兴三年（1133）的“黎盛之乱”。从现存开元寺的规制看，“黎盛之乱”后所复建的，基本上与今之大小相仿佛，而绍兴前有“五百楹”或“三十六院”的开元寺，其规模之大，可想而知。其实，除文献记载外，一些残存的实物资料如石柱等，可以更直接了解其当初的规模。现矗立于潮州开元寺观音阁前的育王型石塔及天王殿，从上所刻文字基本上可认定是宋代开元寺的原构件。它们雄宏非凡，即使在今天看来也仍是岭南杰观。

由于众多寺院自人口密集的州城、市镇上崛起，远离都市、地处崇山峻岭的灵山寺，进入宋代之后，似不再如在唐代那么引人注目。但许申《敕赐灵山开善禅院记》记载，大中祥符五年（1012）朝廷有新译经之赐；

---

① 余靖：《开元寺重修大殿记》，黄志辉校笺《武溪集校笺》卷8，天津古籍出版社，2000，第238页。

② 林希逸：《潮州开元寺法堂记》，黄挺、马明达：《潮汕金石文征（宋元卷）》，第204页。

天圣七年（1029）又诏改名称；[①] 景祐元年（1034）又经历较大规模修整，“拆去支梧之宇，而俨之于精庐；革其黝晦之像，而饰之于金光”；同时，因“昔奉颠师塔庙，卑陋不称，即徙之法善之北，坎其中而覆其外，石工其妙，筑宇既崇，盖其所自本也”，复修后，其规模是“缭垣四百丈，周室百余间”。[②] 由此可以推断，灵山寺仍是两宋，特别是北宋时潮州的大寺院。

除上述两座寺院外，此时期潮州规模比较大的寺院还有地处潮州的广法寺[③]、光孝寺[④]、静乐禅院[⑤]和资福禅院[⑥]以及揭阳的双峰寺[⑦]等，它们的基本信息，有许多只能依赖此时期的碑铭提供。

又，此时期潮州的一些文化或宗教设施，尚不见于碑铭之外的其他资料。如南宋嘉定六年（1213）《赵希蓬题记》载有修缮威惠庙事；[⑧] 而宋末的“京山书舍”和元末的“三皇庙”，就目前所知，也唯有碑铭才有记载。[⑨] 当然，这些仅见于碑铭记载的资料，要真正成为信史，还有待相关资料的进一步发现和印证。

又如，关于宋代潮州子城城垣建设，相关文献仅及皇祐、至和间修筑事，这之后则不见记载，而下面两通碑铭实可提供有关信息。神宗熙宁十年（1077）《许彦先阙碑》载：

> 权发遣广南东路计度□事兼劝农事、殿中丞许□，昔按视沿海城池至揭□方外郎黄稹计工修筑□门团敌楼屋门，东西壕□亭，绘图以闻，熙宁十年。[⑩]

据之，熙宁年间许彦先、黄稹曾计工浚整城壕、修建楼屋门亭等。而元祐

① 许申：《敕赐灵山开善禅院记》，黄挺、马明达：《潮汕金石文征（宋元卷）》，第18～21页。
② 许申：《敕赐灵山开善禅院记》，黄挺、马明达：《潮汕金石文征（宋元卷）》，第20页。
③ 释大沂：《南山寺记》，黄挺、马明达：《潮汕金石文征（宋元卷）》，第292～293页。而据嘉靖《潮州府志》卷8《寺观》：“南山寺，即广法寺，在南巷一里。”
④ 《赵中德题名》，黄挺、马明达：《潮汕金石文征（宋元卷）》，第124页。
⑤ 《潮州开元寺铜钟铭文》，黄挺、马明达：《潮汕金石文征（宋元卷）》，第73～74页。
⑥ 《潮州资福禅院铜钟铭文》，黄挺、马明达：《潮汕金石文征（宋元卷）》，第84页。
⑦ 程准：《双峰院记》，黄挺、马明达：《潮汕金石文征（宋元卷）》，第261～263页。
⑧ 《赵希蓬题记》，黄挺、马明达：《潮汕金石文征（宋元卷）》，第157页。
⑨ 分别见林希逸和吴海所撰碑记，黄挺、马明达：《潮汕金石文征（宋元卷）》，第211、315页。
⑩ 《许彦先阙碑》，黄挺、马明达：《潮汕金石文征（宋元卷）》，第44页。引文中之符号“□”，表示原碑文字迹漫漶，已不可识读。

五年（1090）王涤《拙亭记》称：

> 而又将辟金汤之固，为朝庭设险，以容保斯民。而辄取上官之怒，几不免窜逐。赖仁者继至，察其无私，恕为完人。[①]

从现有记载可知，王涤主潮期间，务实勤勉，曾建韩庙、兴学校、修水利，政绩卓著。此次图筑虽没能动工，但也说明元祐年间州城现状不佳，已有动工再筑的必要。

再如郑伸《文公祠题记》记载至和年间知州郑伸于州衙（金山麓）建韩祠事；刘克庄《潮州修韩文公庙记》述及宝祐年间重修韩文公庙并新八贤祠事。对于上述史事，宋元以下诸方志皆失载，是可补阙。[②]

第二，能校正相关记载之误谬。如《永乐大典》卷 5343 潮州“城池”说：“州之子城，依金山为固，前俯而后仰。由南而北，统以濠，东则溪也。方创置之始，土功不坚，未期悉圮。宋皇祐间，侬智高自邕攻广韶，岭外全壁以待。至和改元之九月，郑侯伸始至，不二月兴畚锸，自农务外，八阅月而就。”若按照上述说法，郑伸到任是至和元年九月，其筑城之举是对侬智高乱事的直接回应。[③] 可至和二年（1055）郑伸《筑城纪事》却说：

> 皇祐壬辰岁夏五月，蛮贼侬智高破邕管，乘流而下，攻五羊。有诏岭外完壁垒以御寇。潮州筑城，土工不坚，未期悉圮。越明年癸巳九月，予到官，翌月庀役，至二月以农作暂休。去年甲午十月，复兴功。今年正月毕。其始末存诸《城记》，兹故纪岁月云耳。[④]

显然，《永乐大典》所录方志的记载明显存在误谬：郑伸赴任早在皇祐五年（1053）九月，郑伸筑城只是对其前任所筑“土工不坚，未期悉圮”的一种补救。从“未期悉圮”即不到一年全坏的说法来看，为应对侬智高和响应

① 王涤：《拙亭记》，黄挺、马明达：《潮汕金石文征（宋元卷）》，第 58 页。

② 郑伸：《文公祠题记》、刘克庄：《潮州修韩文公庙记》，黄挺、马明达：《潮汕金石文征（宋元卷）》，第 36、179 页。

③ 侬智高事，散见于《宋史》卷 11《仁宗纪三》、卷 12《仁宗纪四》、卷 495《蛮夷传三·广源州》等。

④ 郑伸：《筑城纪事》，黄挺、马明达：《潮汕金石文征（宋元卷）》，第 39 页。此碑铭现存，为摩崖石刻，在潮州市金山南麓隐石洞侧，字迹清晰硕大。

宋朝廷“有诏岭外完壁垒以御寇”，此前潮州确有筑城活动，时在任知州为彭延年。而郑伸的子城城垣再筑工程跨越三个年度，实际用了约8～9个月的时间。

又如，据《林光世饮公车题记》，陈元凤（侯官人，嘉定十六年进士）宝祐间出任潮州通判，而嘉靖以后本地府志官员名录均作陈文凤，咸淳间任。名及任期均误。诸如此类例证，所在多有，恕不再举。

第三，可以补充、印证有关记载。此时期的潮州碑铭，大多都能够补充、印证有关记载。如州城景区的建设，州境桥道、驿馆及堤防的修筑，州学、书院等学校教育设施的建设以及韩祠、名贤祠等礼敬、祭祀空间的兴建修废等。为免烦琐，这里只举一二，以见一斑。

林安宅《潮惠下路修驿植木记》除可校正林氏赴任时间之误外，对于此次修植前的现状、整治过程及整改所收成效的记载，要远比《永乐大典》所录具体详尽。《题狮子山诗》曰：“筑城凿井又通津，神宇盐场喜更新。力小但能支五事，增光犹待后来人。”此诗作者李前，字子参，为宋哲宗时盐场官，诗中所述任期中所成就事情，仅有通津一事见载于嘉靖《广东通志初稿》卷2《山川》，其他四项均无记载，是此诗既可补充李前的事迹，又可丰富相关史事。

碑铭可以印证宋元时期潮州存在较为繁盛的海外贸易。种种迹象表明，此时期潮州存在较为发达的海外贸易。如《元史》卷10载，宋末元初潮州存在庞大的船队：至元十五年，江东宣慰使张弘范奉命自海道征讨宋军余部，本地豪强陈懿兄弟出战舰百艘从征；同书卷30又载，至元二十年十一月元将阿塔海出征日本，“总管陈义（陈懿之弟）愿自备海船三十艘以备征进”。其实，学界有着共识，即古代战船与商船可以互用。也就是说，陈懿兄弟庞大的私人船队，和平时期极有可能用于商业运输。潮州考古资料亦可说明宋元时期本地存在较为发达的海外贸易：在州城笔架山及澄海县境内韩江东西两溪之间、南峙山、冠山前后的凤岭古港遗址，出土了宋代海船桅杆、大锚、船板、船缆，同时有大量宋代瓷器和成批的唐宋铜钱出土。[①] 而学者研究认为，宋元时期潮州内河及沿海有潮州港、南澳港、凤岭港、鮀浦港、揭阳港和辟望港[②]等商贸港口。《临汀志·土产》载，潮州邻

① 澄海县博物馆编《澄海县文物志》，第44～45、54～55页。

② 黄挺、杜经国：《潮州古代商贸港口研究》，《潮学研究》第1辑，汕头大学出版社，1994，第53～78页。

区汀州有非常丰富的木材、药材等山货，估计必有一部分通过便捷的水路南运。而通过沿海水道，潮人甚至可以在遥远的登州搜罗奇货。苏轼《北海十二石记》说潮州七贤之一的吴子野于登州搜罗奇石，可通过海路运回潮州。[①]

淳熙八年（1181）十二月到九年正月间，提举广东常平茶盐使杨万里，随安抚使巩湘率兵入潮平定沈师起义，在潮期间曾有《过金沙洋望小海》的诗作。金沙洋，有当地学者指认为今之榕江入海口之牛田洋一带。[②] 诗中写道“海神无处逞神通，放出一班夸客子。须臾满眼贾胡船，万顷一碧波粘天”。[③] 所谓“一班夸客子”“满眼贾胡船”，分明是说潮州的近海有数量较多的前来贸易的胡人胡船。无独有偶，元至正六年广东廉访司事周伯琦行部入潮，作《行部潮阳》诗，其中有“楼舶飞帆障暮云”的句子，亦可说明当时潮州近海必有很多商船出入。而周氏在此期间所撰《肃政箴》的铭文说：“（潮州地区）岸海介闽，舶通瓯吴及诸蕃国。人物辐集，而又地平土沃，饶鱼盐，以故殷给甲邻郡。”[④] 此句不仅可以补充说明诗人自己“楼舶飞帆障暮云”的内涵，而且能够与杨万里“须臾满眼贾胡船”的描述相印证。

---

① 苏轼：《北海十二石记》，黄挺、马明达：《潮汕金石文征（宋元卷）》，第64页。
② 曾楚楠：《杨万里与潮州》，《韩山师范学院学报》2002年第4期。
③ 杨万里：《诚斋集》卷17，四部丛刊初编本，商务印书馆，1929。
④ 周伯琦：《肃政箴》，黄挺、马明达：《潮汕金石文征（宋元卷）》，第304页。

石头心事有谁知[*]

——潮阳海门莲花峰摩崖石刻史事考索

陈新杰[**]

南海之滨，练江出海口东侧，有奇峰凸起、巨石兀立，这就是闻名遐迩的粤东名胜潮阳海门莲花峰。景区内摩崖石刻数量众多、内容丰富，涵盖元、明、清及民国等不同历史阶段，素为文史学者、金石学者、书法艺术研究者所重视，具有极高的书法观赏价值和历史考察价值。

一　南宋遗民对前朝的追思

隆庆《潮阳县志》卷6载：

> 又东十里曰钱澳山，即海门山，为海船湾泊之处，内为海门千户所，莲花峰在其阿。峰距海门城南三里，宋文丞相尝登此以望帝舟。有“莲花峰”三大书；其上又有“天风海涛”“双璧擎天”等字。①

以上载录有关莲花峰摩崖石刻文字，有人将“莲花峰”三大书同文天祥联系起来，这既有文字断读的问题，也有英雄崇拜的心理，引发人们做出这样的联想。

倒是另一处石刻“终南”二字（见图1），因书写异于常体，迨20世纪

---

* 承蒙汕头大学文学院陈占山教授为本文修改提供宝贵意见；又，本文图片由莲花峰风景区萧泽阳先生拍摄提供。谨致谢忱！

** 陈新杰，汕头市潮阳第一中学教师。

① 隆庆《潮阳县志》卷6《舆地志·山川》，《广东历代方志集成》，岭南美术出版社，2009，第60页。

80年代，其出自文天祥“剑刻”的传说忽然盛行起来，并为一些地方史志所著录。

图 1　石刻“终南”

《潮汕文物志》上册载：

> “终南”，上刻在莲花峰东面山坡大石，相传为文天祥用剑划刻而成。①

稍后的《潮阳海门莲花峰》一书，介绍莲花峰摩崖石刻时省去“相传”二字，径释为“文天祥剑刻”。②

按，“终南”二字，非文天祥所书。潮阳和平有传为文天祥书写的“和平里”碑（见图 2），丘逢甲称其“书法厚重奇伟，非公不能作”。③ 二者书法大异径庭。不过，拨开将传说当作史实的迷雾，“终南”二字似乎蕴藏着文天祥殉国的消息，隐晦地表达了书刻者对南宋王朝覆亡的追思。

---

① 陈历明主编《潮汕文物志》上册，汕头市文物管理委员会办公室编印，1985，第 233 页。

② 方烈文主编《潮阳海门莲花峰》，广东高等教育出版社，1998，第 67 页。按，“剑刻”之说，起始于想象力丰富的诗人。1982 年 5 月 7 日，书法家麦华三游莲花峰，作《雷雨中游莲花峰谒文信国公祠》诗云：“正气歌声起粤东，终南午字见精忠。”作家韦丘于 1982 年秋游莲花峰，作《海门望帝亭有感》诗云：“剑刻终南肝胆在，莲花峰下气如虹。”以后作者群起效仿，一发而不可收。麦、韦诗作见方烈文主编《潮阳海门莲花峰》，第 82～83 页。

③ 丘逢甲：《丘逢甲集》卷 5，岳麓书社，2001，第 323 页。按，韩山师范学院黄挺教授以“和平里”碑无宋人笔意，不认可为文天祥所书。

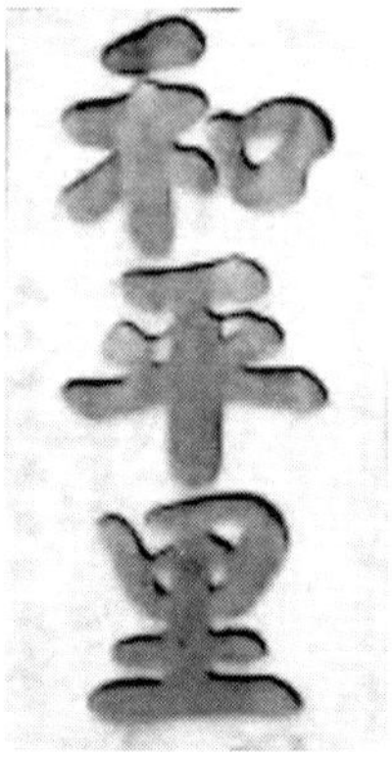

图 2 “和平里”碑

《元平潮州始末》云：

（至元十五年，1278）戊寅十一月，行省参政李恒、江东宣慰使张弘范，督师南征至潮阳县之和平村。获左丞相文天祥；不屈，执之以归。[①]

然而，潮阳不愿归附的南宋遗民，仍在以不同的方式进行反抗。

陈梦龙（？~1278），字应辰……开庆元年（1259）进士，授石首主簿。建言改扬州司法。及二王浮海，梦龙散家赀起兵赴援，奉命招抚潮郡诸寇……文天祥至潮阳……讨陈懿，梦龙与有力焉……文被执，置舟中……梦龙伏乡兵于海口谋夺之，不克，战死古堤。[②]

姚鼎（1232~?）……素负君臣大义。景炎中，文天祥循潮，辟鼎知县事，督率民兵刍粮，遥相应援。崎岖二三年间……至宋亡乃去位。[③]

赵嗣助（1247~1320），字衍奖……咸淳四年（1268）举进士，累迁提辖行在左藏库、通判惠州军州事……景炎初（1276），母老乞归。久之，会文天祥起兵南讨兴、懿，移驻潮阳，嗣助为具刍粮劳军天祥，因与计画，斩兴以殉……其后宋亡，竟不仕元。[④]

吴悦，字文炤，潮阳兴仁乡人。咸淳（1265~1274）中，仕为新

① 陈香白辑校《潮州三阳图志辑稿》卷 2《建置志》，中山大学出版社，1989，第 111 页。

② 康熙《潮阳县志》卷 14《人物》，《广东历代方志集成》，第 325 页。

③ 康熙《潮阳县志》卷 14《人物》，《广东历代方志集成》，第 326 页。

④ 隆庆《潮阳县志》卷 12《乡贤列传》，《广东历代方志集成》，第 108 页。

繁主簿。宋亡不仕，遁迹清水山中。元世祖至元二十一年（1284），悦为兄慎所纂《宗谱》作序，落款署“宋祥兴甲申年子月长至日宋室遗臣”，以志忠贞。①

这种情形大概持续了五六年之久才暂归平静。《元平潮州始末》云：

至元二十一年甲申，枢密副使月的迷失来潮，分拣散兵归农。时丁侯聚来守此邦，遗黎始见天日。②

《宋史·文天祥传》云：

至元十五年三月，进屯丽江浦。……八月，加天祥少保、信国公。军中疫且起，兵士死者数百人。天祥惟一子，与其母皆死。十一月，进屯潮阳县。……十二月，趋南岭……天祥方饭五坡岭，张弘范兵突至……天祥仓皇出走，千户王惟义前执之。天祥吞脑子，不死。……

天祥至潮阳，见弘范，左右命之拜，不拜。弘范遂以客礼见之，与俱入厓山。……厓山破……遣使护送天祥至京师。

天祥在道，不食八日，不死，即复食。至燕，馆人供张甚盛，天祥不寝处，坐达旦。遂移兵马司，设卒以守之。……天祥在燕凡三年，上知天祥终不屈也，与宰相议释之，有以天祥起兵江西事为言者，不果释。

至元十九年……天祥死矣。天祥临刑殊从容，谓吏卒曰：“吾事毕矣。”南向拜而死。数日，其妻欧阳氏收其尸，面如生，年四十七。③

当时，闻文天祥被执，太学生王炎午作《生祭文丞相文》，略云：

维年月日，里学生旧太学观化斋生王鼎翁，谨采西山之薇，酌汨罗之水，哭祭于丞相文山先生未死之灵而言曰：

呜呼，大丞相可死矣！文章邹鲁，科第郊祁，斯文不朽，可死。丧父受公卿俎奠之荣；奉母极东南迎养之乐，为子孝，可死。二十而

① 吴禄修：《吴氏世谱》，清代手抄本，潮阳吴氏家藏本。

② 陈香白辑校《潮州三阳图志辑稿》卷2《建置志》，第111页。

③ 脱脱等：《宋史》卷418《文天祥传》，中华书局，1985，第12538～12540页。

巍科，四十而将相，功名事业，可死。仗义勤王，使用不辱，不负所学，可死。华元踉蹡，子胥脱走，丞相自叙者几死数矣，诚有不幸，则国事未定，臣节未明。今鞠躬尽瘁，则颜平原、申包胥矣。虽举事率无所成，而大节已无愧，所欠一死耳。奈何再执，涉月逾时，就义寂寥，闻者惊惜。岂丞相尚欲脱去耶？尚欲有为耶？或以不屈为心，而以不死为事耶？抑旧主尚在，未忍弃捐耶？……①

文天祥就义之后，王炎午复作《望祭文丞相文》云：

相国文公再被执时，予尝为文生祭之。已而吉水张千载弘毅，自燕山持丞相发与齿归。呜呼！丞相既得死矣，谨痛哭望奠，再致一言：

呜呼！扶颠持危，文山诸葛，相国虽同，而公死节。倡义举勇，文山张巡，杀身不异，而公秉钧。名相烈士，合为一传，三千年间，人不两见。事谬身执，义当勇决，祭公速公，童子易箦。何知天意，佑忠怜才，留公一死，易水金台。乘气轻命，壮士其或，久而不易，雪霜松柏。嗟哉文山！山高水深，难回者天，不负者心。常山之舌，侍中之血，日月韬光，山河改色。生为名臣，没为列星，不然劲气，为风为霆。干将莫邪，或寄良冶，出世则神，入土不化。今夕何夕，斗转河斜，中有光芒，非公也耶！②

王炎午（1252～1324），初名应梅，字鼎翁，别号梅边，江西安福舟湖人。淳祐间，为太学上舍生。临安陷，谒文天祥，竭家产助勤王军饷，文天祥留置幕府，以母病归。文天祥被执，特作生祭文以励其死。入元，杜门却扫，肆力诗文，更其名曰炎午，名其所著曰《吾汶稿》，以示不仕异代之意。今存词一首，见《元草堂诗余》卷下。《新元史》有传。

按，笔者认为"终南"寓意或有二：一寓年份，元世祖至元十九年（1282），干支"壬午"，"南"字之内改刻"午"字，非"壬午"乎？壬午之冬，文信国公殉难之年也；一寓王炎午，盖文信国公之就义，王炎午既生祭在前，复致祭在后，"午"于其中，而不落痕迹。文信国公尽忠报国，王炎午以节激劝，二者皆为忠义之士。清人屈大均有云："文信国尝于潮阳

① 王炎午：《王炎午集》，曹氏古林贮书楼藏书，国家图书馆馆藏本。

② 文天祥：《文山先生全集》卷20《附录》。

与元将李恒战，兵败，马蹶不能起，忽有巨石轰然，坠于道旁，追兵惊仆，公得脱。居人异之，因名其石曰相石。……盖宋绝于柴市之杀文山，非绝于厓海之溺秀夫。"[①]此可为"终南"作一注脚。

"终南"二字不会是书刻者一时的兴起而为，如同元末高士张鲁庵"莲花峰"三大书，虽未出现异体，却让人感受到其内在的精神品格。考海门莲花峰石刻，落款最早者在元至正三年（1343），"终南"二字题刻年头或稍早些。

二　元代地方政权的守望者与终结者

入元之后，有五六年的时间潮州地方社会依然扰攘，《元史》载：

> 潮州路，下。唐初为潮州，又改潮阳郡，又复为潮州。元至元十五年归附。十六年，改为总管府，以孟招讨镇守，未几移镇漳州，土豪各据其地。二十一年，广东道宣慰使月的迷失以兵来招谕。二十三年，复为江西等处行枢密院副使兼广东道宣慰使以镇之，始定。[②]

自至元二十一年（1284）枢密副使月的迷失来潮到顺帝至正二十八年（1368），80余年间，潮州社会秩序比较安定。[③]随着经济、文化的恢复和发展，海门莲花峰逐渐成为官宦和有闲人士的"寻幽之境"，巨大的石头上到处留下记游的文字。历代官方文献对此记载极为有限，幸亏有这些摩崖石刻给后世保存了当时社会生活的一点痕迹。在这些文字中，我们发现了元明易代之际潮州得以和平过渡的一位重要人物——元潮阳县尹、明潮州知府曾鲁山。曾鲁山，潮府、县志均阙载，但在潮阳莲花峰与叠石山的石刻中，至少有8处与其有直接的关系。

石刻1（至正三年）（见图3）：

> 观澜／
>
> 督捕官鲁山书

① 屈大均：《广东新语》卷5，中华书局，1985，第181页。

② 《元史》卷62《地理志五》，岳麓书社，1998，第852页。

③ 黄挺、陈占山：《潮汕史》上册，杜经国审定，广东人民出版社，2001，第229页。

图 3 “观澜”

石刻 1 可关注者不在“观澜”的书写，而在书写者。鲁山，当即曾鲁山，时任督捕官，这与元朝的海禁政策有关。据《元朝海禁初探》一文统计，元朝有过 4 次海禁，累计持续 11 年。第一次，据《元史・世祖本纪》载，世祖于至元二十九年（1292）八月“癸未，以征爪哇，暂禁两浙、广东、福建商贾航海者，俟舟师已发后，从其便”。第二次，成宗大德七年（1303）因掌管海运的朱清、张瑄“恃其势位，多行不法”，企图贿赂江浙行省平章脱脱未遂，事败伏法。第三次，据《元史・百官志》载，武宗至大四年（1311）罢市舶提举司，“禁下番船”，到延祐元年（1314）“诏开下番市舶之禁”。第四次，仁宗延祐七年（1320）“罢市舶司，禁贾人下番”，两年后，英宗“复置市舶提举司于泉州、庆州、广东三路”。[①]但从此处石刻看，直到顺帝至正三年，沿海地区的海禁措施依然存在，只不过是或松或紧的问题。莲花峰的另一石刻“宁海将军石”即为例证（见图 4）。

石刻 2（至正三年）：

天台王子固偕殿差大梁陈仲祥［谒］/
鲁山先生记此/
癸未秋［月］念（下阙）

石刻 3（至正三年）：

① 洪富忠、范丽媛：《元朝海禁初探》，《乐山师范学院学报》2004 年第 1 期，第 72 页。

图4 “宁海将军石”

瀛洲州史陈伯修因公谒/
鲁山公于寻幽之境，与韩/
山长青洋杨敬斋、国谕曾/
景山不期而会，笔以书不/
忘也。癸未秋下浣日书[①]

石刻4（至正三年）：

贡州曾文通余嗣宗，偕/
侄曾原道，暨古洪熊祥/
卿、里士陈子阶[②]，癸未秋/
七月望登官亭以纪云

石刻5（叠石山石刻）：

筠山福崟/
鲁山道人

按，石刻2，乾隆《山东通志》卷27《宦绩志》载：“元陈仲祥，中统

① 该刻后尚有“继游隆江郑景大、里士丘德一、张鲁中、绰中，何仁□［补?］记”等2行21个字，当为继游者补刻。

② 陈子阶名又见于另一处石刻：“云端/永川彭德□/邑士陈瑞卿/里士陈子阶/五羊冼以文/癸未六月记。”

间为临朐尹。”① 元朝并无中统年号，唯有元统（1333—1334），距至正三年仅10年。颇疑谒鲁山者即此人。石刻4，明陈谟撰《海桑集》卷6《曾原道展墓诗序》云：“府君出五原防御使，凡十世。”或即此曾原道。又，同卷《送曾鲁山之潮州叙》云：“其维今潮州太守孝廉鲁山曾公乎？系出唐五原防御使世跻膴仕炳，炳为章贡闻家……”曾原道为鲁山之侄，曾文通为鲁山宗人，当时远道来访，同游莲花峰。

至正四年（1344）、五年（1345），曾鲁山在潮阳县尹任上。

石刻6（至正四年）：

大鹏击水海天东，万里乘风酒兴浓。
独坐钓矶人未识，如今一钓钓真龙。
至正甲申立秋前/
一日，侍邑宰鲁山/
曾公游莲花峰信笔/
莆东壁黄方子书

石刻7（见图5）：

钓矶/
方子书题

图5 “钓矶”

① 乾隆《山东通志》卷27《宦绩志》“青州府”，《景印文渊阁四库全书》第540册，台北：台湾商务印书馆，1986，第648页。

石刻8（至正五年）：

> 鲁山曾公成此胜概，品题诸石，/
> 妙于形容，是不可再矣。因拉予/
> 游此，略记之，时乙酉月正十又/
> 八日，宝安韦存大书

“鲁山曾公成此胜概”，曾鲁山将处于荒郊野岭的莲花峰开辟成官宦文士“品题”的风雅胜地，留下足迹的有一位福建学者、诗人黄方子，《福建通志》卷51《文苑》云：“黄方子，字潜刚，莆田人，博学强记，著述甚富。尝摄武城（‘武城’当为‘武平’之误——引者注）学职，仅三载归。有《论语通义》行世。”[①] 黄方子，字或作潜岗，黄韬十二世孙，以荐辟任武平教谕，[②] 著有《论语通义》一卷。[③] 黄氏当时是在任潮阳县学教谕，还是以其他身份前来，俟考。“钓矶”诗，可能是黄氏唯一存世的诗作。

按说曾鲁山留在潮州的痕迹不外就是这些了，然而没想到二十多年后，时代让曾氏再次与潮州发生了交集。昔日“独坐钓矶人未识”，而后“如今一钓钓真龙”，此诗谶乎？

这还要从明朝平定潮州说起。《明史纪事本末》卷7“平定两广”云：

> 壬申（应作“戊申”，1368——引者），我师克全州，元平章阿思兰遁去。道州莫友逊、宁远州李文卿、蓝山县黎元帅相继降。廖永忠等率舟师自福州航海取广东，元左丞何真降。……初，廖永忠驻福州，遣人以书谕元江西分省左丞何真，略曰：“乃者元君失驭，天下土崩，豪杰之士，乘时而起。分剖州郡，窃据疆土。或假元号令，或自擅兵威，暴征横敛，蚕食一方。生民涂炭，可谓极矣。今天子受天明命，肇造区夏，江、汉既已底定，闽、越又皆帖服，中原之地，相继削平，惟两广僻在遐方，未沾圣化。予受命南征，顺者抚绥，逆者诛殛。恐足下未悟，

---

① 乾隆《福建通志》卷51《文苑》，《景印文渊阁四库全书》第529册，第728页。

② 王应山纂修《闽大记》卷8《选举》，陈叔侗、卢和校注，中国社会科学出版社，2005，第170页。

③ 李清馥：《闽中理学渊源考》卷35，“通义”作“讲义”，《景印文渊阁四库全书》第460册，第457页。

辄先走一介之使相告，足下其留意焉。”至是，永忠等至潮州，真遣其都事刘克佐上印章，籍所部郡县户口、甲兵、钱谷，奉表归附……上嘉其保境息民，视汉、唐窦融、李绩等，特召乘传来朝……元立江西分省于广东，以真为参政，又升右丞，遂据有广东诸州郡，至是始降。①

《明史》卷29《廖永忠传》云：

（廖永忠）寻充征南副将军，帅舟师自海道会汤和，讨降方国珍，进克福州。洪武元年兼同知詹事院事。略定闽中诸郡，至延平，破执陈友定。寻拜征南将军，以朱亮祖为副，由海道取广东。永忠先发书谕元左丞何真，晓譬利害。真即奉表请降。至东莞，真帅官属出迎。至广州，降卢左丞。擒海寇邵宗愚，数其残暴斩之。广人大悦。②

《明实录》卷31载：

洪武元年（1368）三月壬辰二十二日，征南将军廖永忠舟师至潮州，何真遣其都事刘克佐诣军门，上其印章并所部图籍。③

《广东通志·名宦志》卷41云：

廖永忠，巢县人。……洪武元年，平闽。二月，拜征南将军，参政朱亮祖副之，率舟师由海道取广东……永忠自福州移书岭表，开示祸福，左丞何真即遣前都督佥事刘克佐、检校梁复初以广、惠、梅、循四州奉表纳款。夏四月，师至，真封府库，藉户口以待，广州平。④

《粤大记》卷8《宦迹类》有相似的记载：

廖永忠，庐州巢县人。……洪武元年，平闽。二月，拜征南将军，

① 谷应泰撰《明史纪事本末》卷7“平定两广”，河北师范学院历史系点校，中华书局，2015。
② 《明史》卷129《廖永忠列传》，中华书局，1985，第3805页。
③ 陈历明：《明清实录潮州事辑》，（香港）艺苑出版社，1998，第1页。
④ 雍正《广东通志》卷4《名宦志》“各府武职·将军都督总兵指挥使各官”，雍正刻本。

参政朱亮祖副之，率舟师由海道取广东……永忠自福州移书岭表，开示祸福往复，书檄谕左丞何真。真知天命有归，即遣前都督事刘克佐、检校梁复初，以广、惠、梅、循四州之地，奉书内款。夏四月，师至广，真封库籍户口以归，广州平。[1]

《粤大记》卷3“廖永忠平粤”则云：

太祖高皇帝洪武元年（1368）春二月癸卯，遣征南将军廖永忠等取广东。

丙辰，永忠自福州遣人以书至广东，谕左丞何真。真得书，有归附意。

三月壬午，征南将军廖永忠率舟师自福州航海趋广东。越壬辰，元江西行省左丞何真遣其都事刘克佐以广、韶、惠诸郡降。夏四月辛丑，永忠至东莞，何真率官属出见。[2]

据上引《广东通志》《粤大记》的记载，何真遣刘克佐奉表降者为“广、韶、惠”或“广、惠、梅、循”等州，其中并无潮州。

当时，潮州在至正二十五年（1365）五月已为福建陈有定所占，王翰出任潮州路总管亦是因陈有定的推荐。[3]廖永忠平闽自包括潮州，故《潮州图经志》“归附始末”云：

潮自至正壬辰（十二年，1352）下，岭海诸寇起，与山峒、傜、獠相扇，攻破潮、揭二县。人民依险防守自保。豪强各据其县十有余年。后有江西、福建两陈氏攻夺不一。丁未（二十七年，1367）冬，大兵下七闽，潮之守土者往泉州，迎大兵纳款。洪武元年（1368）三月，朝廷始调兵守御，潮民得以安其生矣。[4]

---

① 郭棐撰《粤大记》卷8《宦迹类》，黄国声、邓贵忠点校，中山大学出版社，1998，第195页。

② 郭棐撰《粤大记》卷3《事记类》，第34～35页。

③ 黄挺、陈占山：《潮汕史》上册，第267页。

④ 《永乐大典》（残卷影印本），中华书局，1986，第2450页。

康熙《潮阳县志》卷3《纪事》载：

明太祖于至正二十八年春二月，传檄东粤，潮州路率属邑归附，潮阳得安。[①]

元代时任潮阳县尹者有漳州人蔡安，其人潮府、县志亦阙载，因为蔡安的命实在不好，还没有到任就为人所擒。弘治《八闽通志》载：

黄氏名妙观，字微志，黄恩甫女，潮阳令蔡安继室也。元至正丙午（二十六年，1366），安始拜官，便道过家，时陈友定兵陷漳州，安被擒。[②]

明朝平潮之后，潮州首任知府是谁？《潮汕史事纪略》云：

明太祖洪武元年（1368），命大将汤和、廖永忠率领水陆大军平定广东。二月明军压潮州，当时元朝的潮州路左丞何真，见明军势大，人心浮动，战守乏力，便率所属各县归顺明朝。……到了洪武十八年（1385），朝廷才委派白叔敏为潮州府知府。[③]

按，何真是元江西行省左丞，见前引《明史纪事本末》。而白叔敏洪武十八年知潮州的提法，本于康熙《潮州府志》，亦不确。[④] 此志卷9云：

明林祖，字述古，潮阳人。少孤，从乡先生张奂学。……洪武三年（1370）举明经，以母老不就。十三年（1380），知府白叔敏复以孝廉荐。赴京师，赐衣九袭、钞五百贯，授巴县丞。寻迁河间府通判，去后皆见思。致仕卒。[⑤]

---

① 康熙《潮阳县志》卷3《纪事》，《广东历代方志集成》，第220页。

② 黄仲昭修纂《八闽通志》卷68《人物》，福建人民出版社，1991，第628页。

③ 王琳乾、黄万德：《潮汕史事纪略》，花城出版社，1999，第31~32页。

④ 康熙《潮州府志》卷8《人物·名宦》，潮州市地方志办公室影印，1997，第328页。

⑤ 康熙《潮州府志》卷9《人物·孝义》，第419页。

据此可知，白叔敏知潮州当不迟于洪武十三年。可是，之前的潮州知府为何人？是曾鲁山。

雍正《江西通志》卷94《人物》载：

曾鲁山，元时举孝廉，尝官于潮，后绝意仕进。明太祖遣将略定南服过赣，强起之。鲁山以野服见，不克辞，即日就道。南中闻其至，率先归款，以功擢潮州太守（林志）。①

明陈谟《送曾鲁山之潮州叙》云：

古称岂弟君子，民之父母。说者谓岂以强教之弟以悦安之，民皆有父之尊，有母之亲，呜呼，希矣！我仪图之，其维今潮州太守孝廉鲁山曾公乎？系出唐五原防御使世跻膴仕炳，炳为章贡闻家，故公风流笃厚，文学政事动逾人人。然在公弟常德耳。独事亲致隆极，亲终，苫庐于墓域者终三年，哀如新。有雉常驯，暮间而环公，蠹食树尽枯，独公所树墓松独不蠹，人以为躬孝所感致，则其行实可征已。公自亲终，绝仕进想盖久。世既更，当路者将略定南服，以公有桐乡在焉，强起之，公不得已，野服樵夫拜以见，冀勿夺志。然莫克辞。即日就道，南中闻公且至，郡县有率先归款者。当路韪之，遂有今命。嗟夫！潮之民物，一何幸耶？方乱之始生，名都大郡胥不保，而潮以远独完。及鲸鲵之波稍就帖息，赤子出万死，气仅存如缕，则又疲于奔命，而潮又以远独犹先朝幸民覆巢之下、破竹之余，始及于潮，使非我公强起而应之，潮安保为完州也？今潮既得为完州，不识一兵，不伤一草，又得孝廉如公者为之父母，岂以教之，弟以安之，潮之民物不愈幸耶？夫方千里之内，专一城而治，古诸侯之任也，可以为万物吐气矣。俗之利病而罢行之，民之善恶而休戚之。潮人沐浴清化，衣被风采，吾知郭伋再入并州而竹马数百欢迎于道路；黄霸再为颍州而嘉禾生于府、凤凰集于境也。公尝游西昌，予获拜焉。余友萧朴则侍生也，率士人作为歌诗以饯公，属其叙于余，予又惟岂弟君子者天下士也。汉世郡守入为三公，公乌得久于潮哉？予始以前所称者，为潮人致其贺；终

① 雍正《江西通志》卷94《人物》，《景印文渊阁四库全书》第516册，第170页。

以后所期者，为潮人致其思。是为叙。[①]

曾鲁山“元时举孝廉，尝官于潮”，究在何时？这个问题可在潮阳海门莲花峰石刻中找到答案。曾鲁山“绝意仕进”，归隐故乡的时间则不明确。

曾鲁山能顺利地劝降元朝潮州守臣，除“尝官于潮”外，与其同乡、潮州同知刘承直亦有关系。当时王翰弃去，[②] 潮州同知刘承直成为“潮之守土者”，故明太祖“强起”曾鲁山，兵不血刃地平定了潮州。当然，刘承直等知道顽抗是要付出代价的，于是就举城投降了。《赣县志》卷32载：

> （明）刘承直，字宗弼。幼颖悟，吐辞成章，卓荦如宿构。弱冠治经，闻泰和王以道明《易》，从之游者数年。遍读其所藏书，遂博通群籍，登元至正进士。历韶州学正、潮州同知。入明被荐召对，高帝奇其才识。……有《雪樵集》行世，及《皇明近体诗钞》《皇明鼓吹续编》《明音类选》《文翰类选》《宋遗民录》载其诗文。[③]

曾鲁山、刘承直的归顺避免了元明之交屠城悲剧的上演，对潮州的和平过渡有着重大的贡献。他们是元代地方政权的守望者也是终结者。

三　南明遗逸的悲歌和清季英雄的心迹

同南宋一样，明代在其即将灭亡及灭亡之后的一段时期内，亦在潮阳留下了不可磨灭的印记。

海门莲花峰有一处石刻“朢潮”（见图6），没有署款。竖读是“明王朝”，似乎不可将其当作寻常的文字异体看。笔者推测该处石刻为南明时期的遗存，因为莲花峰就有同期的石刻文字可为印证。

石刻9（王国祯诗刻）：

> 蓬岛三千一望收，连峰片片吐瀛洲。
> 翠留几点千年恨，高盼悬崖万古愁。

① 陈谟：《海桑集》卷6，《景印文渊阁四库全书》第1232册，第617～618页。

② 黄挺、陈占山：《潮汕史》上册，第269页。

③ 同治《赣县志》卷32《人物志·名臣》，《中国方志丛书·江西省》第1076～1077页。

图 6 “望潮”

斜日影移帆舰入，海鸥轻逐晚潮流。
登临却羡春光好，绿树晴鹃叫未休。
明永历四年春　姑苏王国祯书

永历四年（1650），即清顺治七年。据石刻，王国祯的籍贯为姑苏（即今江苏苏州）。《贵州通志》卷 7 载：

总兵，崇祯年间，王国祯，浙江人。①

王国祯另有《秋江渔父吟》诗一首，载于《潮阳县志》。②笔者以为，这个题诗的人就是崇祯年间的总兵王国祯，诗中表达的“千年恨”与“万古愁”，唯国破兵败的总兵王国祯所能有。重要的是，直到此年，潮阳依然为南明政权所掌控。

这个现象亦见于稍早的潮阳城北狮尾山戴氏墓碑。碑刻曰：

隆武元年玖月吉旦/
考明威将军振庵戴公/
明祖　墓/
妣太淑人德懿吴氏/ □□立③

① 乾隆《贵州通志》卷 17，《景印文渊阁四库全书》第 571 册，第 474 页。
② 光绪《潮阳县志》卷 22《艺文下》，《广东历代方志集成》，第 516 页。
③ 广东省汕头市潮阳区地方志办公室：《潮阳文物志》，天马出版有限公司，2011，第 93 页。

隆武元年（1645），潮州尚未落入清廷之手，故逝去的将军戴振庵依旧奉南明为正朔。

其实，直到顺治八年（1651）亦即南明永历五年，清朝才将潮州收入版图。《大清世祖章皇帝实录》卷57载：

> 顺治八年六月辛未二十六日，广东巡抚李栖凤汇报，恢复廉州、永安、和平、兴宁、长乐、龙川、惠来、潮阳、遵化、揭阳、普宁、程乡、澄海等县。章下所司。①

清兵的来到遭到潮州当地官民的激烈反抗，据温廷敬编《明季潮州忠逸传》载，“死节”而壮烈殉国的有郭之奇（揭阳人）、李日炜（澄海人）、王兴（大埔人）等；心存明室，意图恢复，不幸死于盗寇兵乱的有郑同玄、萧时丰、许国佐、郭辅畿、黄一渊等。其余“遁荒”如辜朝荐、黄奇遇、谢宗鍹、罗万杰、洪梦栋、谢元汴、赖其肖、孙耀祖、杨宫等，“遗臣”如黄锦、林萃芳、林铭球、李士淳、邹鋆等，都曾直接、间接地参与过抗清的斗争。②这些不愿与新朝合作的人，虽然选择了隐匿，但不能平静的内心依然要有呐喊。于是就有了“塱潮”的独特书写，和前面提到的“终南”实有异曲同工之处。这是潮人“反清复明”意识的反映，也是潮人的荣光。

民国《潮州志·大事志》，明代于隆武二年（附注顺治三年）结束，清代从顺治三年到平定台湾的康熙二十三年，附注南明年号（从隆武二年至永历十八年）。但对潮阳县而言，顺治八年以前的纪年，实际上都是以南明为正朔。顺治八年以前，清兵作为入侵者遭到潮州士民的反抗自在情理之中。

斗转星移，随着清廷的自身衰落和西方列强的侵犯，19世纪后期，沿海一带登场更多的是武将们的身影，海门莲花峰摩崖石刻再次铭刻下历史的沉重。

石刻10（光绪十八年，1892）（见图7）：

> 虎/

---

① 陈历明：《明清实录潮州事辑》，第82页。

② 温廷敬：《明季潮州忠逸传》，补读书庐发行，1930。

光绪壬辰孟冬刘永福书

图 7 “虎”

石刻 11（光绪十八年）：

清光绪壬辰年孟冬，巡阅营/
伍，偕参将黄义德、守备林清/
丽、唐国璋，幕客王熙诚、熊文/
英同游至此。　刘永福题

刘永福，字渊亭，广西钦州人。光绪十二年（1886）三月，以记名提督任南澳镇总兵官。逾年调碣石镇。[①] 光绪十六年（1890）正月任南澳镇总兵，后因军功，调台湾镇，记名提督，统领福字全军，依博德恩巴图鲁调补台湾镇。[②] 据石刻 11 知，光绪十八年孟冬，刘永福巡游海门，但不知是在南澳总兵任上，还是在调任台湾总兵之后。其时距中日甲午战争尚有二年，如刘永福者身膺重任，报国志坚，其所书“虎”字，虎视眈眈，怒目圆睁，仰天长啸，气吞万里。光绪二十年（1894）七月，刘永福受命帮同台湾巡抚邵友濂办理防务。[③] 甲午清廷战败，割让台湾，刘仓皇内渡。[④]假使刘永福还能重莅海门，书写恐怕也不会有这份豪气了。

① 陈历明：《明清实录潮州事辑》，第 302 页。

② 陈光烈：《南澳志》卷 4《职官志》，韵古楼丛书第五种，陈端度编印，2007，第 64 页。

③ 刘永福于光绪二十一年（1895）正月奉调入京，十一月开缺回籍。见陈历明《明清实录潮州事辑》“德宗朝”卷 344，第 308 页。

④ 陈历明：《明清实录潮州事辑》“德宗朝”卷 380，第 310 页。

石刻12（光绪二十七年，1901）（见图8）：

光绪辛丑孟夏之月/
龙/
练江使者陈尚发书

图8 “龙”

此石刻与“虎”字对峙于石径。陈尚发，澄海人，光绪三十二年（1906）以后任南澳镇游击。[①]比起刘永福的虎虎生气，陈尚发的“龙”字书写，尽管屈曲盘旋，已然气韵衰减。

石刻13（唐玉山诗刻）：

森森玉立水云边，望帝登临思渺/
绵。海气迷蒙难见日，河山残剩怎/
回天？千年一瓣心遥结，片石三生骨/
自坚。亭长无人谁吊古，渔歌空绕/
隔江船。（宣统二年春正月，将解海门参府之任，书此/
志别。三水唐玉山题）

唐玉山，三水人，武解元，同治七年（1868）之后任南澳游击，[②]宣统二年（1910）春在海门参将任上，或是预感到清廷行将覆亡，将卸任参将

① 陈光烈：《南澳志》卷4《职官志》，第64页。
② 陈光烈：《南澳志》卷4《职官志》，第64页。

的唐玉山，在诗中流露的情感颇见复杂。在题下这首诗的次年，清朝便覆灭了。唐氏也许没有明白，当专制王权腐朽透顶、摇摇欲坠时，英雄纵有天大的抱负，都只能作徒劳无益的呐喊和呻吟。从“虎”啸到“龙”吟，再到渔唱，大清将士的心曲虽越来越弱，却已永久地镌刻在莲花峰的石头上。

结　语

潮阳海门莲花峰静静地矗立于南海之滨，摩崖石刻历经千年沧桑，竟在不经意间铭刻着历代兴亡的消息。民国揭阳文人姚梓芳《莲峰吊古（二首之二）》诗云：“擎天一柱倚天南，劈与莲峰隐鲁庵。百代兴亡谁管得？此中消息海桑参。[丁丑（1937）季春，揭阳姚梓芳题石]”[①] 姚氏题诗时，大概没有预见到，再过数月，北京卢沟桥烽烟又起，中华民族的历史进入了更加艰苦卓绝的时期。潮州处于闽粤交界处，向称“省尾国角”，可是这里却常常在历史的重大转折处，成为民族志士战斗到最后的地方。这里亦不乏慷慨赴义、以身殉国的子民。莲花峰摩崖石刻群中，尚有不少书法独特的题词没有落款，那些墨客在举笔之时，肯定曾有一份特别的情感凝于笔端，而又踌躇再三最终不敢或不想直白地表明个人的身份，其个中怀抱有谁能知？历史往往比人们想象的更加丰富。

① 方烈文主编《潮阳海门莲花峰》，第66页。

“事件路径”视野下的国家意识和民间观念*

——以嘉靖三十九年潮阳“漳寇之乱”为例

陈泽文**

史学研究系谱上的政治史曾经拥有至高无上的地位，政治史几乎成为历史学的代名词。但从20世纪80年代末起，在社会史、文化史等新兴史观的冲击下，传统意义上的政治史不断式微，几成边缘的状态。究其原因，有学者认为，除了深受当代西方理论的影响之外，还与“政治史的表述中除了了解到堆积出的一系列事件序列和机械的制度描述外，根本无法感受到中国政治运作奇诡多变的态势和与人们日常生活的关联意义”① 不无关系。21世纪初，作为学科自身反省的重要体现之一，杨念群、李里峰等学者呼吁重返政治史，主张从“事件史”走向“事件路径”的历史，关注政治事件背后的社会结构和变迁，重新建立起整体解释的意识。② 在这种研究视野下，所谓“事件史”是把事件本身作为研究对象和实体，力图描述事件发生的原因、经过和影响；而“事件路径”则是把事件看成反映社会结构及其变化的视角和路径。前者是静态堆积，后者强调动态把握。

而国家意识和民间观念，涉及的是观念史的研究范畴，往往与“大传统”和“小传统”这一对概念相联系。在具体的区域史研究中，“国家意识和民间观念”分析工具，强调的是不同人群和阶层对同一事件的不同看法和认识，以及这些不同观念背后所反映出来的国家政权与地方社会复杂的

---

* 本文在“潮汕碑铭整理与研究”学术会议上得到韩山师范学院黄挺教授、汕头大学陈景熙教授的批评指正，会后修改时得到韩山师范学院温建钦博士的宝贵意见，谨表谢忱。

** 陈泽文，汕头市潮阳第一中学历史科教师。

① 杨念群：《为什么要重提“政治史”研究》，《历史研究》2004年第4期。

② 参见李里峰《从“事件史”到“事件路径”的历史——兼论〈历史研究〉两组义和团研究论文》，《历史研究》2003年第4期；杨念群《为什么要重提“政治史”研究》，《历史研究》2004年第4期。

互动关系。黄挺教授曾以潮汕双忠公崇拜为例，分别讨论了不同历史时期官师、士绅和乡民对待民间宗教的态度，探讨了民间宗教信仰中的国家意识和乡土观念以及其背后反映的国家政权与乡土社会之间的关系等问题。①

近年来，有学者呼吁重返政治史，主张从“事件史”走向“事件路径”的历史。本文以明嘉靖三十九年（1560）六月发生的漳州诏安“山寇”围困潮阳县城（下文简称为“漳寇之乱”）这一政治事件为个案，在“事件路径”的视野下，借助志书、金石碑铭等资料和前辈学者的相关研究成果，讨论潮阳的地方官员、士大夫和乡民对“寇乱”事件平息原因的不同看法，了解政治事件背后的国家意识和民间观念，以及这一事件反映的嘉靖后期潮州的社会结构和变化等问题。

一 事件：明嘉靖三十九年“漳寇之乱”

明嘉靖三十九年六月潮阳发生“漳寇之乱”。12 年后刊行的《潮阳县志》卷 2《县事纪》对此记载道：

> 夏六月，山贼袭入县城，潮州府通判翁梦鲤督兵击破，走之。
>
> 是时倭寇移屯贵屿，县缺长吏，城守懈弛。梦鲤适以备倭事行县，方阖门间，忽有山贼千余人由苦竹、白叶至，自号为兵，径抵城下。其夜遂越入城，城中无有觉者，及闻啸起视，环城皆贼。于是梦鲤仓卒勒兵御之，而邑中父老亦往往率子弟兵与贼巷战，屡摧贼锋。天明，四乡兵来援，从外掩击之，贼死者甚众。因纵，穷贼遁去。②

这股千余人的“山贼”来自地处漳潮之间的诏安县，由钟大有等人带领，或许是生活在山里的畲民。③ 明代，这些生活在潮州北部的地方土著与王朝

① 黄挺：《民间宗教信仰中的国家意识和乡土观念——以潮汕双忠公崇拜为例》，《韩山师范学院学报》2002 年第 4 期。

② 隆庆《潮阳县志》卷 2《县事纪》，广东省地方史志办公室辑《广东历代方志集成·潮州府部（一三）》，岭南美术出版社，2009，第 32 页。

③ 参见摩崖石刻《平寇碑》（明嘉靖三十九年，今存潮阳第一中学校内，石刻无题额，根据内容可知与平定“山寇”有关，故以《平寇碑》称之——引者注）。潮州及其北部山区的畲民研究，可参见饶宗颐《潮州畲民之历史及其传说》“The She Settlements in the Han River Basin, Kwang Tung”（韩江流域之畲民），黄挺编《饶宗颐潮汕地方史论集》，汕头大学出版社，1996，第 87～108 页。

政府存在着时治时乱的复杂关系。明初，国家曾将漳潮山里的畲民编入户籍管理，先是教化和惩戒并举，后用招徕羁縻的手段，不愿归化的畲民便迁徙到国家控制力小的深山野林。15 世纪前半叶，附籍为民的畲民大致可以按照自己原来的方式生活，社会局势还算稳定。15 世纪末，由于国家势力不断强化对赣闽粤边山区的控制，畲民“叛乱”复起。到 16 世纪初，这些“山盗”都被国家平定了。[①] 此外，朝廷还通过置县设官来加强对这些地方的控制。嘉靖八年（1529），漳州漳浦县乡民许仲远等人建议在潮州北部的凤凰山区另置新县。嘉靖九年（1530），从漳浦县拆设诏安县：

> （漳浦）正德己卯设捕盗通判驻焉，兼督平和、饶平等处，寻以不便，废。嘉靖八年，乡民许仲远等请设县。明年，议拆漳浦县二、三、四、五都为县，敕名曰诏安，属漳州府。[②]

不过，这些活跃于山区的畲民还是不易控制。到 16 世纪中期，凤凰山区再次骚动起来。这一时期的动荡，由于嘉靖三十年（1551）前后厉行海禁而导致的潮州海商武装集团（“海寇”）的叠加，牵涉到更为广阔的地域，兵与盗、“海寇与海商，甚至官方与民间、合法与非法的界限实际上不可能判然划分”，[③] 朝廷在平息这些“寇乱”时疲于应付、捉襟见肘。

这就是明嘉靖三十九年潮阳“漳寇之乱”发生前的历史背景和地方情势。在这一地方情势下，地方官员、士大夫和乡民对“漳寇之乱”的平戡原因便有了不同的认识和观念。

二　国家意识与民间观念：官师、士大夫、父老

本节我们将利用府县志书、文集和碑刻资料，审视官师、士大夫和父老对明嘉靖三十九潮阳“漳寇之乱”平息原因的不同看法，探讨这些不同看法背后的国家意识和民间观念，以及嘉靖后期潮州的社会结构与变化的某些侧面。

---

① 黄挺：《中国与重洋：潮汕简史》，三联书店，2017，第 100～102 页。

② 康熙《诏安县志》卷 3《方舆志·沿革》，上海书店出版社编《中国地方志集成·福建府县志辑》（31），上海书店出版社，2000，第 419～420 页。

③ 黄挺：《中国与重洋：潮汕简史》，第 102 页。

（一）官师：地方官员率兵大破之

在今潮阳东山双忠祠前文马碣西北侧的一块西朝向的石头上，镌刻着一份官府告示，记载了明嘉靖三十九六月地方官员率兵平定诏安山贼寇略潮阳县城一事：

> 嘉靖三十九年六月既望昧爽，诏安山寇猝入潮阳，通判翁梦鲤适行县，督府兵黄以用等御之。海门千户戴应先，踏头埔生员刘应望、林大植、林肇修、陈志言、郑一谟率兵应援，大破之。擒贼酋钟大有等三十名，斩首百余级，余党遂遁。士民按堵如故。翼（通“翌”）日，论功行赏，勒石东山。
>
> 吉日府掾卢肇书①

明嘉靖三十九年六月十五日，漳州诏安山寇猝入潮阳县城，潮州通判翁梦鲤督府兵，在海门千户和踏头埔（今濠江）生员的协助下解“漳寇”围城之困。六月十六日夜晚，山寇从北门向城北逃亡，翁梦鲤发兵追击，得十余骑、十余人以归。六月十七日，官府对参与退贼的官兵和踏头埔生员论功行赏，告示民众。

这一份官府告示表达的是国家意识的话语系统，其内容有两点与本文的主题有关：第一是“寇乱”平定者的身份，第二是镌刻告示的地点。关于“寇乱”平定者的身份，官府的这一份告示讲得非常清楚，即官兵和有功名之人，他们是王朝势力在地方社会的落实者，是国家意识的发声者。在这些参与平定动乱的官兵中，“主帅”翁梦鲤显然扮演着最为重要的角色。翁梦鲤，字希登，福建莆田人，嘉靖三十八年（1559）由户部主事出任潮州捕盗通判。② 民国《潮州志·职官志》引《明史·职官志》曰：

> 潮州府设……通判三员（正六品），一抚民（潮州无考），一捕盗（潮州，弘治十三年分设），一督粮，后革抚民一员，万历八年革捕盗一员。……同知、通判分掌清军、巡捕、管粮、治农田水利、屯田牧

① 摩崖石刻《平寇碑》（明嘉靖三十九年），今位于潮阳第一中学校内。

② 林大春：《潮州府通判翁公平寇碑记》，《井丹诗文集》卷13，香港潮州会馆影印，1980，第11～14页；民国《潮州志·职官志》新编第五册，潮州市地方志办公室，2005，第2088页。

马等事，无常职，无定员。[①]

弘治十三年（1500），潮州地方社会动乱日甚，朝廷增设捕盗通判一员，分管巡捕之事。嘉靖三十八年，翁梦鲤上任伊始就“南却倭夷于韩水”，“倭夷”受阻后“徙攻潮阳，不下，转掠诸村里，屯于贵屿”。[②] 而此时的潮阳“县缺长吏，城守懈弛”，翁梦鲤“乃上书监司请归印，而身自督兵行县与守备陈学翦、指挥亦孔昭俱居”。[③] 故有嘉靖三十九年六月翁梦鲤督兵御贼之事。嘉靖四十四年（1565），翁梦鲤“有平寇功，由本府通判升岭东兵备佥事”,[④] 而参与平定“寇乱”的海门千户戴应先也于“隆庆间，功升潮州卫指挥佥事”。[⑤]

第二是告示镌刻的地点——潮阳东山。位处县治之东的东山是棉城的地标，也是潮阳的名胜。嘉靖《潮州府志》曾把东山的景观概括为八景：

潮阳东山在县东三里，山多佳丽，景有八，曰七星石，曰栖云石，曰水帘亭，曰方广洞，曰聚圣塔，曰望仙桥，曰五雷坛，曰桐阴亭。又有二峰，曰双旌石。韩昌黎尝游于此，唐张许庙在焉。[⑥]

声名所及，宋代以后，文人墨客邀友朋胜日登高相聚，抚景兴怀，形诸吟咏，多在东山留下摩崖镌铭[⑦]或诗赋文章。以隆庆六年（1572）纂修的《潮阳县志·文辞志》为例，其收录的诗赋仅题目涉及“东山”二字的就有16篇（首）之多。

除了自然景观之外，宋代以后，地方官师和士大夫开始合力在东山营建双忠祠、大忠祠和韩祠等祭祀历史名人的庙宇。到明代中后期，在郑良璧、黄一龙、李龄、林大春等地方官师和士大夫的努力经营下，东山双忠祠、大忠祠、韩祠三庙的祀典和规制已臻完备。每年春、秋二祭之时，大

---

① 民国《潮州志·职官志》新编第五册，第2061～2062页。

② 林大春：《潮州府通判翁公平寇碑记》，《井丹诗文集》卷13，第11页。

③ 林大春：《潮州府通判翁公平寇碑记》，《井丹诗文集》卷13，第11页。

④ 民国《潮州志·职官志》新编第五册，第2074页。

⑤ 隆庆《潮阳县志》卷9《官署志》，第89页。

⑥ 嘉靖《潮州府志》卷1《地理志》，书目文献出版社，1991，第173页。

⑦ 关于宋元时期东山摩崖石刻的情况，可参见黄挺、马明达《潮汕金石文征（宋元卷）》，广东人民出版社，1999。

小官员、本地士绅络绎于道，“献奠如帝仪”，可谓一时之盛。潮阳东山逐渐成为当时潮州士大夫心目中的文化“圣地”之一，也是当地民众闲暇之时游玩骋目的胜地之一。官府也多在此地镌立碑刻以告示民众。

黄挺教授指出，潮州长久的海上贸易传统，一方面形成了“海洋商业文化”的潮流，另一方面也铸就了潮人冒险的商业品格。① 据此，我们不难想象，嘉靖三十九年六月夜袭潮阳县的“山寇”，除了诏安县的那些山区畲民之外，或许还有一部分是本区“冒不测之险以求利”的“化外之民”。因此，在东山镌立告示，或许还有宣化那些游离于“民”与“盗”之间的人的目的。在此意义上，东山俨然成为官府强化威望以及教化百姓的重要场地，强调的是国家意识、正统文化对地方社会的控制与关键作用。

（二）士大夫（林大春）：通判翁公率四乡之兵与子弟兵共击之

对国家在地方社会的代理人——士大夫来说，其分析动乱平戡的原因的话语系统，除了深受国家意识的影响外，还强调地方势力的作用和影响。嘉靖四十年（1561），正在潮阳城内守制家居的林大春——明代嘉隆万之际潮州最负盛名的士大夫之一，应官府之请将上述平定诏安山贼之事撰成《潮州府通判翁公平寇碑记》，并在翁梦鲤接受上级嘉奖时，受潮州知府何宠之托再撰《赠翁别驾平寇受奖序》，② 对“寇乱”平定的原因表达了自己的看法。

林大春，潮阳县廓人，曾任浙江提学副使。林大春官虽不显，但以诗文《井丹集》、编撰《潮阳县志》和参与地方乡族事务等闻名于潮州。清顺治《潮州府志》卷6《人物部》有其简略传记：

> 林大春，字井丹，潮阳人。登嘉靖庚戌进士。分宜严嵩招致之不应。与同年生丘櫁、梁有誉、李价相友善，然亦未尝与有誉同七子之社也。授行人，晋户部主事，奏绩，谒分宜于直庐，投刺惟具官而已。出为湖广佥事，丁内艰。起补睢陈佥事，以大计调。后二年，新郑高

① 相关研究成果可参见黄挺《中国与重洋：潮汕简史》第4章，第50～114页。

② 万历年间，林大春子林克鸣编《井丹集》18卷，另有卷首及附录。1935年，潮阳人郭泰棣以吴兴嘉业堂藏万历刊本与林大春裔孙林奋生家藏“旧印祖本”互为校雠，重编为《井丹林先生文集》20卷并于郭氏双百鹿斋刊行。1980年，香港潮州会馆董事会将其作为“潮州文献丛刊之三”《井丹诗文集》影印发行。《潮州府通判翁公平寇碑记》和《赠翁别驾平寇受奖序》分别被编入卷13“记”和卷11“序”。

拱免相，起苍梧佥事，改浙江提学副使，深为太宰杨愽所知。追新郑复相，罢归家居十八年，杜门著书，不事干谒，至邑有利病则必昌言之。修《潮阳县志》，深得司马氏之意。今祀乡贤。①

顺治《潮州府志》的简略传记取材于林大春本人于万历十五年（1587）自撰的《自叙述》，以及林大春逝世后其仲弟、四川夹江知县林有声于万历十八年（1590）所作的《明中宪大夫浙江提学副使石洲林先生行状》等材料。根据《自叙述》和《明中宪大夫浙江提学副使石洲林先生行状》的记载，嘉靖二十九年（1550）至隆庆三年（1569）任官期间，林大春曾两次返回家乡潮阳。一是嘉靖三十九年秋丁母忧，回家乡守制 3 年；一是嘉靖四十四年因朝廷争斗受排挤而返乡短期居住。隆庆元年（1567）林大春复出，隆庆三年再受排斥，回乡家居 18 年，至万历十六年（1588）去世，终未获任用，家居前后共 20 多年。

《潮州府通判翁公平寇碑记》和《赠翁别驾平寇受奖序》详细记载了嘉靖三十九年六月，潮州通判翁梦鲤督兵巷战驱赶“漳寇”一事，事件发生时，林大春正在奔丧的海路上。② 林大春《潮州府通判翁公平寇碑记》在分析翁梦鲤自户部主事出判潮州的缘由后，对嘉靖三十九年六月十五日至十七日发生在潮阳县城的“漳寇”困城之事讲述道：

一日，忽有贼迤逦从西北来，自号为兵，盖漳寇云。……相持至暮，有逾城遁者，城外兵多窃伏道旁，伺贼出即坑杀于城壕中，后者莫敢出。贼乃蒲伏，号泣求生，愿以残虏退。城中父老亦以为言。公因传令北开城门稍放逐之，贼投戈袖手裹疮，驰从间道去，公复发所部兵追捕之。于是城中士女乃辞，公抵舍。明日追者至，又得十余骑、十余人以归。

除了褒奖翁梦鲤督兵御贼的奇功之外，林大春还在文中着重强调了父亲林杉和子弟兵的作用：

今贼拥二千之众，负鲁城之险，而我以兵制其下，人民外徙，声

① 顺治《潮州府志》卷 6《人物部·林提学传》，潮州市地方志办公室，2003，第 214 页。

② 林大春：《敕封安人林母陈氏圹记》，《井丹诗文集》卷 13。

援内空，胜败尚未可期也。为今计，莫若速出令号，召四乡之兵，使皆毕集城下。且夫四乡负海之兵，轻敌而敢战，皆天下之所谓勇悍精兵者也。……其时家君亦从城中收子弟兵，得六十人，克城西路，却敌先登，捕虏一人。

此次“漳寇”围城，守城的官兵“皆偃甲卧，惊起莫知所为，多奔走投城下。贼因环啸城上”，占据有利位置，不久便攻陷了县城，城中百姓闻之大恐。时潮州通判翁梦鲤受命正在城中督兵备倭，听从上书言便宜者的计谋，组织城中百姓和四乡乡兵“与贼战于城上，而又以游兵薄城下”，将“漳寇”赶出县城。虽然守备指挥等军从城外来援，但显然，林大春认为守城和解城之困的关键力量为四乡负海之兵。

陈春声教授指出，朝廷军队兵疲将弱、善于扰民而怯于御寇是明代中后期潮州地方面临的最困难的问题之一。[①] 在这种情形下，地方官师和士绅只能组织“乡兵”来承担保卫乡土的职责。站在士大夫的角度，虽然林大春应官府之托而撰写《潮州府通判翁公平寇碑记》和《赠翁别驾平寇受奖序》，着重突出将兵的御寇功劳，但文中还是尽力强调百姓和乡兵的护城作用，体现了这些国家“代理人”调适国家意识和地方势力的观念和努力。

（三）父老：双忠公的阴助

明嘉靖朝后期，潮阳深受“寇乱”之苦。在嘉靖三十九年“漳寇”围困潮阳县城之前，还出现过嘉靖三十八年十月至次年正月倭寇侵袭潮阳之事。隆庆《潮阳县志》卷2《县事纪》载：

及是年十月，果有倭奴三百余人从海口烧船登岸，旦薄城下，为乡兵所击不敢近，因散掠凤山、钱冈诸村里而去。越一月，又有千余人从招宁司河渡门以入，与海贼许朝光同攻海门，官兵奋勇，敌退，追至石碑而遁。其明年正月复来，攻凤山不下，移屯贵屿，流劫古埕。又有窥城之志，会山贼夜袭入城，大创，去。倭始骇散。[②]

① 陈春声：《明末东南沿海社会重建与乡绅之角色——以林大春与潮州双忠公信仰的关系为中心》，《中山大学学报（社会科学版）》2002年第4期。

② 隆庆《潮阳县志》卷2《县事纪》，《广东历代方志集成·潮州府部（一三）》，第31页。

虽然出自士大夫之手的官修志书会强调朝廷官兵的奋勇退敌，但上述流劫潮阳的“寇乱”其实并没有被消灭。陈春声教授指出，明中叶以后潮州士大夫和百姓对朝廷官兵临战退却、见死不救的情况一直抱怨不止。[①] 这些生活在当时的父老是这些“寇乱”事件最直接的感受者，他们有自己的话语系统，往往会把“寇乱”平息的原因归结于乡土保护神的灵异。林大春《重建灵威庙记》就记录了父老关于平定“漳寇之乱”的说法：

> 嘉靖庚申，漳寇夜入城，为翁别驾所破。当时闻贼众自言既入城，即手持尺铁不动，竟尔授首。父老相传，皆谓二公有阴兵云。[②]

父老相传讲的是双忠公等乡土神祇对“寇乱”平戢所起的关键作用，这些乡民的民间观念和话语系统在文献记载上不是个例。林大春《重建灵威庙记》还记录了嘉靖四十二年（1563）父老豪杰迎双忠公遗像于城上，从而请得反风击退犯境倭寇的经过。[③] 可以看出，在明末朝廷军队兵疲将弱、御敌不力的情形下，乡民突出“乡土保护神”作用的观念与官师强调国家正统力量的影响显然有着不同的意义内涵。虽然地方官府通过镌刻告示、借用士大夫之笔不断强调王朝力量在平定动乱上的主要作用，但在明末的潮阳，这种国家意识看来并没有真正进入父老的话语系统中。正如黄挺教授指出：“事实上，潮州乡民国家观念向来相当薄弱。”[④]

结　语

本文所关注的“事件路径”视野下的国家意识和民间观念等问题，既是新政治史的分析视角，也是观念史、心态史的研究范畴，意在透过不同人群对同一政治事件的不同观念，挖掘观念背后的社会结构和变迁。

15 世纪末到 16 世纪初，明王朝不断加强对潮州地方社会的控制力量。不过，从嘉靖后期开始，随着“寇乱”迭起，加上潮州吏治腐败和卫所官

---

① 陈春声：《明末东南沿海社会重建与乡绅之角色——以林大春与潮州双忠公信仰的关系为中心》，《中山大学学报（社会科学版）》2002 年第 4 期。

② 林大春：《重建灵威庙记》，隆庆《潮阳县志》卷 15《文辞志》，第 164 页。

③ 林大春：《重建灵威庙记》，隆庆《潮阳县志》卷 15《文辞志》，第 164 页。

④ 黄挺：《民间宗教信仰中的国家意识和乡土观念——以潮汕双忠公崇拜为例》，《韩山师范学院学报》2002 年第 4 期。

兵军纪败坏，国家政权对地方社会的控制已经相当乏力。[①] 因为对国家政权和地方官师的失望，士大夫和乡民便不得不组织乡兵和族人，筑寨固保，自己承担起保卫乡土的责任。这种地方情势的变化，对处于动乱中的士大夫和乡民的观念产生了重要影响。地方官员、士大夫和乡民对“漳寇之乱”平息原因的不同看法，显然体现了这一大的历史情景。“这种偏差表现了国家政权与乡土社会之间的关系的紧张。”[②]

对代表国家政权的地方官员来说，嘉靖三十九年“漳寇之乱”被平定后，他们通过及时镌立告示、论功行赏等方式，突出国家力量在平戡“寇乱”中的重要作用，以宣化那些游离于或想游离于“民”与“盗”之间的人。不过，这种努力在当时的效果可能很有限。在士大夫的观念里，国家正统力量和地方势力的影响都需要被不断地强调，这一点从林大春所撰写的《潮州府通判翁公平寇碑记》和《赠翁别驾平寇受奖序》中可以明显看出来。而乡民则往往把平乱原因归结于乡土保护神，比如双忠公等神明的阴助。

① 黄挺：《民间宗教信仰中的国家意识和乡土观念——以潮汕双忠公崇拜为例》，《韩山师范学院学报》2002 年第 4 期；陈春声：《明末东南沿海社会重建与乡绅之角色——以林大春与潮州双忠公信仰的关系为中心》，《中山大学学报（社会科学版）》2002 年第 4 期。

② 黄挺：《民间宗教信仰中的国家意识和乡土观念——以潮汕双忠公崇拜为例》，《韩山师范学院学报》2002 年第 4 期。

明清时期龙江上游的圆通庵*

——以圆通庵碑铭为中心

钟俊红**

潮汕地区的龙江上游，主要包括后溪、乌坑、大坪等地，现处于普宁市西南部。明嘉靖时后溪、乌坑、大坪属海丰县吉康都管辖，清雍正年间，后溪、乌坑、大坪属陆丰县石帆都管辖。

明清时期的圆通庵碑铭，就其内容而言，记录了圆通庵的建庵历史，以及僧人、信众捐资置办佛祖香灯费用的情况。深入挖掘圆通庵碑铭背后的细节，可以看出圆通庵与地方社会互动的过程，折射出地方社会变迁的结果。

明清时期圆通庵的建庵及其发展与惠来岐石陈氏宗族息息相关。陈氏宗族对圆通庵的影响，反映了圆通庵在龙江上游存续与发展的情况，也是陈氏宗族在地方社会影响力的表现。①

明清时期，陈氏宗族控制下的圆通庵在地方社会的发展与韩江平原、珠江三角洲的寺庙的遭遇有很大区别。② 明清时期的宗教政策③对龙江上游的圆通庵并没有多大的影响，对圆通庵的发展产生影响的依然是惠来岐石的陈氏宗族。

---

* 笔者在圆通庵的田野调查中，发现了《岐石陈氏粮庵碑》、《檀越和尚创田记》、《富寿荣昌》、《永远福田》和不同年代的两通《问心碑》等碑铭。此外，还有其他的碑铭因圆通庵重建，碑铭被安置在圆通庵山脚处而没有办法进行记录，对圆通庵碑铭的记录以及相关研究，需要等待圆通庵建好后继续进行。

** 钟俊红，中国民俗学学会会员、潮汕历史文化研究中心青年学术委员会委员。

① 黄挺：《十六世纪以来潮汕的宗族与社会》，暨南大学出版社，2015，第2~3页。

② 黄挺：《十六世纪以来潮汕的宗族与社会》，第2~3页；郑振满：《莆田平原的宗族与宗教》，郑振满主编《碑铭研究》，社会科学文献出版社，2014，第391页；科大卫：《明清社会和礼仪》，曾宪冠译，北京师范大学出版社，2016，第97页；郑群辉：《潮汕佛教研究》，暨南大学出版社，2015，第2页。

③ 刘永华：《明清时期的神乐观与王朝仪式》，《世界宗教研究》2008年第3期；刘永华：《道教传统、士大夫文化与地方社会》，《历史研究》2007年第3期。

下文通过对龙江上游的地方社会、圆通庵的碑铭、惠来岐石陈氏宗族的介绍，揭示明清时期的圆通庵在地方社会的发展进程，加深我们对地方社会的认知。[①]

一　明清时期龙江上游的地方社会

依据方志、碑铭、族谱、文人笔记，我们对明清时期龙江上游的社会做简单描述。

最早对龙江上游后溪一带进行开发的是惠来岐石的陈梅峰。《岐石陈氏粮庵碑》中的“我祖梅峰公置有粮山，土名后溪，带龙溪都米一百零八亩有奇，黄册炳根”，[②] 记录了陈梅峰在龙江上游开垦的情况。“忆昔梅峰公在员潭仔葺一庵”，[③] 此庵即为圆通庵的前身。明嘉靖四十三年（1564），陈梅峰所创之庵由其后裔陈元谦、陈光世重建，并取名圆通庵，此后圆通庵之名延续至今。[④]

明彭希周《吉康治乱记》称吉康都在明以前是“古昔夷时人藩业广，尚忘于治化之中，胡云乱乎哉”，明正德以上是“其风朴略无暇论矣”，明嘉靖以来是“人文渐盛、尊卑有序，上下有辩，闾阎皆乐耕读”。[⑤] 彭希周的记载说明吉康都在明嘉靖以后，地方上的人文耕读开始渐起。

从以上记载可以看出，明嘉靖时期的龙江上游地方社会，地方开发尚未大规模进行，地方社会也未被士大夫“教化”。

明嘉靖《海丰县志》记载与大坪、后溪、乌坑相距20～50里的龙江上游的“葫芦峯”与“八万”两地，是进入大坪、后溪、乌坑的必经之地。“其山川险辟，况有内应，贼之自惠来入者必聚于此，宜设一营以守之”，[⑥] 说明龙江上游地形险要，要多加防范盗贼出没。而大坪、后溪、乌坑居住

---

① 刘永华：《道教传统、士大夫文化与地方社会》，《历史研究》2007年第3期。

② 《岐石陈氏粮庵碑》原立于圆通庵下厅左边，笔者于2012年7月4日下午对此碑刻进行抄录。现圆通庵重修，此碑放置在圆通庵山脚处。

③ 陈德传：《圆通庵石刻碑记》，http://chendechuan2000.blog.163.com/blog/static/511930342008624102823580/，最后访问日期：2012年11月2日。

④ 陈德传：《圆通庵石刻碑记》，http://chendechuan2000.blog.163.com/blog/static/511930342008624102823580/，最后访问日期：2012年11月2日。

⑤ 彭希周撰《吉康治乱记》，《明清广东稀见笔记七种》，李龙潜、杨宝霖、陈忠烈、徐林点校，广东人民出版社，2010，第72页。

⑥ 嘉靖《海丰县志》上卷《舆地志》，第9～10页。

“居民百五十余户”,[①]“嘉靖戊午，吉康都乡民陈英呈复之，置千长一人”,[②]则表明陈英为地方申请设置千长的行动。

明嘉靖年间，吉康都的乡民陈英、陈善兄弟在此地活动。现位于普宁市后溪乡半径田村宝鹰电站后面的修路碑文，记录了他们在此地的活动情况。修路碑文被铭刻在高3.8米、宽5.1米的一块大石头上。碑文如下：

吉康吉溪人陈英至庄谓弟陈善曰，东路阎罗崄，西路郭公田，山高路险□，悯行人挑负□□，是以令人李可□、宋本善裹饭入山，谋路于鹰嘴石下，右至东坑小□止矣。就年正月内，率半径后溪诸佃丘玉成廿一百有十四人，不四日则路通也，此非英善之功，乃诸佃之力耳，径此行者可以感哉。

大明嘉靖戊申年正月吉日陈青峰立

陈英号青峰　陈善号德澜

后世君子为我□明

此碑文是说陈英、陈善兄弟为修通“东路阎罗崄”至“西路郭公田”之间的路，令李可□等人“裹饭入山”筹划“鹰嘴石下，右至东坑小□止”之路。后陈英、陈善“率半径后溪诸佃”“廿一百有十四人”修路，不到“四日则路通也”的过程。

陈英、陈善兄弟在地方社会的活动，透露出在明嘉靖以后，海丰县地方社会有了一定程度的发展，但受士大夫“教化”并不明显。龙江上游的发展刚刚起步不久，就陷入盗贼蜂起、生灵涂炭的地步。彭希周撰的《吉康治乱记》记载如下：

夫何隆庆之天，而盗贼蔓延，占据四邑之地。东据东坑大溪拳、三溪葫芦畲、八万洞而抵惠来县；西据新田、上埔、河田而抵归善县；北连欧田、螺溪而抵长乐。蔓延四地，盗贼纵横，无所安息几十余载。[③]

以上记载表明龙江上游陷入盗贼之手。《陆丰县乡土志》也对龙江上游

① 嘉靖《海丰县志》上卷《舆地志》，第9~10页。

② 嘉靖《海丰县志》上卷《舆地志》，第11页。

③ 彭希周撰《吉康治乱记》，《明清广东稀见笔记七种》，第80页。

的盗贼活动情况有详细记载。[①]

在清代，为了应对龙江上游周围的盗贼，清朝特地设立河田巡检司，分管河田墟约、吉溪乡约、螺溪墟约、河田三溪兵营埔约、后溪乌坑墟约。据乾隆《陆丰县志》记载，河田巡检司的规模如下：

> 按河田墟约正生员彭启基、罗圣瑞于乾隆三年捐出税地上下左右各十间为约亭，文祠基址建造约亭五间。乾隆十年又各捐资在约亭左右再建二间亭，后接建五间以为文祠亭，前又建五间安列奉颁条约，并建左右文武坐班官房二间，前后二进二间，详县有案。[②]

通过对龙江上游的人群、人文以及地方动乱的简单描述，我们可以看出明嘉靖、隆庆之后，龙江上游地方社会的开发明显加快，[③] 流民开始涌入龙江上游，但地方社会接收王朝的信息、受到王朝的影响是相当缓慢的，儒家礼仪、儒家教化依然没有大规模进入龙江上游地方社会。龙江上游地方社会与韩江平原、珠江三角洲等地区地方社会的发展不可同日而语。

二　碑铭中的圆通庵建庵历史

在圆通庵，留存有《檀越和尚创田记》《岐石陈氏粮庵碑》《富寿荣昌》《永远福田》《问心碑》等碑铭。岐石陈氏族谱有《建圆通庵记》的记载。通读这些碑铭，其中的《建圆通庵记》《檀越和尚创田记》《岐石陈氏粮庵碑》记载了圆通庵建庵的历史以及建庵相关人物的活动情况。下面对《建圆通庵记》《岐石陈氏粮庵碑》两通碑铭进行解读，以此来了解圆通庵的历史。

岐石陈氏族谱记载的《建圆通庵记》全文如下：

> 建圆通庵记
>
> 后溪粮山，横竖有三十余里之遥，重峰叠嶂，道路崎岖，登是山者，不啻西域天竺。忆昔梅峰公在员潭仔葺一庵，规模卑狭，未为此

---

① 《陆丰县乡土志》第二十五章、第二十六章、第二十七章、第二十八章对此有详细记载。另外，明万历《武功录》、《粤大记》中对龙江上游的山寇盗贼均有详细记录。

② 乾隆《陆丰县志》卷3《建置》，第18页。

③ 彭希周撰《吉康治乱记》，《明清广东稀见笔记七种》，第73页。

方胜概，意欲开廓如鹫岭，祇园可称佛国，惜志未酬而殂。四月初五公忌辰，语及员潭庵颓坏，不能绳其祖武，今日饮燕，徒增悲耳。萍乡公在座闻之，毅然自任。及初秋到庵，语僧改作，僧亦告其梦，遂在鹿眠湖择吉兴工。时嘉靖四十三年八月望日也，梁栋美材，本山所产，经营缔造，阅月而成，取清净无滞之义，名庵曰圆通。斯时外睹，高山耸翠，上出重霄，远水细流，下舒碧涧；内视显佛，应求神灵护庇，人咸道为小西天云。特是庵非僧不守，僧非粮不依。旋而斟酌，适巨野县公来乡，以为山脚员潭上下等处田，悉拨入庵足矣。余外批佃收税，众佥曰："善。"如是而建庵施田，诚千载美举也，故志之。明嘉靖四十六年立。[①]

《岐石陈氏粮庵碑》[②] 碑铭中的上半部分内容与《建圆通庵记》基本一致，因此一并附上，碑文如下：

岐石陈氏粮庵碑

窃闻创业贵乎善承，施舍由于发愿，我祖梅峰公置有粮山，土名后溪，带龙溪都米一百零八亩有奇，黄册炳根。考祖生平诚心礼佛，在员潭仔葺庵施舍，今旧庵场是其迹地粤籍。嘉靖四十三年，谱载萍乡县公字中阳致仕遨游来宿是庵。见堂室卑陋，语僧以改作，僧亦告以梦鹿眠湖之言，次日同登远视，有群鹿卧湖上，遂觇其地吉，始信梦寐之事不诬矣。爰是鸠公庀材经营缔造，取清净无滞之义，名其庵曰圆通。奉尊佛，祀先祖，敲金戛玉辉煌乎可观也。虽然择地建庵，固一人以自主舍田施兴必众议而后成。雪波公巨野县令也，有通漕贤尹之称，商榷美举，即拨山脚粮田等处，付为礼佛饭僧之费，为巨意。国朝龙飞戊戌岁，遭孽僧德济交通游僧益善，乱戒蔑法，串党横为，倾坏山门，荡废庵物。□等不忍祖公功业任孽姿毁，率赴陆丰县李太爷逞遂给示勒禁在案，仍邀近乡耆族绅耆之贴，延请禅师瑞盛为主持，瑞勉为副，重整山门，保守庵物。我祖所有施入田山土名开明于后，俾后来照此管业不得籍

① 陈德传：《圆通庵石刻碑记》，http：//chendechuan2000. blog. 163. com/blog/static/511930342008624102823580/，最后访问日期：2012 年 11 月 2 日。

② 《岐石陈氏粮庵碑》原立于圆通庵下厅左边，笔者于 2012 年 7 月 4 日下午对此碑刻进行抄录。现圆通庵重修，此碑放置在圆通庵山脚处。

瑞广占，庶享福田于疆。至于传授主持，必须众乡告知庵主，立贴以杜弊端，则香灯光耀，永垂弈□矣。用是镌石以治计开四至土名于后：

粮业东至馒头山长峰尾至，西猴仔额蓝树隩，南自白面石寒湖顶矮岗背至，北水尾洋前墩山湖坪尾等处。内除施入庵土名开明一田，旧庵场寨仔前上员潭、下庵仔、杀人坑，另矮岗背田仔一山，在本庵鹿鸣湖起至三戒石会众凹止，供和尚收管□，年贴纳粮钱一千六百文。

乾隆四十三年九月初五日

庵主陈尔孚　尔素　崇偕　世侨　敦极　敦隆等仝立

以上两通碑铭，给我们提供了如下的信息：圆通庵的前身为岐石陈梅峰所建；此庵在嘉靖四十三年八月被重新修建，主持重建此庵的是陈梅峰的裔孙陈元谦，同时，陈元谦“取清净无滞之义”为此庵取名“圆通庵”。

另外，《建圆通庵记》中的“适巨野县公来乡，以为山脚员潭上下等处田，悉拨入庵足矣”、《岐石陈氏粮庵碑》中的“雪波公巨野县令也，有通漕贤尹之称，商榷美举，即拨山脚粮田等处，付为礼佛饭僧之费”则表明圆通庵重建后，巨野县令陈光世把员潭一带的田产作为圆通庵的收入。

《岐石陈氏粮庵碑》的下半部分则表明清朝时圆通庵“遭孽僧德济交通游僧益善，乱戒蔑法，串党横为，倾坏山门，荡废庵物”的变故。岐石陈氏宗族不忍其祖公功业任孽姿毁，从而“率赴陆丰县李太爷逞遂”，把德济等“给示勒禁在案”，后让“瑞盛为主持，瑞勉为副，重整山门，保守庵物”。并且，以后“至于传授主持，必须众乡告知庵主，立贴以杜弊端”，这表明圆通庵是在陈氏宗族的掌控之中。

《建圆通庵记》及《岐石陈氏粮庵碑》两通碑铭表明圆通庵为岐石陈梅峰所创建，其后世裔孙对其进行了重修，此事发生在明朝嘉靖年间。圆通庵的重修与明朝的宗教政策息息相关。江西萍乡知县陈元谦、山东巨野知县陈光世重修此庵也表明明代潮汕地区的寺院“除少量为僧人创建外，绝大多数为地方官或地方豪强所建。因为报建寺院的手续严格而繁琐，个人创建若没有相当的官场关系则非常困难”的判断是成立的。[①] 这在某种程度上表明明朝时岐石陈氏在龙江上游的影响力。

以上两通碑铭也表明嘉靖年间广东提学魏校在广东施行的排佛政策并

① 郑群辉：《明代潮汕寺院经济的兴衰及原因》，《潮学研究》2010 年第 1 期。

没有影响到圆通庵。嘉靖《海丰县志》对魏校在海丰的废淫祠有如下记载：

> 学署。三所，俱以序列于文庙后，嘉靖壬午改建。其社学与书院旧为缺典，壬午，督学宪副魏公校废淫祠而为社学者五：曰南城社学，以水仙庙改；曰龙津社学，曰北门社学，俱以天罡庙改；曰石桥社学，曰捷胜社学，俱以观音庙改。为书院者四：曰文山书院，以罗公庙改；曰桂林书院，以永兴寺改；曰清明书院，以观音庙改；曰西峰书院，以西峰寺改。今皆废。[①]

魏校在海丰的废淫祠仅仅是在海丰县城周围，并没有对圆通庵产生实质影响。这里面应该是地方宗族势力在背后起作用的结果。从这个角度来讲，明清时期的圆通庵其实还是牢牢掌控在地方宗族手中，这种情形与珠江三角洲寺庙的普遍遭遇有所区别。[②]

三　惠来岐石陈氏宗族与圆通庵之关系

陈氏宗族能够把控圆通庵，其实是陈氏宗族为地方大族的结果。

据岐石陈氏族谱记载，其先祖陈梅峰为岐石乡的创建者，陈氏宗族的世系情况如下：

> 陈原父，学名陈贯，宋高宗建炎二年（1128）戊申科进士，官名陈光，知海丰县正堂，任满后，留居于海城西郊，生四子：雷、蒙、功、焕。
>
> 陈雷，字贤斋，官至吏部尚书，生三子：添兴、谷佐、昆佐。
>
> 陈谷佐，字提点，生于宋孝宗隆兴元年（1163），生子文英。
>
> 陈文英，称六六公，生二子：大房正老，号铁峰，肇基普宁市桥柱乡；次房正功，号梅峰，惠来县岐石乡肇基祖。
>
> 陈梅峰，名正功，讳国谕，行九一，文英公次子。[③]

---

① 嘉靖《海丰县志》上卷《署宇》，第55页。

② 科大卫：《明清社会和礼仪》，第97页。

③ 陈德传：《惠来县岐石乡梅峰陈氏源流考记》，http://chendechuan2000.blog.163.com/blog/static/5119303420079279511371 2/。最后访问日期：2012年11月2日。

依据陈氏宗族的世系情况，陈梅峰及其先世的情况如下：

陈原父—陈雷—陈谷佐—陈文英—陈梅峰

以上陈氏五代的世系表明，岐石陈氏是以陈原父任海丰县正堂后开始了在地方社会的发展。到了元朝，岐石陈氏在地方社会的影响力可透过方志的记载窥见一二。

《建圆通庵记》《岐石陈氏粮庵碑》中记载的陈元谦、陈光世是陈梅峰的裔孙，其中“陈元谦，龙溪都人，仕江西萍乡知县”,[①]“陈光世，龙溪都人，仕山东巨野知县，有传”。[②] 在《惠来县志》中对陈光世有如下记载：“雪坡先生，名光世，字复振，其先自莆中。南宋南渡时入潮，有讳原父者令海丰因家焉，至梅峰居士卜迁惠之岐石里，数传至仁凯，是为先生父……”[③]《惠来县志·人物》对陈光世有如下记录：“陈光世，字复振，龙溪都岐石里人。”[④]

《惠来县志·硕隐》中对陈光世之父陈仁凯有如下记录：“陈仁凯，光世之父，岐石里人，慷慨笃大义，尝途拾遗金，曰：‘嗟乎！谁疏虞至此。’度其当复来，坐而待之，无何，其人果仓皇至，诘问相同，取以还之。曾从兄有外衅自鬻产以趋其急，虽家食不给晏如也。后其子光世以贡令巨野，有廉能声足征式谷云。”[⑤]

《惠来县志》中对陈原父后裔有如下记载：“陈牧隐，龙溪都岐石里人，宋海丰令，陈原父之裔，少博极群书，有时名，元季不造，遂隐不仕。题凤山古寨诗云：保障当年建义旗，凤山磐石绕汤溪；英雄壮士今何在，万古空营对落晖。”[⑥]

透过方志的记载，我们可以窥见宋元时岐石陈氏在地方社会的影响力。从陈梅峰开始，陈氏在地方社会的势力以及影响变得越来越大，这种影响力也在某种程度上给修方志者以影响。以上的这些记载表明，明朝时岐石

① 康熙《惠来县志》卷6《选举》，惠来县地方志办公室编印，2007，第9页。

② 康熙《惠来县志》卷6《选举》，第10页。

③ 康熙《惠来县志》卷17《艺文上》，第40~48页。

④ 康熙《惠来县志》卷14《人物》，第8页。

⑤ 康熙《惠来县志》卷14《硕隐》，第27~28页。

⑥ 康熙《惠来县志》卷14《硕隐》，第27页。

陈氏宗族对圆通庵的控制与影响是实实在在的。地方流传的圆通庵建庵传说也是岐石陈氏宗族对圆通庵控制的印证。岐石陈氏宗族流传着这样的圆通庵建庵传说：

> 相传当年陈、胡二姓先祖为修风水找墓地，各请名师遍访名山。陈氏先祖行至圆明圆潭山时，经名师指点，此处乃九龙之首“龙脐”风水宝地，并埋枚铜钱为记；不日，胡姓先祖与名师也行至此，亦言此地大吉，并取铜针钉入地下为记。
>
> 吉日良时，二姓先祖至此，不期而遇，均言此地是其所占，并有印记。挖土检验，发现铜针刚巧钉在铜钱眼上。二家均言自己印记在先，各不相让，打起官司，惊动朝廷，皇帝派名师实地考察，名师震撼：“此等宝地，若修风水，日后必出贵人，甚至天子，恐危及朝廷。”皇帝下旨：此地修建庵寺，供奉观音菩萨；陈姓先祖为山主，胡姓先祖为施主。
>
> 至今，庵内正堂左右两侧立牌位二个。左曰：“山主陈公之位”；右曰：“施主胡公之位”。
>
> 宝地庵寺，礼佛者络绎不绝，香火不断。据说，至此求官、求财最为灵验！[①]

经由《建圆通庵记》、《岐石陈氏粮庵碑》和地方流传的传说，可以看出明嘉靖时圆通庵的重建，其实为岐石陈氏所主导。圆通庵除供奉观音菩萨外，还供奉陈氏山主与胡姓施主。明嘉靖时陈氏对圆通庵的重建，其实是把圆通庵当成其家庙，这也是圆通庵一直被岐石陈氏所掌控的原因。[②]

到了清朝中期以后，陈氏宗族在后溪地区的活动记载开始变少，而钟氏宗族在这一地区的活动记载开始增多，这可以从地方上现存的碑刻中得到印证，[③]

---

① 陈德传：《圆通庵山主与施主传说》，http://chendechuan2000.blog.163.com/blog/#m=0&t=1&c=fks_087066084084082064081084081095081087080074087086085071，最后访问日期：2012年11月2日。

② 郑振满：《莆田平原的宗族与宗教》，郑振满主编《碑铭研究》，第391页。

③ 后溪乡矿坑村白马宫外立的是一通“同治元年壬戌岁子月重修吉立”的碑刻，后溪乡七圣宫外立的是一通“□值大清道光七年丁亥岁四甲□”的碑刻，除此以外，七圣宫外还有多通清代碑铭，这些碑刻记载从侧面表明钟氏宗族在地方社会的活动情况。

这从侧面表明陈氏宗族在后溪地方社会的影响开始减弱。[①] 康熙《惠来县志·选举》中，岐石陈氏的相关记载开始减少，陈氏宗族的科举表现已经不如以前，这可以看作陈氏宗族在后溪地方社会的影响力减弱的佐证。清中期以后，岐石陈氏宗族在后溪的影响力有所下降，但陈氏宗族对圆通庵的控制与影响仍然存在，这可以通过《建圆通庵记》、《岐石陈氏粮庵碑》和地方传说的流传得到印证。

四 圆通庵碑铭中记载的清代地方社会

目前整理的六通清代圆通庵碑铭，其时间跨度为康熙五十九年（1720）至光绪二十四年（1898）。通读这六通碑铭，其内容主要是对香灯田以及铺房产的记载，订立碑铭的原因又有很大的差异，折射出地方社会变动的情况。

乾隆四十三年（1778）《岐石陈氏粮庵碑》中的“粮业东至馒头山长峰尾至，西猴仔额蓝树隩，南自白面石寒湖顶矮岗背至，北水尾洋前墩山湖坪尾等处。内除施入庵土名开明一田，旧庵场寨仔前上员潭、下庵仔、杀人坑，另矮岗背田仔一山，在本庵鹿鸣湖起至三戒石会众凹止，供和尚收管□，年贴纳粮钱一千六百文”，记载了圆通庵粮业的收入范围，且其收入由圆通庵主持禅瑞收管。此碑亦反映出清代前期的圆通庵是把控在岐石陈氏宗族手中，圆通庵主持只是陈氏宗族延请来打理圆通庵香火以及处理日常事务的代理人。[②]

康熙五十九年《檀越和尚创田记》[③] 碑文如下：

檀越和尚创田记

山主陈讳梅峰公发心施山付庵僧永远香灯，员潭仔内四周界置开的，东至三戒石会众凹，西至猴仔额蓝树隩，南至横岗背寒湖顶，北至水尾圆墩山胡洋尾参拜山等处，自立施贴历僧世于水为佛前香灯，每年帮陈宅山脚田粮一两五钱，见施人钟讳梅庄公、李正甫、苏云崇公、刘云溪公仝证。

---

① 钟俊红：《宗族权势转移下的地方传说流传》，《民间文化论坛》2013 年第 6 期。

② 郑群辉：《潮汕佛教研究》，第 107～109 页。

③ 《檀越和尚创田记》原立于圆通庵上厅左边，笔者于 2012 年 7 月 4 日下午对此碑刻进行抄录。现圆通庵重修，此碑放置在圆通庵山脚处。

施主胡讳省初公见得圆通庵内香灯稀薄，自喜舍赖庄田质利一十四石，容种九斗，于上年紫频帅换卖今天收。又另舍纹银十两，付德员师承之员潭仔山脚田，容种三斗，立施贴与庵僧执□永作佛祖香灯，见施人李典如公证开山师所置员潭仔等处山一□田纹银四十两正。

康熙五十九年庚子岁仲秋月　主持僧玄靖吉旦

《檀越和尚创田记》主要说了两方面的内容。一是山主陈梅峰为“发心施山付庵僧永远香灯”而把“东至三戒石会众凹，西至猴仔额蓝树隩，南至横岗背寒湖顶，北至水尾圆墩山胡洋尾参拜山等处”作为庵中收入来源。见施人钟梅庄、李正甫、苏云崇、刘云溪同证。二是施主胡省初把自己的收入“一十四石”“又另舍纹银十两”“员潭仔山脚田，容种三斗”作为圆通庵的收入，见证人为李典。《檀越和尚创田记》除去山主陈梅峰、施主胡省初对圆通庵香灯田的记载外，更是岐石陈氏宗族对圆通庵建庵历史的确认。

下面对康熙五十九年《富寿荣昌》、康熙六十年（1721）《永远福田》、道光十二年（1832）《问心碑》和光绪二十四年《问心碑》的释读，可以看到地方社会的细微变化。

康熙五十九年《富寿荣昌》[①] 碑文如下：

富寿荣昌

观音显赫，父著乡邦，沐慈悲者，欲报末由。兹同志结会十九人各出捐资，在于圆潭面开庄一瑕，容种四斗，以为观音永远香灯之费，逓年二月十九日，禅师办斋庆诞，众友齐集礼忏，各获福以无疆也，因将会友之名字具列于后。

范俊美　罗元友　刘后誉　苏位芳　范维上　僧禅慧　刘北云　僧普禧　刘成峰　僧禅庆

刘绍信　伍越汉　吴文耀　彭宇春　僧禅璘　官汉玉　刘沧峰　古永通　僧玄道　钟朝岳

如来佛祖万古流芳，僧信同结佛会二十四人各捐资财，在于长坑开庄一处，容种四斗，以为佛祖逓年香灯之用，会期定十二月初八日，

① 《富寿荣昌》碑铭原来在圆通庵外，笔者于 2012 年 7 月 4 日下午对此碑刻进行抄录。现圆通庵重修，此碑放置在圆通庵山脚处。

僧办斋供众友集福永远如斯，因将会友姓名开列于后。

彭雨生　张仕德　刘召良

僧云靖　李毓元　宋中岳　刘凰峰　李毓昆　罗文凤　丘瞻理　刘召芹

叶天濡　吴文相　范天佑　李成锦　僧禅桂　蔡元贵　张永叶　刘贞峰　禾仲发

刘攀峰　刘祥峰　僧文峰　古永□　僧禅奎　陈召俊　罗瑞昌　张盈杰　钟庆生

藏王灵应普救万民，沐恩僧信同结胜会，二十人各发捐资，在于茶地下开田一所，容种四斗，永为菩萨每年香灯之费，圣诞期于七月三十日，僧各斋诞众友祈求久远获福，今将会友姓名开列于左。

僧普禧　蓝子有　僧文兴　谢茂阑　李毓山　蔡位和　马国忠　范维岗　谢茂发　李子翠（瀚）　涂叔贤　范维善　刘显峰　范维见　邓德洪　王元贵　僧文岸　官汉瑞　涂儒征　僧文岗

康熙五十九庚子岁仲秋月吉旦主持普禧同众立

康熙六十年《永远福田》① 碑文如下：

永远福田

尝圆通胜境，万吉慈尊梵堂。佛德好生，常念生灵之康泰，祈求显应赐福疆。沐恩信士罗元聘自发善心施纹银六两正，又主持僧玄靖捐纹银二□正，共凑田价承一所，坐落土名横岗背容种三斗正，遁年纳利谷三斗，慈悲显应人人共沐鸿恩。善信同结佛会二十四人各捐资财置田一处，为佛祖香灯之费，会期定于九月十九，恭逢圣诞中原后背垅种子仁祈求□远功德福田，今将姓名具列于左。

刘朝举　僧玄靖　谢仲恩　范维虬　官汉卫　刘仕举　吕纯魁　罗时耀　范奇昭　张□□

钟兴文　苏芳鲁　叶天淇　刘德洁　吴永明　谢如隆　王锦秀　罗文波　范维玉　蓝□□

苏天助　谢启俊　邓维俊　邓门唐氏妙贵　苏门陈丘氏

① 《永远福田》碑铭原来在圆通庵外，笔者于 2012 年 7 月 4 日下午对此碑刻进行抄录。现圆通庵重修，此碑放置在圆通庵山脚处。

信生余罗始施艮十两开田下圆潭种子三斗。

主持僧普禧□同立

康熙六十年岁次辛丑季秋月吉旦

《永远福田》《富寿荣昌》两通碑铭为主持僧人普禧所立。两通碑铭记录了信众捐资置田以为佛祖香灯之费而“同志结会”“僧信同结佛会”“善信同结佛会”，举办“办斋庆诞”“僧办斋”的情况。

《永远福田》、《富寿荣昌》与《檀越和尚创田记》分别是普禧与玄靖所立，并且在《永远福田》《富寿荣昌》中记载有众多僧人参与捐资置田，这表明圆通庵的田产分属不同僧人管理，且这些田产在不同僧人名下进行收租纳税。①

透过《永远福田》《富寿荣昌》两通碑铭，可以看到龙江上游的圆通庵所举办的“办斋庆诞”“僧办斋”，其实是清中期以后龙江上游地方社会变迁的结果。明至清中期，不同的人群涌入龙江上游开发拓殖。清中期以后，龙江上游人数增加的同时，地方社会民间信仰日趋兴盛，这可以在七圣宫、白马宫等处的多通碑铭中得到印证。地方社会民间信仰的日趋兴盛让圆通庵面临着众多民间信仰竞争的处境，《永远福田》《富寿荣昌》中僧信举办的“办斋庆诞”“僧办斋”活动是迎合地方社会民众民间信仰的一个表现。

道光十二年的《问心碑》和光绪二十四年的《问心碑》则告诉我们不一样的社会变化信息。

道光十二年《问心碑》② 碑文如下：

今将福裕征诚竭置田铺添增圣佛香灯序刻前碑，丁亥岁仲冬承买邹达（圣用道）公田在剑门坑冈仔埔头子里圳西□瑕尾山塘下路傍映脚笠麻罗忠下等处，大小共一百八十二丘，容种一石□□二斗，粮米四答田价银包中三百二十元正。傍买刘荣福田大小共十二丘，容种六升，田银十二元。另买谢日添分式田二丘，容种三升，带粮米二答转价银一十八元包□□。

中见人谢日瑞、蔡金秀、彭尧丰、彭阿西、谢交福，诸公同证。

① 郑群辉：《潮汕佛教研究》，第127页。

② 道光十二年《问心碑》碑铭原来在圆通庵外，笔者于2012年7月4日下午对此碑刻进行抄录。现圆通庵重修，此碑放置在圆通庵山脚处。

承买张云礼公铺在大安圩米街头，坐北向南，并隔沟铺重造新楼，共银三□。承典谢孔星公楼铺一间，在大缗街仔，坐东向西，价银三百元正，带地税各二百□。

中见人陈瑞清、郑朝昂、林智潜秀才同证

道光十二年十月中旬叙记吉碑

道光十二年《问心碑》的立碑者已经不再是圆通庵主持。道光十二年《问心碑》明确指出众信为佛祖置办香灯费用的田产收入是多少，用了“三百二十元正”“一十八元”“带地税各二百”来作为为佛祖置办香灯的费用。道光十二年《问心碑》中房铺产作为圆通庵佛祖香灯费用时，人们开始有了“地税”的说法。

光绪二十四年《问心碑》[①] 碑文如下：

尝思莫为之前有美弗彰，莫为之后虽盛弗传之。我圆通庵佛祖素者灵显，久为十方福神。前于康熙年间主持僧明如、君所、圆觉、圆亮四禅师捐出纹银，创置油柑坪坑仔背香田一处，批佃谢任玉赁耕逦年纳吴宅输粮额租谷一十二石，纳佛祖香灯田利谷一十七石正。历管无异日久耕佃渐垦渐润随生弊端，或写田抵借，或行典卖，主持僧法喜虑田云毁置，乃请公投明山主岐石乡贡生陈坤、庠生陈庆珍，众绅耆等先行投局理追善后随据，局绅等妥为调处，婉劝当家出银一百八十两以帮佃人垦荒，工本并购还典借各数，其田概归庵内香灯。左述照墟上至陂仔头为界，右述以沥水为界，西水合襟等处中天间杂丘数不计种声不计当经给佃，承耕逦年除纳吴宅额租外，寔纳佛祖香灯田利并前所纳，合共纳干精田利答四十二石八斗正，永为定议，亦无增减，似此勒石，以垂久远。倘上年有数约存在佃家，日后寻出不得行用作为启纸，以杜谋占庶创业，既见于前面继述兼善于于后。是为序。

时在事功处，公人大安大坪局绅、庠生魏焕章，贡生吴日章，广耆谢春波，监生谢森。

光绪二十四年戊戌岁闰三月初三日立碑　恩进士吴日章撰书

① 光绪二十四年《问心碑》碑铭原来在圆通庵外，笔者于 2012 年 7 月 4 日下午对此碑刻进行抄录。现圆通庵重修，此碑放置在圆通庵山脚处。

光绪二十四年《问心碑》中指出，“康熙年间主持僧明如、君所、圆觉、圆亮四禅师”置办香田批佃，经年累月后“渐垦渐润随生弊端，或写田抵借，或行典卖”，当时圆通庵的主持法喜为防“田云毁置”而特请“山主岐石乡贡生陈坤、庠生陈庆珍”到“大安大坪局”投告，大安大坪局则“妥为调处，婉劝当家出银一百八十两以帮佃人垦荒，工本并购还典借各数”，后“其田概归庵内香灯”。

光绪二十四年《问心碑》记载了圆通庵的一处田产，从康熙年间至光绪年间，地方佃农已经收获颇丰。圆通庵主持为防圆通庵田产被毁而请岐石陈氏宗族出面投局，说明圆通庵主持对地方佃农的行为也是无能为力的。碑中陈氏宗族投局说明大安大坪局是地方社会的一大力量，据此可以判断龙江上游地方社会的权势已经发生变化，岐石陈氏宗族对圆通庵的控制以及影响已经大为降低。

经由《岐石陈氏粮庵碑》《檀越和尚创田记》《永远福田》《富寿荣昌》《问心碑》，可以看出龙江上游的诸多社会面相：清中期以后，地方社会的民间信仰开始兴盛，圆通庵面临着其他信仰竞争的处境，圆通庵僧人举行“办斋庆诞”等活动是迎合地方社会的需要；圆通庵僧人对圆通庵田产的管理受到了地方佃农的冲击；岐石陈氏宗族对圆通庵的控制和影响随着朝代更迭以及龙江上游其他宗族的崛起而大为降低。

结　语

明清时期龙江上游的圆通庵，其建庵是岐石陈氏宗族主导的结果，也是岐石陈氏宗族在龙江上游影响力的象征。岐石陈氏宗族的影响在清中期以后受到地方上其他宗族的挑战，宗族间的竞争让地方社会民众有了多元的信仰选择，这种动态而多元的信仰选择，其实是一个叠加的信仰过程。有必要指出的是，这个叠加的信仰过程的生成机制及其内在逻辑，仍然需要通过相关的个案研究加以揭示。

明清时期龙江上游圆通庵的发展历程，呈现了地方宗族变化、地方社会发展、民间信仰日趋多元的历史，其背后的种种细节，值得细微分析。尤其是自清中期以后，后溪见龙宫、后溪七圣宫、后溪白马宫、大坪盘龙宫、塘厝抚安宫纷纷建立，与圆通庵构成多元的信仰体系，这些宫庙背后动态的宗族互动以及多元的信仰选择，是下一阶段需要深挖的课题。

龙江上游作为潮汕区域的一个部分，透过对此区域的圆通庵的个案研究，有助于我们对地方宗族与地方社会的关系、王朝更迭与民间信仰的叠加过程以及圆通庵与其他民间信仰背后所呈现的地方社会发展轨迹，有一个相对粗线条的认知。在此之上，圆通庵与其他民间信仰背后的地方社会发展轨迹，会是华南地方社会文化生态呈现的若干侧面，是不断层累的结果，其背后的种种细节，仍需要不断深挖细化，就此而言，本个案研究仅仅是一个开始。

明清地方动荡与神明的“地方化”

——外砂玄帝古庙乾隆二十六年重建碑记解读

蔡文胜*

外砂玄帝古庙位于广东省汕头市龙湖区外砂街道李厝村（原属澄海县蓬洲都）庙前路。现庙门有对联：“思无邪与其进也，蒙不洁趋而避之。”相传为明嘉靖、万历年间澄海县蓬洲都人、南昌府通判王天性所题，据此推测该庙约始建于明中期。该庙于清康熙四十六年（1707）、乾隆二十六年（1761）、嘉庆二年（1797）数次重修，坐南朝北，面阔 10.9 米，进深 3 米，为三进连体三开间格局，外墙为夯土加石框架，内为石木柱梁。门匾题“玄帝古庙”。现古庙前立有清乾隆二十六年重建碑记。该碑记高 207 厘米，宽 73 厘米，阴刻，每字约 3 厘米见方。因年代久远多有漫漶。兹抄录如下：

> 我乡之有玄帝庙也，由来久矣。面莲山而枕丘陵，左韩江而右南海，□朝大道□衢而神显焉，灵应非常。曩昔海寇变□，帝显身而寇不敢犯。迨甲辰迁斥，庙被毁而寇亡。及己酉□未……时夜过半，闻贼艘到□，人心怆惶，屡卜杯筶示，以为无虞。而贼望见火□，疑……敢登……而□来时□尘雾港口，俾丑类□迷不得入境。凡此皆帝德保安之力。□且……思以酬答，乃□康熙肆拾陆年，□同捐银两，积置祭业而名之锡福，曰……恐晚辈不知此□创自何人、置在何处，故将捐题姓名并田……
>
> （捐题姓名略）
>
> 乾隆贰拾陆年岁次辛巳□……□

---

* 蔡文胜，汕头市澄海区博物馆馆长、副研究员。

该碑记结合该地自明中叶以来受海寇侵扰的历史，记述玄天上帝多次显圣的传说，强调其对地方保安之力，反映了神明信仰的“地方化”过程。

一　外砂玄帝古庙所处地理形势

外砂玄帝古庙位于蓬洲都，该地原属揭阳县，明嘉靖四十二年（1563）澄海置县之后，隶属澄海县。明代王天性论及澄海地理形势时说：

> 澄无崇冈岩洞为豺虎所凭依。鲸奔鲵跃，虞在大海。又曰：其形势，远则石城虎跃，南澳龙翔，莲花作扆，襟带万顷；近则神龟狮凤诸峰枕其肩脑，东西南北诸港环其背面，匪特沿海之重地，实属全潮之襟喉。①

澄海因地处海滨，海防尤为重要，明嘉靖四十二年置县，即取“澄靖海氛”之意命名。清嘉庆《澄海县志》中就说：

> 防陆易，防海难。澄地滨海，三面重洋鹿挺者，弄兵潢池，孤城遂若危卵，则海防之当讲也，视陆地尤急。②

从蓬洲都的地理形势来看，韩江支流西溪流经大衙村洲头分为南北支流东注入海，其位置在海防上尤为重要。明洪武二年（1369）于蓬洲都厦岭置蓬洲都守御千户所，“以扼商彝出入之冲”，至洪武二十七年（1394）因“厦岭之乱”而迁所址于鲩江都西埕村。清代设澄海协“左营把总一员，驻外沙汛（在城南十里处），署十一间，营房六间，康熙八年建。随汛操巡兵二十五名、坐马二匹，专防本汛”。③ 位于蓬洲都的鸥汀背城“夹于新港、南港、东港三处海口，乃三面受敌之地”，④ 是澄海县的外围要冲、濒海扼塞，其位置就在外砂玄帝古庙不远处，足见其时这一带地理形势之险要。

---

① 嘉庆《澄海县志》卷 2《形势》，清嘉庆二十年刻本，第 7～8 页。

② 嘉庆《澄海县志》卷 22《海防》，第 1 页。

③ 嘉庆《澄海县志》卷 22《营汛》，第 20 页。

④ 嘉庆《澄海县志》卷 3《城池》，第 3 页。

二　明清时期该地寇难与战乱

明代中叶以后，海寇成为潮州沿海一带长期的祸患。澄海地处沿海，受海寇滋扰尤甚。清嘉庆《澄海县志》引前县志载："澄邑沿海之地，港凡十有二，皆前代盗贼出没之所，其来飘驰，其去影息，数为内地患。"①前人论曰："澄海，潮郡裔邑，旧即海阳之辟望逻司。先时岛彝入寇，剽掠横骛无虚日，其山海恣睢逋荡之徒，承倭倡乱，啸聚朋凶，营垒连结于兹地，盖寇贼渊薮也。"② 澄海置县，取"澄靖海氛"之意，其目的正在于防范海寇，加强对地方的控制。澄海设县之后，县治由于寇乱迟迟不能确定，后来确定设县治于辟望司，但数十年间，"县官率侨居府城，不肯一至县，盖惧寇也"。③

明代海寇频繁侵扰澄海，据嘉庆《澄海县志》的记载，列其要者：

嘉靖三十七年戊午春正月，倭入寇（倭自漳泉由梧屿趋揭阳，掠蓬洲、大井、鮀江、鳄浦、下外、苏湾等处，官兵击败之）。

嘉靖三十八年己未冬，倭寇苏湾。

嘉靖四十一年壬戌，倭入寇。

隆庆元年丁卯，大井贼陈世荣作乱，总兵汤克宽讨平之。

隆庆元年十二月，林道乾寇溪东寨。

隆庆二年戊辰春二月，倭入寇（倭二百余人突至外砂、南湾，焚舟登岸。外砂乡民尽格杀之，无一还者）。

万历元年癸酉冬十二月，海寇林凤犯澄城，知县左承芳御却之。

万历四十八年（即泰昌元年）庚申秋九月，海寇褚彩老犯澄城，署县事冉良翰御却之。

崇祯四年（府志作三年）辛未，闽寇李芝奇入南港。④

---

① 嘉庆《澄海县志》卷22《海防》，第16页。

② 刘子兴：《儒学海壳蚶蛎场租碑记》，康熙《澄海县志》卷9《学校》，潮州市地方志办公室，2004年影印本，第7页。

③ 王天性：《半憨集·志左侯应祀名宦事略》，转引自陈春声《市场机制与社会变迁》，中国人民大学出版社，2010，第246～296页。

④ 嘉庆《澄海县志》卷22《海防》，第1～10页。

通过上面所列事件，可见澄海一带在明代中后期不断受海寇侵扰，其中有几次就直接发生在玄帝古庙所在的蓬洲都、外砂等地。

明末清初，澄海一直处于“不清不明”的状态，盗寇不断。清廷的“迁界”政策以及与郑成功的争战，使东南沿海处于动荡之中。特别是郑成功围鸥汀寨为陈君谔所败及后来郑成功部将邱辉破鸥汀寨之后屠寨事件就发生在蓬洲都，其地距外砂玄帝古庙不远。

明代中后期以至清初的寇难和战乱，成为当地乡民抹之不去的历史记忆，在外砂玄帝古庙的碑记中最为突出的就是对“海寇”“迁界”的记忆。

三　地方动荡与神明的“地方化”

外砂玄帝古庙碑记中反复强调的是玄天上帝“显圣”保护地方安宁的事迹：

> 曩昔海寇变□，帝显身而寇不敢犯。
>
> 及己酉□末……时夜过半，闻贼艘到□，人心怆惶，屡卜杯筶示。以为无虞。而贼望见火□，疑……敢登……而□来时□尘雾港口，俾丑类□迷不得入境。凡此皆帝德保安之力。

陈春声教授指出：“庙宇在地域社会和信众心目中的‘力量’，除了在各种仪式性行为中得以表达和强化之外，也常常依赖于带有强烈意味的一系列‘灵验传说’的存在。”① “有关神明来历和乡村历史新的故事，在乡村内部仍然不断地被创造出来。更有意思的是，我们还注意到，这些故事之所以能被接受并得以流传至今，在很大程度上，是因为它们恰好包含了与故事形成时期特定的历史环境相契合的社会文化内涵，因而，乡村的历史也就可以通过对故事的解读得以更深入地了解。”②

外砂玄帝古庙碑记中关于玄天上帝“显圣”的“灵验传说”，是明清时期该地社会动荡特定历史的反映。借助于这一特定的历史环境，“灵验传

① 陈春声：《乡村的故事与国家的历史——以樟林为例兼论传统乡村社会研究的方法问题》，《中国乡村研究》2003年第2期。

② 陈春声：《乡村的故事与国家的历史——以樟林为例兼论传统乡村社会研究的方法问题》，《中国乡村研究》2003年第2期。

说”在信众和乡村之中得以形成、流传。这一类“灵验传说”在这一时期的潮汕一带不断地出现，反映出当地社会动荡对神明“灵验传说”的影响，以及神明崇拜借此不断“地方化”的过程。兹举两个例子以见一斑。

据明万历十一年（1583）南澳副总兵于嵩立、潮州府同知何敦复撰文的《南澳镇城汉寿亭侯祠记》记述：明嘉靖年间，都督俞大猷率舟师三万人讨海寇吴平，“吴平走匿南澳，若虎负嵎。相持三月，罔绩”。朝廷又命都督戚继光提兵五千自浙江来援。汉寿亭侯关羽托梦于戚继光：“若从后攻城，靡不破矣。”戚继光如其言，“留二千人殿后，潜率三千人，从澳之云盖寺，芟刈林莽，且息且进。三日道开，布列已定，铳炮齐发，军声震天，贼众大惊，披靡，以为王师从天而下也。一日夜俘斩三千级，贼自杀死无算。吴平获小舟，遁外洋，仅以身免”。①

澄海区溪南镇南砂乡农历正月十九日晚有“营灯”及“走老爷”的习俗，其来历相传也与明末清初海寇侵扰，玄天上帝“显圣”保护乡民有关：

> 明末清初，沿海一带海氛不靖，常有海盗骚扰。明末间，埭头人黄海如和其兄黄日汉在府县衙当小吏，后到南澳从军，授游击衔。闻南京为清军攻陷，遂乘机揭竿而起，组成海上武装力量（时称海盗），据守南澳，觊觎南砂。
>
> 有一天，玄天上帝托梦庙祝，说黄海如要攻打南砂寨，令其告示乡民，于正月十九夜晚，家家户户都要点燃灯笼，持灯到乡中各庙宇敬拜神灵，祈保平安。是夜，黄海如部众看到南砂寨内人头攒动，灯如游龙，知有防备，不敢妄动。由此，保护了南砂乡民的安全。②

陈春声教授在《乡村的故事与国家的历史——以樟林为例兼论传统乡村社会研究的方法问题》一文中通过对樟林社区四个天后宫传说的分析，指出：

> 民间神祇的“信仰”在很重要的意义上，表达的是大众心理的认同。在樟林乡，这种认同常常表现为乡民们“有份”和“无份”的感觉。……用分析性概念把握“有份”“无份”之类的感觉的困难，并不

① 《南澳镇城汉寿亭侯祠记》，南澳县文化体育局、南澳县文物管理委员会办公室编《南澳县文物志》，天马出版有限公司，2004，第155页。

② 南砂乡志编纂领导组编印《南砂乡志》，内部印行，2002，第123页。

意味着在现实生活中“有份”和“无份”的界限是软弱的和可有可无的。实际上，正是这些微妙的难以言明的感觉，在更加深刻的层面上决定了现实社会生活的形式与内容。[①]

和上面的两个例子一样，外砂玄天上帝“显圣”以保护地方的传说被反复强调的过程，使神明信仰不断地与地方的历史发生关系，增强了乡民这种“有份”的认同感。在神明信仰“地方化”的过程中，表达了大众心理上的认同。

结　语

对外砂玄帝古庙重建碑记的解读，可以使我们更进一步地透视地方乡村的历史，看到神明信仰借助于明清时期寇难、战乱、迁界等历史事件，重新建立神明与乡村之间的关系，推进神明“地方化”的进程。乡民信众也通过“灵验传说”故事的流传，表达了心理上的认同，使神明信仰进一步融入乡村日常生活之中。

① 陈春声：《乡村的故事与国家的历史——以樟林为例兼论传统乡村社会研究的方法问题》，《中国乡村研究》2003 年第 2 期。

竞争抑或调适：清代揭阳乔林乡双忠庙、天后古庙碑刻故事*

欧俊勇**

民间信仰与族群的关系历来是学界关注的热点之一，并且取得了丰硕的研究成果。受巴斯“族群边界”理论的影响，学界将民间信仰视为一种地域社会组织形式关系，讨论更多的是民间信仰所代表的不同群体之间的竞争关系。如黄彩文在解释邦协布朗族的民间信仰竞争关系时，认为竞争背后是不同群体面对有限资源展现出的竞争和冲突关系；① 张宏明则通过考察闽南三界公庙的祭典活动解释村落家族的权力竞争关系；② 王健更是直接指出地域开发是庙界冲突与竞争的深层原因，“经济利益的驱动则往往是庙界之间竞争的直接起因”。③ 社区空间中庙界的关系应该还原到特定历史过程中进行考察，陈春声关于樟林神庙系统的研究认为，庙界问题的实际情况要复杂得多，樟林神庙系统“乡村庙宇的空间格局及其内部关系，是在长期的历史变迁中积淀的结果”。④ 乔林乡的双忠庙与天后古庙所展现的正是粤东社会从明末清初动乱到近代侨乡社会转型过程中的庙际关系，二者并不存在竞争的关系，只是在不同的历史进程中扮演着各自的角色。

乔林乡位于揭阳城西部五里，榕江北河之滨，磐溪入注其乡。林姓族

* 基金项目：揭阳市哲学社会科学 2020 年度项目“叙事与教化：揭阳宗族传说研究”。

** 欧俊勇，揭阳职业技术学院副教授，闽南师范大学 2018 级在读博士生，主要从事民间信仰研究。

① 黄彩文：《仪式、信仰与村落生活——邦协布朗族的民间信仰研究》，民族出版社，2011。

② 张宏明：《村庙祭典与家族竞争——漳浦赤岭雨雾顶三界公庙的个案研究》，郑振满、陈春声主编《民间信仰与社会空间》，福建人民出版社，2003，第 302～334 页。

③ 王健：《利害相关：明清以来江南苏松地区民间信仰研究》，上海人民出版社，2010，第 120 页。

④ 陈春声：《信仰空间与社区历史的演变——以樟林的神庙系统为例》，《清史研究》1992 年第 3 期。

人在南宋间自莆田涵头望江里来此创乡。至明季，林氏宗族已成为揭阳县西部的望族，并且寨墙高筑，形成了坚固的防卫体系。

一　明末清初的社会动乱与双忠庙的建立

《乔林双忠庙史略》载，双忠庙址原为慈惠堂，创于明朝正统年间，[①]为林氏八世祖道泰妈所建。[②]同治抄本《乔林林氏族谱》载："（八世祖道泰）娶在城张，号慈惠，随奁田四亩，坐落攀龙坊。创建本里慈惠堂。石牌见存，今为双忠庙。"[③]据此，道泰妈张氏或以奁田之资创建慈惠堂。但是族谱并没有说明创建时间和慈惠堂变成双忠庙的原因。乾隆二十八年（1763）进士林炳星撰《重建双忠公庙并筑二圣书院碑记》认为，乔林乡为揭阳奉祀双忠公信仰的肇始，"独乔林一乡而始为崇其祠宇荐其馨香也"。关于慈惠堂的历史，事不见碑传，已不可考。揭阳市文物管理委员会颁布的《双忠庙和二圣书院碑记》认为双忠庙建立的时间为嘉靖十八年（1539），《乔林双忠庙史略》表述较为模糊，认为双忠庙建于明朝正统年间，至于双忠信仰传入的具体时间，"嘉靖十八年"一说难以得到有力支撑。

各种文献对双忠庙建立背景的记载都与明季动乱的历史记忆相关。据康熙五十二年（1713）进士林景拔所撰《重修双忠圣庙并筑二圣书院碑记》可推知，在明清易代地方动乱之前，"庙有香火，派分棉邑。棉有双庙，由来既久"，并且在"国初鼓鼙四作，郡邑戈横，远近村落重受攻劫，破败不可胜计"的情形下，双忠公显灵襄助，"以事相验，神勋布赫"。可见，在清朝建立前，林氏宗族已从潮阳棉城双忠庙分香，将慈惠堂改为双忠庙。这种改变大概是由于林氏宗族为了在明季地方"山寇海氛"中保全自身而采取的文化策略。林氏宗族期望通过双忠公信仰来凝聚寨众，激发寨众守寨抗敌的决心和意志，"借纪念唐朝天宝年间，抗击叛贼安禄山部将尹子奇向南侵掠而死节睢阳城的张巡、许远二公，以激励村民，勤修武备，奋起自卫，反击暴乱，维护境内治安"。[④]

明季动乱，对揭阳影响最大的莫过于刘公显之变。在反清抗争中，顺

① 林建南编《乔林双忠庙史略》，内部资料，2003，第6页。

② 林道源、林德山主编《古乔乡志》，内部资料，2003，第363页。

③ 佚名编《乔林林氏族谱》，同治四年抄本，第84页。

④ 林道成：《古庙重光》，政协揭阳市榕城区文史编辑部编《榕城文史》第2集，内部资料，1994，第102页。

治二年（1645），邑人诸生刘公显在霖田都聚兵抗清，号“九军”，初围揭阳城，为知县吴煌甲御退。越明年，刘公显复来，破揭阳城，屠杀百姓。[①]顺治四年（1647），揭阳又遭朱由榛之变，“九月，集众袭揭阳，县陷之”。[②] 顺治五年（1648），闽地饥荒，四月，郑芝龙弟郑鸿逵在刘公显的指引下挥师南下，盘踞揭阳，与郝善久府兵激战，并袭扰县治周边村落，“流毒百端，造虐万状”。[③] 顺治八年（1651），清军游击蔡元与闽船交战战败，避走乔林寨，乔林寨放炮击退闽兵，为之所救。正月二十日，郑鸿逵又“大攻乔林寨，恨匿裁员也”，以此报复乔林寨。在郑鸿逵坚船利炮的攻击下，乔林寨破。[④] 在战乱中，以林鸿冕为首的乔林寨乡绅为保全村寨选择固守反击的策略。雍正《揭阳县志》载：

> 义士林鸿冕，号文度，磐溪都乔林寨人，邑庠生，渊静有谋。明末世乱，率众保卫乡里。乙酉年，九军山贼围而不下。丙戌，贼破县后，悉率众五六万，环攻几二月，弥加固守，不为少屈，俟其气挫，率众奋勇而出，杀贼千余。数年以后，贼犹惮之。往来不敢轻经其地。伪国公郑鸿逵割据县城。四年，招之不降，乃唤其侄郑成功来揭，巡其寨外。冕即出见，被拘十余日。不屈。乡人罄家赎冕回。终冕之世，乡闾保全。众浊独清，疾风劲草，冕有焉。[⑤]

战乱之中，林鸿冕凭借其智谋，采取坚守的策略，击退了刘公显的围攻，使得乔林寨数年之间得以安宁。但是，在郑鸿逵的攻击下，林鸿冕被掳，随后被乡人重金赎回。雍正《揭阳县志》所载林鸿冕的传记中有两个细节值得关注：一是乔林寨被围而不降；二是林鸿冕被拘而不降。林鸿冕的这种忠义之气不由让人联想起张巡与许远死守睢阳的忠义故事。

这种历史记忆也反映在《乔林林氏族谱》中。乾隆六十年（1795），乡贤林礼恭撰《义士文度公论》，详细记载了林鸿冕率寨众几度保卫村寨之经过：

---

① 顺治《潮州府志》卷7《兵事部》，潮州市地方志办公室，2003，第269页。

② 顺治《潮州府志》卷7《兵事部》，第270页。

③ 雍正《揭阳县志》卷3《兵事》，潮州市地方志办公室，2003，第154页。

④ 雍正《揭阳县志》卷3《兵事》，第151～156页。

⑤ 雍正《揭阳县志》卷6《人物》，第288页。

> 吾族义士文度公，勇且烈也。公讳鸿冕，字彦綎，文度其号也，身列胶庠，识深谋远。明季之乱，世变纷纭，合族推为寨长。岁在己酉，九军山贼围寨。公节制有准，防御维周。贼围之不得下。丙戌岁，破县后，悉率众五六万环攻几两月。公设法固守，不为少屈，俟其气挫，率众奋勇而出，杀贼千余。贼由是惮之，往来不敢经其地。厥后游击蔡元与伪国公郑鸿逵战于磐载寨。元兵败，逃入吾寨，公开门纳之，鸿逵怒移兵攻寨，自辰至酉，发大炮三百余。墙屋俱倾。公谕，以忠义人心死守。逵等无功而还后，逵唤其侄郑成功至揭，率大军十余万，环聚在外，四面围攻。当此时，土崩瓦解，人心皇皇，公知势不可支，即毅然挺身而出见，被拘十余日。招之使降，终不肯屈。后族人以金帛赎公。贼义之，释公，归得全身。①

《义士文度公论》生动再现了地方志书中林鸿冕守寨抗敌的故事，“以忠义人心死守”的形象跃然纸上，特别是在寨破之后，林鸿冕毅然挺身而出、救全寨众的形象凸显了其忠义的气节，作者在随后的议论中更是赞誉“公独奋力杀贼，使贼惮而畏之，何其勇也！至被执于成功，命悬须臾，苟守志不坚，未有不为威武所屈者。公独身可杀，而志终不可夺！”② 林鸿冕守志不移的守寨行动也代表了潮汕地区明清易代之际地方精英的文化心理。

在这场轰轰烈烈的护寨抗敌运动后，乔林双忠庙开启了长时段的修建活动。地方士绅将明清易代之际抗击“山寇海氛”的历史记忆融会其中，重构了乡村历史记忆。现存最早的碑记为康熙五十二年林景拔所撰《重修双忠圣庙并筑二圣书院碑记》：

> 余族乔林率多平畴广野，无高山深壑以为之蔽，而浓烟布霭，嘉树呈茂，人处其间安好平康。过而望焉，怪其祥光盘绕，瑞气充腾。即之，乃知乔林古庙红光炳耀，张许二公忠灵之所降莅也。庙有香火，派分棉邑。棉有双庙由来既久，灵庇妇孺通知。其分祀乔林，亦以庇。棉者均庇焉，潮□神功浩衍也。□祀双忠□忠至明季。国初鼓鼙四作，郡邑戈横，远近村落重受攻劫，破败不可胜计。独我乔林一乡，山寇海氛相继为灾，多次并力攻坚，几至巅覆。而其堂自外望者，寨前村

① 林礼恭：《义士文度公论》，佚名编《乔林林氏族谱》，同治四年抄本，第 34 ~ 35 页。
② 林礼恭：《义士文度公论》，佚名编《乔林林氏族谱》，第 3 ~ 36 页。

后时游戈□□，兵将比肩，刀戟林立，其后屹然无虞。以事相验，神勋布赫，未可视为荒杳无稽矣。迨于甲寅变作又事起，多赖阴继。自有□□□忠望□□降莅……更新。计工程赀费近千金，而一乡人争趋之，盖推神居歆惟人报礼。神为人而转凶就吉，人亦为神而改故为新……神之功亦不可为量，斯其层跻叠积，累□牵率以其邀笃祜，当有日新月异，而岁不同者，则曩之庙作也。家有余庆面今之图永垂久……记于余故为记之，以诏来者，俾永无坏。

钦召西苑御试赐进士出身、敕授文林郎、翰林院庶吉士加一级族人景拔敬记。

男邑庠生起澜谨附，弟子李通祥敬书。

这篇充满玄异色彩的碑文叙述了乔林双忠庙分香自棉城，在明季动乱中，双忠公显灵暗助寨众御敌，使乔林寨"屹然无虞"，正因为"神勋布赫"，所以本次隆重的重修活动虽"工程赀费近千金"，而"一乡人争趋之"。此通碑刻随后开列的"各房弟子捐助名字、银两"名录中，除了乔林乡四房众人捐钱情况外，还附有"人丁每丁派银七分，计一千八百八十八丁，共派银二百三十二两一钱六分"，足见本次重建是合全乡之力。在这通碑文中，林景拔将守寨之功归为双忠公之佑护，只字不提清初乡民之努力，其根本原因就在于该碑文的使用空间和劝捐之目的，守寨御敌之功只是作为神灵显赫的旁证。有一点需要注意的是，碑额所提"并筑二圣书院"，说明本次募捐的另一目的就是修建二圣书院。乡村精英试图通过书院的建设推行教化，进一步维持宗族的活力。

至乾隆年间，林氏宗族继续扩建二圣书院，修建文昌阁及魁星亭。乾隆四年（1739），进士林良撰《重修二圣书院文昌阁并建魁星亭碑记》：

从来郡邑名区钟灵毓秀，必有神物主案其中，显著而为富贵福泽，振勤而为科第事业，经久不替，以阴存簇树维存之者旺也。榕之西距邑治郡（五）里，□家乔林各族于斯。余未第时，尝履其地，见其岐山叠秀于前，磐水旋绕其侧，烟火几百家，星罗旗布，古梅密作，围□地参天其外。左旁临水一区，形修龟地，关锁捍闵阖；右蝉翼抱负贴身，嘉木繁阴，波流萦回。横斜之落鹰上下翔集，游泳之锦鳞往来跳舞，佳气照经，霆光扬照，亦古庙一胜也。庙祀张、许双忠之神，炎昭灵□□□安堵癸巳郭，而新之规模壮丽。后高筑书院层楼耸翠，内祀文昌星君，诚以觉世明道，……其功其……故与忠贞并祀也。越己未，余复□□□庙，巍峨依然，登其楼，忽讶垣墙敌侧，栋宇凋残，众莫不有凛然将覆之虞，亦成□然□，修葺之志。遂各出捐助建吉□□无旧墙，西筑新墙，薄者加厚。除□□□□，木朽者皆竖制，依其旳旧，转为新。而前业轮奂改观，更于楼前建魁星一亭，与楼还向，前后有亭，珍纪其景，□□有□愈生其辉光，不惟人乐所观瞻，亦神教□凭依也。庶几，文魁降临，上下辉映，开化后学，培作祥麟，威凤陶成，雕龙绣虎，俾益涣发。隆兴闻望时，逢福□而开，佑启之力，□二圣默辅之功，共……亭兴，庙宇俱永垂不朽矣，则此鼎修创建之举也。所以绍基业于前，而启休光于后，其事更不可能有。是以照光微敬于余，遂援笔而为之记。

赐进士第吏部观政族人良撰。

这一时期，林氏宗族期望“文魁降临”，光耀宗族，乃增奉文昌帝君。但是仍将“佑启之力”的期望与“二圣默辅之功”联系在一起。这反映了经过清初动乱后，社会稳定，宗族的观念已经逐渐发生改变，他们试图通过科举努力提升宗族的力量，修建文昌阁及魁星亭直接表露了他们的意图。

乾隆二十八年（1763），进士林炳星撰《重建双忠公庙并筑二圣书院碑记》，则反映了文昌帝君信仰与双忠信仰的融合：

《易》曰：圣人以神道设教。《礼》称：凡御灾捍患有功德于人则祀之。以此知祠庙之设，所以卫民，亦以伸报也。余族乔林双忠古庙之建由来久矣。曩经拓新，并构二圣书院于后座历有年。所兹族老以时代久沿，栋宇渐颓覆，谋恢庙而辉煌之。岁在癸未，合乡鸠庀费溢千金，庙成工竣，焕然一新。期以垂诸久远，将勒石以记其事，而记于余。余思夫张、许二公之灵在天为星辰，在地为河岳，其□□□□，无乎不至宁。独乔林一乡而始为崇其祠宇，荐其馨香也。然而是地若独赫濯者，毋亦以环山带水佳气郁葱。神之所楼独厚，而人之所庇由隆耶。国初时，山海未宁，莽戍告警。时有见乔林寨垣红光炳耀，戈戟森罗，佥以为二圣之护呵，故独得安堵无恙。而大清壬子岁，寇贼蜂起，维时邑侯陈祷请二公至县礼祀，奸党溃散，阖邑赖之。此其御灾捍患神人之感通，又非但保障一方而已也。盖二公之忠贞著于唐室，灵爽彼于万年。洵□文忠公所云：神之在天下者，无所往而不在也。但溯自棉邑香火分派以来，神威英爽，无祷不应，屡于吾乔有丕显焉。固宜其绵绵绳绳，庙貌长新，以灵承于勿替。又况二圣书院昭祀文昌帝君，屹然宗主家孔孟，而户程朱，其所以佑启文教者，曷其有极哉。瞻拜之余，睹兹轮奂。钦神恩之茂识，崇祀之意因敬书之垂不朽。

赐进士出身、御前侍卫、武功大夫、湖广总督部院中协镇纪录二次、加一级、带军功一次族人炳星撰。弟子文龙敬书。

碑文除追溯双忠公在清初护寨捍患显灵的功绩外，特别提及敬奉文昌帝君的目的，“宗主家孔孟，而户程朱”的儒家理念在此时成为林氏宗族的共识，林氏宗族“佑启文教”的动机极其明显。双忠信仰与文昌帝君信仰的合祀，则反映了林氏宗族有意识将族群记忆与儒家理念进行融合。

这种观念在清末更为明显。光绪二年（1876），进士林兆南所撰《重修二圣书院碑记》更是表露了教化观念在乔林乡的深耕：

文昌、魁星两帝君系北斗之星，专管文事科名。自古郡县列为五祀之神，而乡里立庙者罕见。唯我宗乔林乡，人才辈出，昔时建楼以祀之，乃曰二圣书院。后因朔望行香难以登攀，平其楼而新其庙。现缘前阶倾圮，绅士又捐资以整。以此见乡重功名，人兴学校，爰为勒石于左。

赐进士出身特授揭阳知县粤西兆南序。

与林炳星所撰碑文明显不同的是，林兆南所撰碑文不再拘泥于双忠信仰与文昌帝君、魁星帝君信仰之关系，而强调科举教化对于乔林乡的意义。

总之，在明季动乱的背景下，为团结族群激发寨众共同御敌，林氏宗族将慈惠堂改为双忠庙，双忠信仰成为林氏宗族护寨捍患的精神力量，林景拔与林炳星撰写的碑文将其归结为双忠神灵之佑护。明季动乱后，林氏宗族的观念发生转变，他们逐渐淡化了战乱记忆，渴望通过科举来振兴宗族，其标志就是文昌帝君与双忠信仰的并祀。这一过程，反映了宗族在经历动乱后自我调适的历程。

二 移民社会的形成与天后古庙的修建

按照堪舆的说法，双忠庙位于龟地，天后古庙位于船地。[①] 虽然双忠信仰与妈祖信仰都是乔林乡的重要信仰，但是双忠庙与天后古庙在修建过程中却存在颇多异处，从碑刻内容来看，最明显的是双忠庙碑记未出现南洋华侨的捐助信息，而天后古庙经历三次重修后，存有多块坤甸一带华侨的题捐碑记。这些碑记生动反映了晚清时期随着海外移民的拓殖，乔林乡已经转变为侨乡社会，并且与海外本乡华侨建立起牢固的经济联系。

天后古庙的历史已不可考，《妈祖文化传播导论》认为该庙为林氏族人在迁徙过程中所建。[②] 但清抄本《乔林林氏族谱》没有记载更多的信息来佐证。幸存碑刻最早也仅为道光八年（1828）的《重修古庙题捐碑记》，不足以证明该庙历史。

《古乔乡志》认为，该乡向南洋移民始于乾隆二十五年（1760），学海公第五子往安南谋生，“是族人最早出国者”。[③] 随后，移民逐渐增多，形成了以坤甸为主体的乔林乡移民群体。[④] 晚清民国时期，乔林乡华侨经济实力逐渐增强，成立了兰香公司、老兴合公司、顺裕公司、信成公司、泰记公司等知名公司。《揭阳邮电志》载：“我县华侨以乔林乡较多，侨属遍及各户，侨汇为全县之冠，当时在全县乡村中，仅乔林办了一家侨批局，为‘合和成’号，经理林道义，专为乡里侨户服务。”[⑤] 以一乡创一侨批局，足见乔林乡在侨乡社会之重要地位。值得一提的是，乔林乡的商业网络不局限于南洋，还向京津沪贸易：“（百年前），（林）荣福公拥有两条大十八桨红船，与锡场裕记捷盛公及胜记林廷瑞公同时走北京天津上海等地贩运土糖。”[⑥] 概而言之，清代中后期，乔林乡民已经开始向南洋移民谋生，在晚清民国时，乔林乡华侨已经具有相当的经济实力。侨乡网络的形成，为天

---

① 中国人民政治协商会议揭阳市委员会文史资料委员会：《揭阳文史》第1辑“揭阳市名胜古迹专辑”，内部资料，1993，第68页。

② 孟建煌主编《妈祖文化传播导论》，厦门大学出版社，2014，第127～128页。

③ 林道源、林德山主编《古乔乡志》，内部资料，2003，第306页。

④ 林道源、林德山主编《古乔乡志》，第307页。

⑤ 周祥章主编《揭阳邮电志》，内部资料，1988，第46～47页。

⑥ 佚名：《揭阳县家传八宝团圆，乔林乡农妇献雄玉牛，农干林岳怀并献出玉花瓶》，《大公报》1951年2月21日，第2版。

后古庙的重修提供了条件。

道光八年《重修天后圣姑庙碑记》载：

> 吾族建庙以来，享祀不□。但历多年风拱雨剥，不无侵斜移□之慨。兹爰集父老共事，增修更填，整斜黝垩丹□，俾庙貌焕然改观。今而后各致敬尽礼，以神庥将见，人物滋农，长沐庇佑，拎靡既矣。

此碑文未提及华侨题捐事，庙宇仍然由各房信众合力修建。本乡宗族依然在天后古庙的修建过程中起着主导作用。

南洋华侨参与天后古庙修建的碑文，始于光绪二年（1876）《重修天后古庙题银碑记》：

> 吾族天后圣姑庙自道光戊子重修至今四十九载，风寒雨湿，墙宇大半倾坏，楹桷亦多朽虫。爰集首事，再议补葺一面修芜。往坤甸劝捐资费，遂择吉柘地开渠，更斜整废，俾左右疏通，堂阶升降，比前雅观。兹工已告竣，谨将所题银两开列于左。

在道光八年重修活动的近半个世纪后，天后古庙再次衰败。但是在此次修建过程中，坤甸华侨已经成为捐助的主要群体，首事再议修建时，“往坤甸劝捐资费”已经是一种选择，说明此时乔林旅坤甸的华侨已经具有相当的财力，并且对乔林社会经济活动产生了影响。对比道光八年的修建情况，本次修建规模较大，这体现了华侨在庙宇修建过程中的主导作用。

光绪二十七年（1901），天后古庙又进行了第三次重修。此次重修全部款项均来自坤甸西河一带的侨民。《重修圣庙碑记》开篇即言“谨将坤甸各埠等众治子喜捐各名号列明”，出现了“合顺利”“兰香”“美顺和”等商号，最多捐助者为“谦吉二百元”。可见，坤甸华侨的经济实力在此时已经有了很大的发展。

从碑刻所揭示的三次修建天后古庙的历程可以发现，南洋华侨从光绪初年就参与到庙宇的建设，随着经济实力不断得到提升，他们已经成为庙宇建设的主要经济来源。

结 语

双忠庙和天后古庙是乔林乡重要的庙宇，现存的碑刻是了解乔林社会发展的重要史料。爬梳文献可以发现，双忠庙的发展过程呈现的是族群对明末清初社会动乱历史记忆的建构与重构，从双忠信仰到文昌帝君信仰，再到二圣书院的建立，这些转变反映了清代潮汕地方宗族在经过清初社会动乱后的自我调适，忠义的价值虽然在族群秩序构建中扮演着重要的角色，但是文昌帝君和魁星信仰的出现，则呈现了族群试图通过科举来完成自身秩序重构的愿望和努力。天后古庙作为林氏宗族的标志，随着清中后期移民向南洋地区的拓殖而具有更深层次的内涵。妈祖作为海上女神的观念已经成为移民共同的历史记忆，在大移民的发展历程中，妈祖的价值意蕴得到升华。乔林乡的南洋华侨通过捐助庙宇的行为来维系与家乡的关系。这一背景与乔林乡在清末民国时经济实力的提升具有重要的关联。

双忠庙和天后古庙的碑刻展现了完全不一样的内容叙事。但是对于乔林乡族群而言，他们选择了不同的神明来完成自身文化的建构。这提醒我们，在关注神明信仰时，应该重视民间信仰与族群和地方社会的关系，特别是社会变迁对民间信仰的影响。

过往的成果在“族群边界”理论的框架下，重视研究信仰的空间问题，呈现同一社区空间中信仰的竞争性。但是，乔林乡的双忠信仰和天后信仰所表现的是侨乡社会形成过程中信仰之间的协调性，而非竞争性。清代中后期，乔林乡的华侨群体开始崛起，他们在捐资修建天后古庙的过程中已成为主干力量，但这并未形成与双忠信仰的竞争关系。这一过程，实际上是同一社区内部族群变化的自我调适。

清末潮州庵埠的民生

——以两通禁示碑为例

杨焕钿[*]

潮州庵埠镇地处韩江下游出海口，地理位置优越，“北为南桂地，西北通上莆，西南迩揭阳，东南接澄海”，① 古称龙溪都。据现有资料显示，龙溪都当置于北宋元丰年间（1078～1085）之前。龙溪都因溪流众多，水运通达，“夙号冲要，加以吴越、八闽之舶时挟货财以来游”，② 自明代中叶以来，商贸发达，文教繁荣。康熙二十四年（1685）粤海关设立，设庵埠为第三总口，辖十六分口，实为潮州府总海关，并移通判署驻此。③ 因而庵埠历为潮汕重要集市，民间俗语云：“一庵埠，二棉湖。”其经济、历史地位可见一斑。

因经济的发达与商贸的活跃，庵埠人口往来频繁，结构复杂，给管理带来难度，加之清末内忧外患的政治状况，使整个社会都处于动荡之中。近年笔者在辑录《庵埠历代题刻》时，发现了两通对了解庵埠清末时民生情况较有价值的碑记。

一为光绪三年（1877）《严禁强乞碑》（碑名系笔者所加），碑文内容如下：

> 钦加同知衔海阳县正堂、加十级纪录十次樊④，为出示严禁事。现据职员刘策修、刘德照呈称：伊等附近东陇乡，从前龙溪丐首派丐子老萧搭寮居住，仅取各乡白事利。老萧死后揭属来一李姓烂匪，不敢

---

* 杨焕钿，潮汕历史文化中心青年学术委员会委员、潮安美术家协会理事。

① 雍正《海阳县志》图30《龙溪都图考》。

② 雍正《海阳县志》图30《龙溪都图考》。

③ 周修东编《潮海关史事丛考》，中国海关出版社，2013，第15页。

④ 樊希元，湖北人，举人，光绪二年（1876）至光绪八年任海阳知县。光绪《海阳县志》卷11《职官表》，第14页。

出名丐首，冒认引□附近蛮乡顽泼癞疥之徒为丐，聚集癞疥寮□夫□。偶遇红白事，故扰勒难堪，倘有死涉可疑辄则以讳命为题，必欲平分家伙，稍不遂意飞祸立至，诈死勒索，扛尸图赖种种恶毒，谁与结怨。本月初三午，恶丐万利到斋乞食，偷窃塾师黄可源茶罐被获，拟以送，丐惧求释，时有职员邱南山从旁劝息，丐去后挟恨不灭。越日，先使丐伙阿全□籍乞寻衅，该丐首老李带同万利等至斋觅□塾师，乘机□毁抢夺。叩乞出示严禁，饬差拘逐典籍。等情到县，据此□批揭示外，合行出示严禁，为此示谕各乞丐人等知悉：尔等因贫乞食应听主家酌量付给，何得持众强乞及乘间偷窃寻衅滋闹。自示之后务□痛改前非，倘敢故违，一经访闻或被告发，本县定即严拘到案，从重究惩，决不姑宽，其各凛遵。毋违特示。

光绪三年十一月初六示　　　　发贴

据碑文可知，居住于东陇乡（即今郭陇村东陇洪）的李姓丐首聚集顽泼癞疥之徒，不论附近村中红白事都前来骚扰勒索，稍有不从，则采取"诈死勒索，扛尸图赖种种恶毒"手段威逼。因有一恶丐到刘陇村中书斋乞讨，乘教书先生不备偷窃茶罐被捉，被释放后怀恨在心，此后纠集众乞丐回书斋找教书先生理论，并趁机抢夺，乡绅因而恳请官方出示严禁并立碑。

"乞丐"一词用来称呼讨饭之人始于宋代，至清代时，乞丐变为职业化，政府对乞丐的管理也实现制度化。政府将乞丐编入地方保甲组织，选立丐头为管束之人，查造丐户牌册，并注明行乞范围，不许硬索强讨，滋生事端。另外，政府还专门设立栖流所，禁止乞丐散处。

庵埠的乞丐栖流所俗称"乞食寮"。据传创于明代的宝陇村后陇埔蔡园宫乞食寮年代最早，为户部左侍郎林熙春的夫人所设。[①] 另外梅溪村韩江边、太和埠亦为乞丐聚居地，大都设在远离村落的荒地。但从碑文可见，清末，乞丐聚居于村边，"偶遇红白事，故扰勒难堪"，有时还使"诈死勒索，扛尸图赖"种种卑鄙无赖之手段，甚至"乘间偷窃寻衅滋闹"；乞丐强乞、勒索、骚扰村民已成为普遍现象，简直无法无天。

一为光绪三十一年（1905）《奉宪立石》（碑名系笔者所加），碑文内容如下：

① 杨启献主编《庵埠志》，新华出版社，1990，第346页。

赏戴花翎、补用直隶州、署理海阳县正堂、加十级纪录十次顾[①]，为出示晓谕事。现据保安总局绅董李芳兰、钟倬芳、王延康、黄桂荣、王廷献等联名禀称：潮属背山面海，田少丁多，田园不敷耕种，故贫民赴外洋营生者不知凡几，稍有积蓄束装回籍。至庵埠、郡城东门外等处，每有匪徒多方勒索，而以庵埠为甚。间有该商黑夜抵家，其家属自搬行李，而若辈闻知拥众至家索扰者。故洋商回家每多裹足，屡奉明诏保护，各乡明达绅耆亦多方告诫，而恶习相沿未能尽改。理合□议章程，叩乞示禁，等情到县。据此查洋商回籍，迭奉大宪，□饬保护，均经遵照，办理在案。如果匪徒胆敢勒索，定属藐法。据禀前情，除此批示并谕局处，合行出示禁。为此示谕诸邑人等，即便遵照□□章程□□。嗣后洋商回家，挑运行李均应听其自便。自示之后，如有敢故违，许该洋商就近投明该处公局或□□□□，以凭差拘严办，决不姑宽，毋违特示。

一　无论水陆地方，所有洋商上落行李货物，如至亲家属或同乡之人前来接送，搬□□□□□使□□强乡匪徒霸挑勒索及夺行李。

一　凡洋商上落行李，如无家属乡人接送搬运者，则由该商自行雇人，工价多寡□该商□□□□□运。如物少人多不得混争搬运，籍生事端，亦不准拥众跟随到该商家中扰索。

一　嗣后如有扰索情弊，准该商报明公局，禀送究治。如再强□，即由公局指名，禀请差拘严□，并责□该乡绅耆捆送，以昭儆戒。

一　洋商递禀前项情节书，役不得留难，需索以示，保护□恤。

光绪三十一年　月　日　　　　给示

据碑文可知，因生活艰难赴南洋谋生的潮人回乡，至府城东门或庵埠码头登岸，受到匪徒多方勒索，甚至家属自行搬运行李，匪徒还纠集多人趁黑夜到家里索讨骚扰，致使洋商多不敢回家。这种勒索之事在庵埠尤为严重，因而众士绅恳请县令立碑严禁，希能起到震慑作用，还社会以安宁。

碑文中所列举士绅皆为当时府城显贵耆老：李芳兰，家住潮州市区双忠宫巷，同治十二年（1873）举人，拣选知县，曾任琼州府临高县儒学，光绪十四年（1888）参与编纂《海阳县志》，1904 年至 1906 年任潮州商会

---

① 顾永懋，字树斋，浙江人，捐职，曾任海阳、饶平知县。

第二任总理；王延康（1863—1926），字稚筠，号约公，晚年自称“约园主人”，潮州枫溪英塘人，清末举人，拣选知县，民国时曾任汕头市税务局局长、《汕头商报》主笔、汕头孔教会会长等，多才多艺，为当时著名书画家，且通音律、工诗文；黄桂荣，字翌臣，家住潮州市区佘府街，光绪二十七年（1901）举人；王廷献，字少文，庵埠仙溪村人，清光绪年间举人，曾参加维新运动，废科举后回乡创办明诚小学，倡立龙溪中学、汕头青年会。值得众乡绅、耆老出面制止的事情，一定是情形非常严重的，府城尚且如此，各地恐更严重。

当时社会为何会出现如此乱象，症结在哪里呢？自18世纪以来，随着沿海经贸的开放，潮汕社会经济迎来空前的繁荣发展，经济的持续繁荣也使贫富分化日益悬殊，民间多有吸食鸦片、赌博花会、抢劫绑架等陋俗。再者，潮属向来民风强悍，重财轻生，乡村械斗不断发生，乡村之间、宗族之间有时会因一些小利益而大打出手。大乡人多势众欺凌周边小乡；小乡联合抵抗大乡，甚至花钱买凶，雇用专门打架的“乌枪手”，出现了“宰白鸭”“养螟蛉”“买输服”等怪现象，整个社会形成一种暴戾之气。

潮汕平原本就地少人多，资源贫乏。“光绪六年五月，南门堤崩，龙湖市头堤、秋溪堤、江东堤堤溃。”① “光绪七年，六月至八月多次风雨为灾，六月七日飓风海溢。”“光绪十八年六月，暴雨，韩江水灾。”“光绪二十一年七月十一日，大地震，至二十九日才停止震动。……霍乱流行。”“光绪二十五年四五月间，鼠疫蔓延流行，海阳龙溪都尤甚，茂龙一乡，死于疫病者数百人。”“光绪二十八年，春旱饥荒……鼠疫自光绪二十四年起，延续数年，未能扑灭。”② 连年的自然灾害导致农作物颗粒无收，自然灾害过后，社会恐慌时常发生，瘟疫的流行更是雪上加霜，导致民不聊生。

在天灾人祸面前，一些“肚困胆住大”的人，便动起了歪脑筋，聚集众多无赖地痞，采取“诈死勒索，扛尸图赖”“多方勒索”等手段，图财害命，导致庵埠整个社会治安的动荡。

以上两通碑记的内容让我们得以回到清末的庵埠，清楚地看到当时的社会乱象及生活的艰辛。所以说碑记不仅仅是“会说话”的文物，更能为我们保留下一些珍贵的地方资料。

---

① 光绪《海阳县志》卷21《建置略五・堤防》，第6页。

② 王琳乾、王晓环、秦梓高：《汕头大事记》，汕头市地方志编纂委员会办公室，1988，第100~107页。

清末的械斗与乡村自治

——以蓬洲、鮀东两村的两通碑刻为中心

陈琳藩*

在汕头大学附近的鮀浦片区，现存有两通立于道光年间，且内容均为神庙捐置香火以备防御盗贼为主题的碑刻。通过对所载内容的解读，我们可以确定这两通碑刻为清末乡村械斗组织的乡规民约。笔者向居鮀浦，自幼接触本片区的口碑资料，现以这两通碑刻为中心，兼及乡间口碑资料，解读清末时期乡村通过械斗组织所寻求和建立起来的乡村自治。

以立碑时间先后为序，简要介绍两碑的所在地域和内容。

立碑较早的一通立于鮀江街道蓬洲南社区元帅古庙之前，名为《南社捐置元帅老爷香火以备防盗碑记》（下称《南社碑》）。这座神庙位于明清蓬洲守御千户所所城的南门瓮城内。蓬洲城是军事设施，其民事乡名在明清两代称为"所内乡"。乾隆《澄海县志·乡都》云："所内，城西南三十里。"[①] 蓬洲城在拆城后称为蓬洲村，所内之名便渐少被提及。蓬洲城四门瓮城均设有神庙作为城门保护神，而随着城墙的拆毁，这些门神庙也就成为相应里社的保护神。蓬洲村以四城门划分为四个里社，南门片区称为南社。2007 年，蓬洲村被公布为省级古村落。[②] 现在该村在行政上被划分为四个社区居委。而在民俗生活中，里社名称仍被袭用。《南社碑》的碑文抄录并标点如下：

南社捐置元帅老爷香火以备防盗碑记

黄福利捐银肆拾元　陈明合捐银叁拾元　杨元恺捐银贰拾元

---

* 陈琳藩，广东历史学会理事、潮汕历史文化研究中心特约研究员，治村史、修族谱。

① 乾隆《澄海县志》卷 2《乡都》，私家影印本，第 88 页。

② 参见黄赞发、陈作宏、陈琳藩《汕头古村落丛书·蓬洲村》，广东人民出版社，2018。

吴英声捐银拾陆元	庄凌云捐银拾元	谢刚利捐银捌元
吴贤记捐银陆元	蔡慎记捐银肆元	庄名仕捐银肆元
庄和正捐银肆元	萧振和捐银肆元	谢华乾捐银肆元
庄易安堂捐银贰元	李丰万捐银贰元	杨荣高捐银贰元
谢正潮捐银贰元	萧元珍捐银贰元	陈仁立捐银贰元
叶泰峰捐银贰元	谢华左捐银贰元	宝莲捐银拾贰元
长庆捐银肆元	古新捐银贰元	蔡英长捐银贰元

防盗事宜

一议贼匪入境，乡众人等闻知，即协力救护，倘观望不前，即系纵盗，定禀官究治。

一议乡众御贼被伤，每日给饭食钱一百文，仍发艮调愈之。

一议乡众御贼伤命给艮肆拾元，仍设木位入奉元帅爷宫左畔祭享以报捍卫。

一议乡众御贼敢虏事主，用公项控放。

一议倘有内匪勾通外贼，乡众尚即到答皇送究治，不得包庇窝纵。

一记所捐艮置买，即防盗之用，乡人倘有，记事。不得借用盗用公项。

一议四治平安，乡众之福，所捐公项捐置物，禀众知，元帅老爷香火之费。

一记所有众捐艮项，现在各收一半买置物，捐银一半仍在捐艮人手，问候要时在取。

一记明田园御盗，每亩派银叁佰文候会集众，禀用收取。

道光拾伍年伍月初六日南社公启

另一通是位于鮀江街道夏趾社区夏趾古庙之前的《夏祉乡捐置上帝爷香火并御盗贼碑记》（下称《夏祉碑》）。这里的夏祉，今作夏趾，而村民习惯以古称称之为“下底”。乾隆《澄海县志·乡都》有载：“下底，城西南三十三里。”① 夏祉北至何厝巷与鮀浦市乡接壤，形同一村，故老人们往往把鮀浦市乡称为上乡，把夏祉乡称为下乡。民国时，两乡合并，及后更名为鮀东村，夏祉便成为鮀东的一个里社。鮀东村也于2007年被公布为省级古

① 乾隆《澄海县志》卷2《乡都》，第88页。

村落。[1] 今鮀东七社的名称在民俗生活中依然存在，夏趾古庙依然在里社生活中扮演着重要作用。《夏祉碑》的碑文抄录并标点如下：

夏祉乡捐置上帝爷香火并御盗贼碑记

为勒明规条以垂永远事：守望相助，居乡良图，思远频防，古人善教。近来盗贼公行，寇盗充斥。械劫扰人，所在多有。安居欲于无虑，防守必先严密。宜立章程以防盗□，□在协力而齐心。本乡自先分为六社，兹乡众集六社，至本乡古庵内，聚众告元天上帝，妥酌防盗规条，开明于后。已见人心□□，众志成城，况此章程，当□神前议定。神实鉴之，必奉不懈，始终不□，方见闾里□和。□神明赐福，爰视作立□分执，再勒明石碑。自今以往毋得，惟资各力共成，视以垂永远。

一议外乡械斗，波及同姓，至乡给械，众人宜协力相救，务要夺回，不可坐视。

一议□徒引贼入乡，或引外人入乡，□人□查觉，送官究治，不得就宽。

一议有贼入乡杀人，□执器械，竭力□逮，□□□敢捕。有被贼伤者，□□医调□□。家内有十五岁以下，每人日食口钱三十文，愈日即止。有被贼杀命者，偿银四十元，如不愿收银者，题其牌位，请入神庙内设龛致祭。

一议乡众守夜，每夜念四人，六社轮流，不得推误。□□钱三百文，寒夜更当□紧。

一议入乡如被乡众拿获，乡众人名，□官不扬，□当获贼，人银八百文。

一议乡众所捐公艮，除应用外者，存□□□上之人收掌。或生息，或置产，必□乡众通知方妥。

道光庚子年九月吉日立

这两通碑记立碑的时间颇为相近。《南社碑》立于道光十五年（1835），夏祉碑立于道光庚子年，即道光二十年（1840）。1840 年，第一次鸦片战争

---

① 参见黄赞发、陈作宏、陈琳藩《汕头古村落丛书·鮀东村》，广东人民出版社，2018。

爆发，是我国近代史的开端。在这个历史节点立碑，应该只是巧合而已，但是很多所谓的巧合中都有其某种必然的因果。如《夏祉碑》着笔所交代的缘起，就说明在立碑之前一个阶段内乡村“盗贼公行，寇盗充斥”，可见在历史转折阶段由于行政管治的乏力，使得乡村的秩序混乱，所以村民只能依靠自己的力量来解决治安问题，实行乡村自治。其实，这种情况已经存在相当长的时间了，《南社碑》的存在就是很好的证明。于是，夏祉乡的“乡众集六社①，至本乡古庵内，聚众告元天上帝，妥酌防盗规条”。规条的设立，是通过神权的名义进行强制性规定，带有很强的道德约束力，同时肯定还会有专门的机构和人员负责管理此项工作，因此完全可以当成乡村自治（或者说是寻求自治）的一种形式。

旧时乡众自治所凭借的无非是两种场所，一是姓氏宗族内的自治在祠堂，一是多种姓氏协力自治就在神庙。这种依托于神庙的自治活动，是在对行政极端的失望下，转求于冥冥之力，由此可见其时乡村百姓生活的无助，所以碑记中写道：“况此章程，当□神前议定。神实鉴之，必奉不懈，始终不□，方见闾里□和。□神明赐福，爰视作立□分执，再勒明石碑。”虽然碑石在风化之后，多字无识，但依然可以辨读其意，无非是借助神力来约束乡众。

这两通碑文的主旨或曰“防盗”，或曰“御盗贼”，其指向都是非常明确的。但是，碑文所载内容，也不尽于此。如《夏祉碑》所拟章程第一项就是：“外乡械斗，波及同姓，至乡给械，众人宜协力相救，务要夺回，不可坐视。”这就涉及另一范畴的内容——械斗。《南社碑》虽然没有直接提到械斗，但是也有要求协作的内容：“贼匪入境，乡众人等闻知，即协力救护。”无论是外乡械斗的波及也好，还是贼匪入境也好，都是把责任向外推移。械斗波及时，“至乡给械”，到乡社领取器械，“协力相救”，还要达到“务要夺回”的胜利结果。从这种对结果的期许，完全可以看出立碑人强硬的态度。把械斗内容列在章程第一条，而且乡里常年备“械”，由此可见当时乡间的械斗之盛。当然，立碑人知道，械斗是一个拿不上桌的理由，所以他们把主旨写成“防盗”和“御盗贼”。或者说，在立碑人看来，械斗的

---

① 应该说明，这里的“六社”是指夏祉乡的六个里社，自夏祉并入鮀东村成为夏趾社后，这六个里社也相应消失了。笔者询及里中耆老，谓夏祉六社是以当时聚居于夏祉的六个姓氏划分的，有陈、林、余、王等诸姓。口述资料，口述者：余培专，夏趾社区耆老；时间：2014 年 7 月；地点：余培专家。

对方就是盗贼。

既然涉及械斗，那就有必要说明立碑的这两个区域当时械斗的基本情况。夏祉乡与鮀浦市乡接壤，以何厝巷为界，向南隔沙腹埔与玉井接壤，向西隔鮀济河后溪与沙浦为邻。南社位于蓬洲城内，出城隔甲场埔与鮀浦市乡的云露社相接，又与溪东村为邻。旧时的械斗一般是在乡界相接的区域展开，同时还会涉及姓氏、房界之争，以及某种因缘的合作关系下的派员增援。如夏祉乡主要是时常与玉井、沙浦发生械斗，南社则与云露、溪东之间常有械斗。而在姓氏、房界方面，就相对复杂，随着时间的推移，姓氏、房界间逐渐和睦相处，人们也不太愿意重提旧怨，所以很难在口述中得到更多的资料。不过，偶尔会有一些蛛丝马迹，如蓬洲南社的庄氏，就与蓬洲东社的翁氏不睦，以至双方不通婚达数百年。① 至于合作增援，往往与所处地理位置和姓氏因素有关，夏祉与鮀浦市乡相接，与市乡各社自然需要协作呼应；南社位于蓬洲城中，与城中东、西、北三社也有合作需要。在这种合作的前提下，兄弟机构遇到（或者组织）械斗时，当然就得派员增援参与。而以姓氏联盟的，如沙浦与南社、鮀浦市三乡的吴姓，便形成合力，以至于三地均有元帅老爷崇拜，立沙浦元帅爷为大元帅、鮀浦市乡元帅爷为二元帅、南社元帅爷为三元帅，从而通过游神时的互相迎请达到目的，而沙浦小乡更是得到特有的尊崇地位，从而在械斗中得到相应的支援和保护。②

械斗往往是由小事摩擦开始的，然后就是里社、宗族为了彰显自我的价值进行械斗组织。械斗的延续就是报复，所以也就没完没了了。随着械斗的深入，如何有效组织乡社的力量，调动乡众、社众的参与，确保在械斗中保持相对的优势，也就成为组织者、管理者所要思考的问题。《南社碑》和《夏祉碑》所立的这些规条就是他们思考出来并在实践中不断完善的成果。随着这些规条的深入推行，乡社自然就形成一种生活秩序，也就很自然地达到某种自治的目的和成果。这两通碑记所记载的规条反映出当时对械斗和乡村自治的管理通过两个方面进行，一是人，一是财。而二者之间的管理，并没有非常明确的界限。

无论是械斗、防盗贼，还是乡村自治，资金的保障都是先决条件。当然，这种资金不可能靠行政拨款，也不可能有外来资金赞助，只能通过内部解决，就是在乡社中活动的商号、机构以及富绅的认捐。《南社碑》中，

① 口述资料，口述者：翁添荣，蓬洲南社人；时间：2005 年 5 月；地点：翁添荣家。

② 口述资料，口述者：陈文藩，鮀东大巷人；时间：2003 年 10 月；地点：笔者家中。

有非常明确的资金来源，其已列明捐款的名单，并公议有一条条款是土地拥有者应尽的义务：“记明田园御盗，每亩派银叁佰文候会集众，禀用收取。”要求每亩田园提供300文的御盗资金。虽然《夏祉碑》没有类似的记载，但是可以肯定其资金来源也只能是通过这种认捐的形式完成。

资金的认捐完成之后，就是资金的管理了。首先是资金的存放问题。《南社碑》中称“所有众捐艮项，现在各收一半买置物，捐艮一半仍在捐艮人手，问候要时再取”。南社采用收一半、留一半的做法，明显是有其考量的，估计是款额相对巨大，而财务存款管理制度并未到位之故。同时，碑记中还规定“所捐艮置买，即防盗之用，乡人倘有，记事。不得借用盗用公项”，指明专款专用的财务制度，资金只能购买防盗物资，而且要求“记事”注明，杜绝乱用、盗用。可见对这笔资金的日常管理还是非常严格的。《夏祉碑》虽然没有写明这类管理制度，但有关于资金管理的其他记载：“乡众所捐公艮，除应用外者，存□□□上之人收掌。或生息，或置产，必□乡众通知方妥。”有专门的财务人员收掌资金，而且还懂得进行投资、生息和置产，这就更有利于长远的经营了。当然，碑中还阐明了监督制度，如何投资要“乡众通知”。立碑者似乎意识到，如果社会生活不恢复平静，械斗还将继续的话，公银不可能永远靠认捐或者摊派，所以要让公银生息，从而确保能够应付动荡时局的需要。

其实，这两通碑的碑题上都有“捐置”“香火”的字眼，但这两通碑文中都很少涉及怎么样把钱用到香火上。只有《南社碑》有这么一句内容：“四治平安，乡众之福，所捐公项捐置物，禀众知，元帅老爷香火之费。”这句内容有点两可，一方面阐明所捐款项均是元帅老爷香火，所以购置物资也是元帅老爷香火的一部分；另一方面是说如果械斗平息，“四治平安”，那么捐资就会成为元帅老爷的香火钱。在这两通打着“捐置香火”旗号的碑记内容中，更多的是突出防盗（械斗）作用，就内容的表述而言多少有些本末倒置。因而在这两个案例中，神庙只是通过其自身的公信力起到某种依托作用。事实上，在当时倡约、立约，除了神庙之处，没有更好的依托了。

资金解决了，就可以通过资金对人进行管理。在《夏祉碑》中，对资金在日常中的使用，有非常明确的记载。

其一，“乡众守夜，每夜念四人，六社轮流，不得推误。□□钱三百文，寒夜更当□紧”。这一规条在安排落实日常安防工作，就是通过资金来达到的。乡众都要参与守夜，而且每夜要 24 人，六社轮流，这样的阵势就是要把夏祉乡的青壮年都调动起来。守夜还有补贴，可惜最重要的两个字看不清楚，究竟是每人每夜 300 文，还是 24 人分享这 300 文，无从确定，但是可以肯定的就是有收入。在旧时乡村，普通人家的银钱都是通过农作物换取的，变现的周期较长，而且变现能力很差，所以普通人家普遍缺乏现金。这种出工得钱的形式，无疑是一种更好获取收入的渠道。因而，乡众的守夜积极性肯定很高，而通过现金分配，可以确保在日常安防工作中的人员到位。

其二，“入乡如被乡众拿获，乡众人名，□官不扬，□当获贼，人银八百文”。在擒贼（械斗）过程中，如能奋勇当先并拿获盗贼的乡众，会得到奖励，明确规定每人 800 文。这是通过奖金的运用，调动参与者的积极性，同时也宣布内部纪律，要求保密，即使就是上了公堂也不能将拿获盗贼的人的名字说出去，确保不受到报复。《南社碑》也有类似的条款：“乡众御贼敢虏事主，用公项控放。”明确对能“敢虏事主”者给予保障和奖励。

其三，“有贼入乡杀人，□执器械，竭力□逮，□□□敢捕。有被贼伤者，□□医调□□。家内有十五岁以下，每人日食口钱三十文，愈日即止。有被贼杀命者，偿银四十元，如不愿收银者，题其牌位，请入神庙内设龛致祭”。在擒贼（械斗）过程，如有人员受伤，会得到公费的医治，而且因为受伤影响收入，还会给家里未满十五岁的人口每人每天 30 文钱的生活费用；如有人口损失，公银会支出 40 元作为人命赔偿。无疑，40 元在当时应该是一项比较大的支出，所以立约时，他们又在探讨另一种可能，就是给予一种很高的荣誉，把死者的牌位在庙内设龛成为全乡祭拜的对象。在《南社碑》中，也有类似的内容。关于对受伤人员关照的内容是：“乡众御贼被伤，每日给饭食钱一百文，仍发艮调愈之。”“仍发艮调愈之”，显然有公费医治保障，此外还给受伤者每天 100 文的饭食钱。至于人口损失方面则谓：“乡众御贼伤命给艮肆拾元，仍设木位入奉元帅爷宫左畔祭享以报捍卫。”这与五年后才立碑的《夏祉碑》略有不同，可见随着时间推移及械斗的深入，主事者越来越意识到资金的重要性，他们希望通过授予荣誉的形式来保住集体的资金。这里有必要解释一下，40 元在当时是什么样的概念，在《南社碑》中总共 24 项认捐的总款为 176 元，而第一名捐款人黄福利的捐款额是 40 元。由此可见，不是在所有的械斗中都会有死伤。

旧时乡村宗族间的械斗，有时会专门收买死士，许以好处，或以神主实欲祠堂龛中要位，或以关照家属，而这两通碑则是赤裸裸地直接规定人命钱。在械斗过程中，通过死士的性命来获取与对方调停时扯皮的条件。笔者曾在整理一些田野材料时，发现一桩存在于鮀浦片区另一个里社的死士的材料，该死士 CYS（暂隐其姓名，字母为其姓名拼音首码）生于道光元年十二月十七日（1822 年 1 月 9 日），卒于咸丰五年正月十八日（1855 年 3 月 6 日）。他的玄孙 CCB（字母亦其姓名拼音首码）明确告诉笔者，他的高祖是在械斗的过程中被人打死的。同时又说，其高祖宗兄弟四人，只有高祖经营发财，卒先建屋，造大墓，还保留着神主，完整记载生卒时间。他的高祖如此详细的材料，是其兄弟所没有的。[①] 其实，如果真如 CCB 所述，他的高祖是经营发财的话，就可能成为械斗活动中的捐款人以至组织者，肯定不会死于械斗。可以解释的是，他成为死士，然后获得抚恤，估计也就是如这两通碑记记载的 40 元巨款了。

有了经济上的支撑，就可以比较严格地管理人，使得社众、乡众更紧密地团结到一起，服务于“防盗贼”（械斗）这一中心任务上来，这也使乡村自治有了更为切实的效果。在《夏祉碑》中有数项相关的记录，而且在表述的口气上，还是相当强硬的。

其一，“外乡械斗，波及同姓，至乡给械，众人宜协力相救，务要夺回，不可坐视”，“有贼入乡杀人，□执器械，竭力□逮，□□□敢捕”。务要夺回、不可坐视、竭力、敢捕等用词，可见立约者的胆气。

其二，“□徒引贼入乡，或引外人入乡，□人□查觉，送官究治，不得就宽”。这实际就是要惩办内鬼，即盗贼入乡和械斗时与外人里应外合者，“送官究治，不得就宽”。这一规定有些意思，因为制定这一条约就是对行政能力的不信任，没有规定拿到盗贼要送官，反而规定对内鬼要送官；而且还加上一句“不得就宽”，杜绝了说情的可能。订约者特别希望乡众等都受到这个章程的制约，但是事实上还是有意外出现，所以就用最大力度进行惩办。在特定条件下，这种送官的惩办比要了生命更可怕。因为，内鬼身份一旦确定，将之送官，那么无疑此人及其家庭会成为全乡共敌，而且出于公众的力量，其家人甚至找不到任何转移悲愤的地方。如果是要了生命，总还有个执行者。《南社碑》也有类似的记载：“贼匪入境，乡众人等闻知，即协力救护，倘观望不前，即系纵盗，定禀官究治。”“倘有内匪勾

① 口述资料，口述者：CCB，鮀东云露社区人；时间：2018 年 6 月；地点：鮀浦陈氏家庙。

通外贼，乡众尚即到答皇送究治，不得包庇窝纵。”这两条规定在械斗过程中，持观望的态度、不积极参与者就被认定为“纵盗”，而勾结外贼则被视为“内匪”，均要送官究治。

在对比这两通碑记时，可以留意到《夏祉碑》晚立于《南社碑》五年，在相关条文的制定上显得更为完整、严密，细节更加明晰和具有可操作性。由此可见，在这五年间，各地通过防盗（械斗）对乡村自治积累了一定经验。

事情过去将近200年，当年究竟是怎么回事，现在不得而知，当时发生了什么样的故事，现在也不得而知了。但是从这两通类似于村规民约的碑记来看，处于大时局变化之中的地方动荡，的确为当时的乡民带来失去安全感的不便和不安，他们甚至有些恐惧。有一点值得肯定的是，他们努力寻求自我保护。“守望相助，居乡良图，思远频防，古人善教”，这样的立约初衷，还是值得肯定的。当然，这个章程存在很大的局限，但是又不得不承认，在那种特定的时局中，他们只能这样规定。总的来说，这种通过村民自治来达到自我保护的形式，在当时特定的时代还是有其积极意义的。

清代闽粤南澳总兵官阮钦为的生平与事功*

——以阮钦为墓志铭为讨论中心

林　瀚**

南澳，扼闽粤之咽喉，“峙漳潮大海界上海门，天然关锁”，① 素有东南门户之称。南澳总兵官之设，始于明万历三年（1575），在福建巡抚刘尧诲上奏的《请设南澳副总兵疏》中便提请设“闽粤南澳镇”，并置“协守漳潮等处驻南澳副总兵”。时兵部复议，奉旨“南澳地方，据漳潮要害，依拟设官建镇，以便防守”。②关于南澳总兵官之研究，目前所见有林俊聪《南澳总兵传》一书，是书据传世史志文献记载统计出南澳镇自明万历至清末，有明副总兵 32 人（34 任）、南澳镇将 5 人（5 任）、清总兵 124 人（133 任）。③

一　阮钦为墓志铭的发现

笔者素来关注泉潮两地的文化交流与互动，在翻阅泉州地方史志时，较为留意其中所涉潮汕史事，2013 年在翻看《泉州市志通讯》1991 年第 1 期时，得见《皇清诰授荣禄大夫镇守闽粤南澳总兵官左都督仍带余功三次

* 本文为国家社会科学基金重大项目“中国古代海上丝绸之路图像资料的收集、整理与研究”（18ZDA186）阶段性成果之一。本文曾以《清南澳总兵阮钦为墓志考略》为题发表于《汕头大学学报（人文社会科学版）》2019 年第 7 期，今再做修改补充，现为最新校订稿。

** 林瀚，福建省泉州海外交通史博物馆馆员、潮汕历史文化研究中心青年委员会委员，研究方向为海洋史、船舶史及东南区域史。

① 《代上经略南澳书》，乾隆《南澳志》卷 11《艺文》，清道光二十一年（1841）刻本，第 5 页。

② 郭子章撰《潮中杂记》卷 5《请设南澳副总兵疏》，古瀛志乘丛编第一辑，潮州市地方志办公室，2003 年影印本，第 33 页。

③ 林俊聪：《南澳总兵传》，香港：天马出版有限公司，2007，第 64 页。

敬山阮公墓志铭》① 录文，后循此线索，在泉州市西门孟衙巷47号找到了阮氏宗祠“竹林堂”，该祠堂三开间，坐东朝西偏南，前后两落，并见到该墓志铭新造石刻嵌于祠堂下厅左壁。

关于阮钦为之生平，乾隆《泉州府志》、乾隆《晋江县志》、《獭江所知录》等地方志书均有传，尤以乾隆《泉州府志》所记最为翔实：“阮钦为，字君博，晋江人。扬历戎行，以智略自负。为长乐守备，调铜山镇，从水师出碧湖口，遏贼冲海澄，平金厦两岛，复随将军施琅克澎湖。以功转台州副将，擢汀州总兵官，调南澳。钦为起偏裨，至大帅，所在俱著威惠，以劳卒于官。祭葬如典，赠太子少保。素所仕宦之地，咸捐赀葺文庙，设义学，有古儒将风。”②乾隆《晋江县志》③ 及《獭江所知录》④ 所载与之颇类。

此通墓志铭作为我们了解并更为具体认识阮钦为生平事功的重要史料，迄今尚未见有专文对其进行研究，故笔者不揣谫陋，试对其做如下考述，希望能对南澳总兵官之研究有所补罅。为方便研究与分析，兹将该墓志铭文移录于下，以做初步之探讨。

二 墓志铭录文

皇清诰授荣禄大夫、镇守闽粤南澳总兵官，左都督仍带余功三次敬山阮公墓志铭

康熙四十四年八月壬辰，荣禄大夫南澳总兵官敬山阮公，以巡海焦劳卒于官署，遗疏至部臣按例请恤典。圣天子夙稔公勋，爰隆坛祭，以慰幽壤。其孤长公弘俊，因畴昔为予心许，先祈以讣丐铭。予不敢辞，按状第公之功：专领舟师出碧湖口，以遏贼冲遂克海澄者二，大会舟师克厦门者三，下金门者四，移航八罩潒无退志者五，直居前锋之前战取彭湖者六，随师入鹿耳门进抚台湾者七。曰伟矣哉，古所稀有也。然而战无不胜，攻无不克，乘机应会，捷出神怪，不畏而死，不荣幸生，盱眙而弗敢进者，公顺乎靡之，又何其奇也欤。之予耳公

① 《泉州市志通讯》，泉州市地方志编纂委员会、泉州市地方志学会主办，1991年第1期（总第7期），第79~80页。

② 乾隆《泉州府志》卷56《国朝武绩》，《中国地方志集成·福建府县志辑》第22辑，上海书店出版社，2000年影印本，第175页。

③ 乾隆《晋江县志》卷7《武卫志·将略》，台北：成文出版社，1967年影印本，第150页。

④ 曾枚：《獭江所知录》卷3“国朝武绩”条，1988年抄本，第29~30页。

名也久矣。自逆藩煽祻，王师入闽，公举义旗以迎，当道者壮之，而声名籍甚。迨迁官吾邦，予亦蒙恩里归，与公周旋最习。披襟道悃，每酒酣击剑，询及楼舟东征时，公引满掀须，口谈手状，罹缕其波涛之汹涌，岛屿之险厄，披坚执锐，躬冒矢石，破贼败敌。於戏，公诚伟矣哉！其所历官，则由副将职衔出守长乐，寻摄水师左营；壬戌，部推为铜山镇右营；丙寅，大司马议削平澎湖台湾功，授左都督职衔；戊辰，迁江南提督中军；乙亥，迁浙江台州副将；丁丑，摄黄岩总兵篆；己卯，镇汀州。公循秩按级绝鲜凌躐功名意。甲申，制军郭公、提军赵公以公威望表著海疆，交章荐调南澳。澳控闽粤咽喉，鲸鲵乃出没道也。公至镇，修战舰，训士卒，申法令，辟垒于是改观。乙酉春，统领各路舟师自澳门抵珠崖，海道数千里。耀德扬兵，凡盗贼之窟穴必躬历焉而后已。功积焦劳，海历蒸酿，病企弗药。盖公之治兵也，常美郭子仪，薄李公弼。其克敌制胜，务在万全。所至封疆诸大臣，咸倚重焉。忆己卯岁圣驾南巡，驻跸于杭，公恭迎，与将军列校演射，公挽强命，大称上意，顾大司马记其姓名。前后陛见，蒙恩赐宴，颁膳珍果并鞍马还镇。盖亦异□□□□武起家，而行事蔼然，有儒者气象。仕宦之地必修文庙，建立义学，雅知重道如此。台澳患旱，公步祷，烈日中即大雷□□□□□亭以记其事，公坚拒之。有躬将齐者殁于官，亏帑七千有奇，公怜其母老，倡议捐敛助之，家遂得还。此岂徒欤□□□□□论轩轾哉？在昔帝王征伐四方，效力武臣时分南北，顾出塞绝幕之骑，与戈船下濑之旅，用不相下。按公之勋，皆著于南，奇路博德之流亚欤。虽然，公通才也，偿试于北，则亦与李广、程不识等矣。方今宇内宁谧，海波不扬，大载笔史臣欲铭勋于竹帛者，必懋乃功也。公世居于闽，先自漳海徙家温陵之惠安，曾大父振恭公、大父明泉公、父士璋公，代有隐德。公贵，赠三世如其官。公讳钦为，字君博，敬山其号也。生于天命癸未年八月廿八日子时，卒于康熙乙酉年八月初一日酉时，享寿六十有三。原配夫人陈氏蚤卒，公已卜地别葬。继配诰封一品夫人楚氏，为原任同安中营参将楚讳月江公长女。子男八：长弘俊，娶前尚书王讳用伋嫡孙功加左都督王讳义女；次弘佺，太学生，娶原任大名府总兵官李讳林允女；次弘佐，聘礼科给事中黄讳熙瓒家孙世袭哈哈番讳钟琨女；次弘修，聘丙子科举人江讳之炜女；次弘佖，聘原独石参将蓝讳珠女；次弘侯，聘太学生郑讳承铎女；次弘伟、次弘佑，俱幼未聘。子女五：适原任福建水师后营游击左都督施讳男太学生世振；一许前忠振伯洪讳旭男讳焱孙继仪；一许原任宣府总兵官左都督许讳盛男贡生廷珆；余幼未许。孙二：长承琨，聘漳州府癸未科进士陈讳国典孙讳祖德女，弘俊出；次承琏幼未聘，弘佺出。孙女二：弘俊出者许丙寅科进士经略省内院大学士文襄洪公胞侄孙、岁贡生讳元骝男世模；弘佺出者幼未许。余绳绳未艾。将于是年十二月十二日午时奉公厝于晋江之三十四都青芒乡，山杭丙趾壬兼午子，二圹二，虚其右，礼也。

铭曰：

丹霞之宗，分派螺阳，毓江孕海，累世乃昌。

耿耿公哉，载芬载扬，勋勒金石，才正琨璜。

帽峰隆隆，笋水汤汤，魏而修阡，龙峙鸾翔。

嗟公室斯，恩荣以藏，以引以绳，以莫不臧。

爰铭勒石，闷矣无疆。

赐进士及第工部尚书云间王鸿绪撰。

襄事不孝孤子阮弘俊、弘佺、弘佐、弘修、弘佖、弘倓、弘伟、弘佑同泣血稽颡，期服孙承琨、承琏同稽首勒石。[①]

三　家族世系

阮钦为之生年，史传未载，在墓志铭发现以前，只知其卒于康熙四十四年（1705），据《大清圣祖仁皇帝实录》卷223载："康熙四十四年十二月乙巳十五日，赠故南澳总兵阮钦［为］太子太保，予祭葬如例。"林俊聪在《南澳总兵传》中曾推测其生卒年约为1650～1705年，[②] 今据墓志所载："生于天命癸未年八月廿八日子时，卒于康熙乙酉年八月初一日酉时，享寿六十有三。"按"天命"为努尔哈赤为配合其尊号"天命汗"（abkai fulingga han）所用以纪年的方式，非正式年号，[③] 也无癸未年，查癸未年当为皇

① 笔者将《泉州市志通讯》中的录文与泉州市西门孟衙巷47号阮氏宗祠中壁上新造石刻相校，发现部分文字有误，今以祠堂所造石刻为底本录入。

② 林俊聪：《南澳总兵传》，第145～146页。

③ 关于"天命"是否为年号，卢正恒、黄一农的《先清时期国号新考》（《文史哲》2014年第1期）一文对该问题有专门的讨论。

太极之崇德八年（1643），亦即崇祯十六年，是年底福临即位，翌年改年号为顺治。以墓志所记阮钦为年寿六十三可推知其生当为崇德八年，即其生卒年应为 1643～1705 年。

在地方志书中只记其字为“君博”，其号不详，今据墓志可知其号为“敬山”。

就其族地而言，志书略有分歧，据乾隆《泉州府志》所载其为“晋江人”，乾隆《晋江县志》中也为其立传，然查检乾隆《南澳志·职官志》，则载：“阮钦为，福建惠安人，康熙四十三年任。”[①] 乾隆《汀州府志·职官志》也记有“阮钦为，惠安人”。[②]《獭江所知录》则称其为后茂人。[③] 按墓志所记，则明确写到“公世居于闽，先自漳海徙家温陵之惠安”，可知其先世由漳州龙海徙居泉州惠安，而后复家于泉州西门，也即清代晋江县属地。就其葬地而言，据墓志所记：“将于是年十二月十二日午时奉公厝于晋江之三十四都青芒乡，山杭丙趾壬兼午子，二圹二，虚其右，礼也。”其墓地所在即位于今晋江清濛。

关于阮钦为之先世所务何业，因文献阙载，未能详知，但因阮钦为显达，得以封赠三代，亦可知其曾祖名阮振恭，其祖父名阮明泉，其父阮士璋。其原配夫人为陈氏，早卒；继配为楚氏，诰封一品夫人，其父为原任同安中营参将楚月江。阮钦为有子八人，分别为弘俊、弘佺、弘佐、弘修、弘佖、弘侯、弘伟、弘佑；女儿五人；孙子、孙女各二人。从墓志所记，可知阮钦为的家族世系及其子孙的婚配情况（见图 1）。

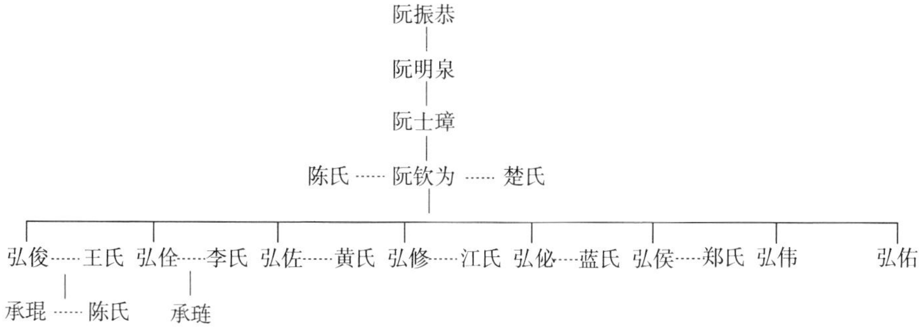

图 1　墓志所见阮钦为的家族世系及其子孙的婚配情况

① 乾隆《南澳志》卷 4《职官》，第 4 页。

② 乾隆《汀州府志》卷 19《职官·总兵官》，台北：成文出版社，1967 年影印本，第 262 页。

③ 曾枚：《獭江所知录》卷 3“国朝武绩”条，第 29 页。

四 仕宦事功

阮钦为何时投身行伍，从墓志及地方史志的记载中未能详知，不过其曾作为郑氏麾下将领，当无疑义。对于此段往事，墓志一笔带过，称“自逆藩煽祸，王师入闽，公举义旗以迎，当道者壮之，而声名籍甚”。

所幸在江日昇所撰《台湾外记》一书中，为我们保留下了这段史实：“康熙九年庚戌（附称永历二十四年）三月，郑经以厦门、铜山、达濠诸岛业有镇将；而舟山、南日一带守者系初附之将惠安人阮钦为，但其心未敢深信，况乌合而未经操练，当遣一将统之方可。陈永华举原奇兵镇黄应老练谙熟，堪为将以制之。经令应统柳索、吕胜、蓝盛、杨正数健将，配船前来，与钦为协守。钦为见应等到，阳为交好，心实贰焉。每欲投诚，尚惧吕胜猛勇。值会约分船巡哨，钦为与其众密计乘清晨胜起梳栉，钦为让胜先，胜又让钦为先。钦为遂起碇帆，诈作拖流之状，碍胜船。众各执器械顶船，一枪刺死胜，并收其船，入泉州见提督王进功投诚。授部札副将，移驻四川（后以平台功，官南澳总兵）。”①

由此可见，阮钦为在投附郑氏以前，还曾有过另一段经历，惜文献所限，目前未能考知，然从“况乌合而未经操练，当遣一将统之方可”等语句来看，似乎其最初是浙闽一带海上流动群体中之一员。不过可以确定的是，康熙九年（1670）阮钦为已作为舟山、南日一带守将转附于郑经，惜郑氏以其初附，未敢轻信重用。同时郑经考虑到厦门、铜山、达濠等岛已有镇将把守，为对阮钦为进行有效制衡，郑经希望能有一忠心老练的将帅前往统之，故陈永华举荐了黄应，郑经又配以柳索、吕胜、蓝盛、杨正等健将与黄应一同前往，以与阮钦为共同协守舟山、南日等岛。对于郑经这一名为辅佐、实为监视的举动，阮钦为疑将图己，只能佯装交好，实际已心怀二心，并开始谋划如何转投清军阵营。阮钦为在投诚清军这一件事情上，对吕胜的猛勇颇为忌惮，终于在分船巡哨的一个清晨，乘着吕胜梳洗之际，一枪将其刺死，并与原来的部众收聚其船，驶回泉州投诚提督王进功。自此，阮钦为正式进入清军阵营，并得授部札副将，移驻四川。

据墓志所记：“其所历宦，则由副将职衔出守长乐，寻摄水师左营；壬

① 江日昇撰《台湾外记》卷6，福建人民出版社，1983，第210页。

戌（康熙二十一年，1682），部推为铜山镇右营。”查民国《长乐县志·职官志》所列清代武职官员，未见载录阮钦为的任官情况，其“清·守备”条称：“按游击旧无考，守备亦未尽详，旧志姑纪所闻，自康熙三十年始，雍正五年改为都司，同治七年复改为守备。”① 乾隆《铜山志》卷7《人物志·职官》中，在“右营游击”条下记有“曾春、阮钦为”② 两人，但未记其具体任职时间。不过翌年（康熙二十二年，1683），阮钦为便改任厦门左营游击，据《厦门志》“国朝职官表·武秩”条载，阮钦为与张胜“俱康熙二十二年署。见《施琅奏疏》”。③

康熙二十二年是阮钦为仕宦生涯中的重要转折点，是年适逢施琅征略台湾、澎湖，阮钦为作为参战将领冲锋陷阵，战功卓著，墓志称：“按状第公之功：专领舟师出碧湖口，以遏贼冲遂克海澄者二，大会舟师克厦门者三，下金门者四，移航八罩潫无退志者五，直居前锋之前战取彭湖者六，随师入鹿耳门进抚台湾者七。曰伟矣哉，古所稀有也。然而战无不胜，攻无不克，乘机应会，捷出神怪，不畏而死，不荣幸生，盱眙而弗敢进者，公顺乎靡之，又何其奇也欤。之予耳公名也久矣。”

对于阮钦为冲杀海上敌阵的表现，施琅在奏疏中曾多次提及，如在《决计进剿疏》中就提道：“夫南风之信，风轻浪平，将士无晕眩之患，且居上风上流，势如破竹，岂不一鼓而收全胜？臣见督臣坚意难以挽回，故聊遣赶缯快船二十三只，令随征总兵臣董义、投城总兵臣曾成、提标署左营游击事臣阮钦为，并各镇营千把等官，领驾前往澎湖瞭探贼息。”④

攻克澎湖后，施琅在《飞报大捷疏》中又两次提到阮钦为冲杀海上敌阵的表现。康熙二十二年六月“十六日早，进攻澎湖，逆贼排列船只迎敌。……铜山镇标右营游击阮钦为等官兵配坐鸟船一只，此数船首先冲锋破敌，直入贼鯮，攻杀贼炮船二只、赶缯船六只，贼伙斩杀殆尽，其船放火烧毁；又用炮火攻击，立刻沉坏贼鸟船一只、赶缯船二只”。⑤“前锋次左之

① 民国《长乐县志》卷12《职官·武备》，《中国地方志集成·福建府县志辑》第21辑，第161页。

② 乾隆《铜山志》卷7《人物志·职官》，《中国地方志集成·福建府县志辑》第31辑，第353页。

③ 道光《厦门志》卷10“国朝职官表”，台北：成文出版社，1977年影印本，第210页。

④ 杨英、施琅：《从征实录、靖海纪事（合订本）》，《台湾文献史料丛刊》第6辑，台湾大通书局，1987，第13~14页。

⑤ 施琅撰《靖海纪事》，王铎全校注，福建人民出版社，1983，第81页。

铜山镇右营游击阮钦为匀配水陆等官兵坐大鸟船一只。”①

阮旻锡在《海上见闻录》中也记载，康熙二十二年“六月十四日，施将军自铜山开船，大小五百余号，姚总督拨陆兵三千随征。十五日，到八罩。十六日，进攻澎湖。国轩列炮架巨舰数十以待。诸将皆望而逡巡，惟提标蓝理、曾成、张胜、正黄旗侍卫吴启爵、同安游击赵邦试、海坛游击许英、铜山游击阮钦为七船冒险深入鏖战。海船齐出，已围；施将军恐数船有失，急将坐驾冲入，内外夹击，敌少却，将军遂同七船随流而出。时天色将晚，遂在西屿头洋中抛泊”。②

清初，杨陆荣在其成书于康熙五十六年（1717）的《三藩纪事本末》中亦记录下当时阮钦为参战的情形：“二十二年癸亥六月，官军发铜山，窥彭湖，国轩帅兵屯风柜屿、牛心湾以待。琅令蓝理、曾诚、吴启爵、张胜、许英、阮钦为、赵邦试等以七船突入，纵火焚舟。国轩分两翼合击，琅自将突围赴援，互有杀伤。明日，大兵取虎屿、井彭，水故咸，及王师云集，泉水忽甘，众志益奋。琅乃分兵八队，每队七船，各三其叠。琅居中，余以属诸将。国轩发大矢喷筒，烟焰蔽天。我军裹创力战，无生志，阵斩伪将林升、丘辉、江胜、陈启明、吴潜、王隆等。国轩兵士死者万余人，焚大小战舰二百余艘。国轩大溃，从吼门佚出。彭湖破，国轩入台，与冯锡范、何佑、丘磊等奉克塽，决计来降。”③

阮钦为在攻打台、澎海战中身先士卒，作战英勇，得到施琅的举荐请功，墓志称“丙寅（康熙二十五年，1686），大司马议削平澎湖台湾功，授左都督职衔；戊辰（康熙二十七年，1688），迁江南提督中军”。考乾隆《江南通志·职官志·武职》，其任职年份与墓志所记有异，在“参将”条下查得“阮钦为，福建人，康熙二十八年任”。④

“乙亥（康熙三十四年，1695），迁浙江台州副将。”查民国《台州府志·职官表》之“副将”条，有“阮钦为，泉州人”。⑤ 民国《临海县志·武宦题名》中所记与之相同。⑥

“丁丑（康熙三十六年，1697），摄黄岩总兵篆。”核检光绪《黄岩县志·

---

① 施琅撰《靖海纪事》，第85页。

② 阮旻锡：《海上见闻录定本》卷2，厦门郑成功纪念馆校，福建人民出版社，1982，第76页。

③ 杨陆荣撰《三藩纪事本末》卷4，吴翊如点校，中华书局，1985，第89页。

④ 乾隆《江南通志》卷11《职官志·武职》，哈佛大学哈佛燕京图书馆藏本，第17页。

⑤ 民国《台州府志》卷19《职官表十一》，台北：成文出版社，1970年影印本，第335页。

⑥ 民国《临海县志》卷10《武宦题名下》，台北：成文出版社，1975年影印本，第847页。

职官·武职》之“总兵”条，未见载录阮钦为其人，志书按语称：“自顺治甲午至康熙癸亥三十年中，营制七变，谨列表如右，自是以来，则以水师总兵统三营，游守驻扎黄岩，而城守、参将、守备俱从裁汰，至今为定制焉，谨别表于后，而千把外额则从略云。”[①] 而在该年任官上，则列有：“徐九如，字茂哉，奉天人，都督佥事，世袭轻车都尉。”[②]

“已卯（康熙三十八年，1699），镇汀州。公循秩按级绝鲜凌躐功名意。”乾隆《汀州府志·职官志》之“总兵官”条，简记有“阮钦为，惠安人”，[③]但未注明任官时间，此可补方志之不足。是年，康熙南巡，驻跸杭州，阮钦为前往接驾，并在列校演射中得到康熙皇帝的留意与召见，赏赐颇多，墓志称：“忆已卯岁圣驾南巡，驻跸于杭，公恭迎，与将军列校演射，公挽强命，大称上意，顾大司马记其姓名。前后陛见，蒙恩赐宴，颁膳珍果并鞍马还镇。”

康熙四十三年（甲申年，1704），阮钦为调任南澳总兵，据乾隆《南澳志·职官志》之“总兵”条载：“阮钦为，福建惠安人，康熙四十三年任。”[④]查检嘉庆《惠安县志》，也只记有寥寥数字：“阮钦为，官南澳总兵。”[⑤] 惜志书所记太过简略，我们对其在南澳任上事迹所知不多。今有赖墓志的记载，我们得以知悉其调任南澳总兵的原因及任上事功：“甲申，制军郭公、提军赵公以公威望表著海疆，交章荐调南澳。澳控闽粤咽喉，鲸鲵乃出没道也。公至镇，修战舰，训士卒，申法令，辟垒于是改观。乙酉（康熙四十四年，1705）春，统领各路舟师自澳门抵珠崖，海道数千里。耀德扬兵，凡盗贼之窟穴必躬历焉而后已。功积焦劳，海历蒸酿，病企弗药。”从上所记，阮钦为在南澳总兵任上虽然只有一年左右的时间，但仍推行了修造战舰、训练士兵、申明法令等事项，使南澳军队的士气面貌大为改观。此外，阮钦为还统领舟师巡洋海上，尤其留意海道沿线的盗贼窟穴，终因积劳成疾病逝于南澳总兵任上。

阮钦为功勋卓著，其殉职的消息上奏朝廷后，朝廷加赠太子少保衔，祭葬如典。据安溪湖头《阮氏族谱》中的记载，其葬礼由兴泉永道白瀛代

① 光绪《黄岩县志》卷13《职官·武职》，台北：成文出版社，1985年影印本，第939页。
② 光绪《黄岩县志》卷13《职官·武职》，第940页。
③ 乾隆《汀州府志》卷19《职官·总兵官》，第262页。
④ 乾隆《南澳志》卷4《职官》，第4页。
⑤ 嘉庆《惠安县志》卷28，上海书店出版社，2000年影印本，第121页。

祭，同时族谱中尚保留有《谕祭文》一篇，其文为："皇帝谕祭原任南澳总兵官、加赠太子少保阮钦为之灵曰：鞠躬尽瘁，臣之芳踪，赐恤报勤，国家之盛典。尔阮钦为性行纯良，才能称职，方冀遐龄，忽闻长逝，朕用悼焉，特颁祭葬，以慰幽魂。呜呼！宠锡重垆，庶沐匪躬之报；名垂信史，聿昭不朽之荣。尔如有知，尚克歆飨。"[①]

从阮钦为的治兵与用兵之道可见，其行军布阵前考虑之周全，也由此得到长官与同僚的赏识。"盖公之治兵也，常美郭子仪，薄李公弼。其克敌制胜，务在万全。所至封疆诸大臣，咸倚重焉。"阮钦为虽出身行伍，然行事却有儒者风范，是谓儒将。墓志称其："盖亦异□□□□武起家，而行事蔼然，有儒者气象。仕宦之地必修文庙，建立义学，雅知重道如此。"乾隆《泉州府志》为阮钦为所列传文中，也提道："素所仕宦之地，咸捐赀葺文庙，设义学，有古儒将风。"[②] 以上传文，可与墓志相参校。

此外，墓志还记有"台澳患旱，公步祷，烈日中即大雷□□□□□亭以记其事，公坚拒之。有躬将齐者殁于官，亏帑七千有奇，公怜其母老，倡议捐敛助之，家遂得还"。可见阮钦为为事之谦逊以及对同僚之关切。

为阮钦为撰写墓志的王鸿绪（1645—1723），初名度心，字季友，号俨斋，又号横云山人，为江苏华亭人，于康熙十二年（1673）廷试中一甲第二名进士，即榜眼，历任翰林院侍讲侍读学士衔、《明史》总裁官、户部侍郎、会试总裁官、左都御史、工部尚书，著有《赐金园文集》《横云山人集》《史例义》《王鸿绪外科》等。[③]

余 论

阮钦为身处明清易代之际，一生在多地任职，其人生际遇亦与时代及时事紧密联系。在此之前，我们对他的认识与了解只停留在史书的简略记载上，该通墓志铭的发现，使我们得以与史志文献的记载相互印证，更为立体地了解其一生的仕宦事功，以及族地、世系及家族婚姻状况。该墓志

① 安溪县志工作委员会编《凤山采璞：安溪方志选粹》之"平台猛将阮钦为"，2003，第97页。

② 乾隆《泉州府志》卷56《国朝武绩》，《中国地方志集成·福建府县志辑》第22辑，第175页。

③ 朱文华、许道明主编《上海文学志稿》，上海社会科学院出版社，2014，第1106页。

铭也为我们提供了第一手的实物资料。

对于潮汕碑铭的研究，目前在地学者关注的视角仍较多地投射于潮汕本土区域，对于潮汕之外的碑铭关注度还相对较弱。然而我们知道，不论是潮人在外的交游、贸易等活动，还是入潮人士或仕潮官员，都在潮汕之外的地域留下了大量涉及潮汕史事的金石碑铭与摩崖石刻，这就要求我们将研究的视野拓宽，从周边观照潮汕，将潮汕本土碑铭与潮汕区域以外的涉潮碑铭相参校，从更广阔的视域关注潮汕，同时加强跨区域的横纵向比较研究，或许这样可以发现更多的延展性议题，也可以更为全面地了解历史。这既是我们面临的挑战，也是我们得以从另一面相了解潮汕历史的机遇。收集、整理并编制潮汕区域之外的涉潮碑铭集，也将是我们今后的努力方向与延伸课题。

清乾隆四十九年《喜缘武庙碑记》残碑考释

——兼论南澳特殊税务机构及南澳罟艚业的兴衰

黄迎涛*

在南澳城墙遗址旁边的废弃兵营我再熟悉不过，做调查时曾多次从它旁边经过，对南澳城墙遗址进行考古调查时，还曾借其休息，未曾发现有什么特别吸引我的地方，仅是一座废弃兵营而已。也许是阴差阳错，也许是冥冥之中曾与之交互。2017年对南澳城墙遗址竖立保护标志牌时，当我重新从废弃兵营走过，一道斜光恰好射在墙上残碑，立体碑字若如一朵盛开的花，散发出淡淡的清香，是翻阅过沉淀了百年浓浓墨香后，沾染在指尖上的那一缕纤尘，是跋涉了万山千水的沧桑之后，依然灿烂的笑靥。我惊呆了，细细品味、轻轻寻找，在窗框两侧又发现了两块残碑。兴奋之余，我更加担心，虽然残碑嵌于墙体，但随时可能被拆除而再失，亟须有更好措施，做好备案，于是，我对残碑进行拓片。碑额饰草花纹，碑额刻“记”字，正书。碑额所饰花纹让我想到，2016年8月也是这里下边在拆除旧兵营时，曾从装载废土石的工程车上征集了一块“喜”字残碑，以及在兵营一排采用石块筑砌用于放置洗刷用品的架子上拆下的“缘武庙碑”字残碑，这两块残碑同样是碑额饰草花纹，拼接是一块“喜缘武庙碑”残碑，当年还在可惜再有一块“记”碑就完整了。难道这块刚好是最后一块残碑？经过对拓片的拼接，恰好是一块完整碑记的残碑（见图1）。

“喜”字碑残长83厘米，残宽30厘米。“缘武庙碑”字碑残长92厘米，残宽44厘米。“记”字碑被分割为三块，第一块残长62厘米，残宽24厘米；第二块残长88厘米，残宽26厘米；第三块残长50厘米，残宽31厘

* 黄迎涛，南澳县海防史博物馆。

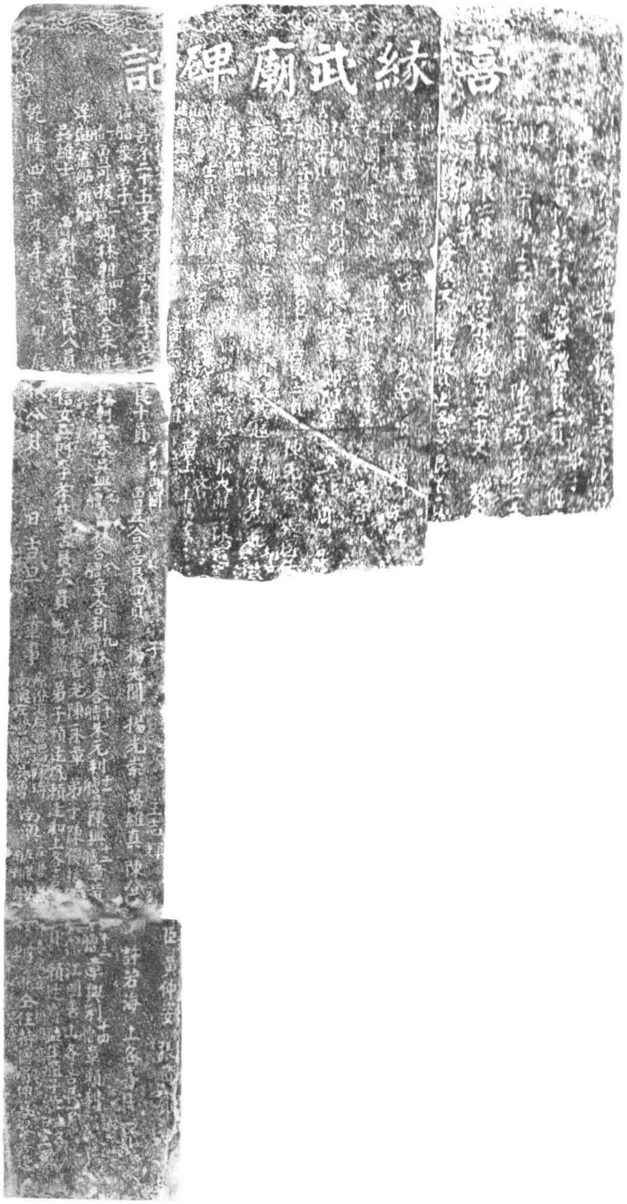

图 1　《喜缘武庙碑记》残碑

米。通过测算，该碑长约 200 厘米，宽约 105 厘米。碑额“喜缘武庙碑记”每字高 9 厘米，宽 10 厘米。正书。碑文每字 3 厘米见方，由于残缺无法计算每行字数。其碑文如下：

喜缘武庙碑记

青澳里老陈俊秀仝众罟艚弟子郑玉振、杨秀山、王希贤、陈振□（下缺）

深澳耆老傅君杰大杉十七枝、中杉六十二枝。范秉礼喜艮二员。弟子傅□（下缺）

监生谢纯、王尔煌上各喜艮二员。陈元瑞、陈元珍喜钱二千□（下缺）

生员蔡时喜艮二员。王廷芝喜钱七百五十文。蔡□（下缺）

原澄海把总陈琦、弟子李赞文、陈俊贤上各喜艮五员（下缺）

原把总李富喜瓦四百七十块。弟子文、左、右渡口汛杨秀达、张学谨、朱雄（下缺）

饶平监生詹国俊喜艮八员。弟子王尔嘉、陈伯炯、吴智谦（下缺）

信女林门郑善信、林门郑懿修上各喜艮二员。郑门黄慈顺喜艮一周门李（下缺）

云澳生员陈勋喜艮十二员。戴名高喜艮三员。陈先登、张国任（下缺）

监生蔡瑞德、云澳厂孟鲁辉上各喜艮十员。监生戴起云、乡宾陈成道、桁户蔡（下缺）

岁贡戴乃经、戴彩章、黄明辉、薛启周、张时若、张大解、陈舜周（下缺）

隆澳岁贡李蕃、生员章殿钟、林乔木、耆老游协武、林广上、文口王鹏等，隆澳（下缺）

饶平监生（下缺）耆老（下缺）众围押（下缺）□□臣、黄仲姿、张黄宾、□□□。

□□□弟子（下缺）

喜钱二十五千文。业户林李吴喜艮十员。□□头园鲁吴合喜艮四员。弟子杨光闻、杨光荣、万维真、王志辉、陈登□、许若海上各喜艮一员。

罟艚众弟子：一艚曾可拔、二艚郑林利、四艚郑合朱、五艚□林利、六艚朱吴兴、七艚鲁林合、八艚章合利、九艚林鲁合、十艚朱元利、十一艚吴陈兴、十二艚章黄□、十三艚章兴利、十四艚章赖利、泽盛旧罟新罟吴维士、曾科利上各喜艮八员。信女李孝慈喜艮六员。

青澳耆老陈永章、弟子陈俊拨、□□杰、江明善上各喜艮一员。

九归澳弟子赖廷凤、赖廷和上各喜艮□员。赖廷宾、监生赖子荣上各喜艮一员。

乾隆四十九年岁次甲辰□八月　日　吉旦

董事：原澄海右营把总陈琦，南澳左营把总吴雷，南澳左营□□□麦开宜、杨夔高，左营□□周详，南科典□□李成、蔡浩同住持僧眉伸募银喜建

《喜缘武庙碑记》记载了乾隆四十九年（1784）重修深澳关帝庙的捐款情况，从立碑时间判断与南澳总兵招成万重修武帝庙的时间相近，该立碑时间仅提前两个月，招成万《重建武庙碑记》中载："顾历岁已久，虽屡加修葺，而地处滨海，风雨剥蚀，倾圮日甚。……但经费浩繁，又须寺僧募化，共襄盛举。"① 碑文中的"同住持僧眉伸募银喜建"也印证了招成万所提因经费的困难"须寺僧募化"。《喜缘武庙碑记》与《重建武庙碑记》完整记录了当年一场规模巨大的修缮工程。而《喜缘武庙碑记》的价值还在于其碑文中第一次出现了南澳特色的税务机关的名称和南澳罟艚数量的记录。现对其进行释读。

一　南澳特色的税务机关

明清时期，南澳在闽粤共管的政制下，隶属之云澳、青澳和深澳、隆澳所发生的民事案件、征税、户口、考试等都应分别到闽之诏安与粤之饶平办理，其交通梗阻，迁延时日。为使南澳总兵专志海防，广东总督郝麟奏请朝廷，于雍正十年（1732）诏设南澳海防厅，派同知一员专职以彰教化。随着海防建设的发展，民众复业，南澳逐步设立编户齐民，向政府输课供役。②《粤海关志》卷12《税则五》之"东陇正税口"载："凡往南澳茶、豆、牛槁等油、土布、干果、水靛：每担收钱六十六文。黄麻、糖水、灰面、杂货：每担收钱三十三文。"③ 在"樟林小口"又载："凡南澳渡船

① 黄迎涛：《南澳金石考略》，广东省地图出版社，2008，第57页。

② 黄迎涛：《南澳港与海上丝绸之路》，广东经济出版社，2019，第132页。

③ 《粤海关志》卷12《税则》。

往来装茶、豆、牛槁等油、土布、干果、水靛、麻布：每担收钱五十文。黄白麻、红曲、咸鱼、篓叶、海山糖员、烟梗、杂货、薯苓：进口八折。麦芽糖、豆、面：进口往府八折。鱼脯：进口往府八折。金针菜、烂铁锅进口、土碗过澳、篷篾四梱作一担、鱼鲑：以上每担收钱三十文。"① 而没有记载南澳有设关征税。在《喜缘武庙碑记》中有两条记载捐款姓名和相关单位的记录引起我的关注，即"文、左、右渡口汛杨秀达、张学谨……"和"文口王鹏等"。碑文中的"文口"或"文渡口汛"是否为南澳当地的税务机关或监督稽查税务的机关。对此，笔者查阅了《潮州府志》《漳州府志》《粤海关志·皇朝训典》，未见有相关记载。乾隆四十七年（1782）任南澳同知且捐银重修武帝庙的齐翀在《南澳志》中也未曾记载。然民国35年（1946）陈沅（即陈梅湖）《南澳县志》卷10《经政》中记载道："文口税为清同知署设，武口税为清总镇署设。文口税为养廉定，罟艚月规每艚一百五十文，鱼类出口每担二十五文，鱼脯每件二十五文，鱼饭每箬四文，鱿鱼、虾脯及什鱼等类分别价值之高下为差等。武口半之。民国建元，文口归国税，武口为地方税，顾货品复杂，征值不齐，司关者每以为暴。十二年夏，县议会厘定则例，咨县署执行，计货目一百四十种。文口税每担自二十文至百余文不等，武口半之。"② 它属于南澳特有的征税部门，其目的是解决当地的财政收入。

1923年知事陈之英（广东潮安人，字岛岚，庠生）在《南澳各区文武口则例专册》序云："南澳僻处海岛，于古无关，自生齿日繁，海利日兴，商货出入伙。总镇以严海禁为词，于是乎有武口之设，同知效之，文口继下焉，南澳无关而有关。光复以还，化私为公，文口既列国税，武口则留为县地方税。"③ 至民国25年（1936）南澳县财务委员会成立，所有杂税暨归主管各区，由该会设征收处，文武口一并裁撤。④ 从这些记载可知，清代时，南澳以自己独特形式设立税务机构，在渡口设立文渡口汛和武渡口汛作为监督管理机关，并且分工明确。《喜缘武庙碑记》也恰恰印证了志书的记载，为志书提供了实物依据。

---

① 《粤海关志》卷12《税则》。

② 民国《南澳县志》卷10《经政》。

③ 民国《南澳县志》卷10《经政》。

④ 民国《南澳县志》卷10《经政》。

二　南澳罟艚业的兴衰

《喜缘武庙碑记》记载了青澳有罟艚一艚，隆澳有罟艚十四艚。查乾隆《南澳志》，《艺文》中收录有南澳同知温立广的《南澳竹枝词》："岸口乌乌莫惮劳，五更吹角集罟艚。两日西风渔汛好，劝郎早起把舟操。"① 它描述南澳罟艚是集体作业和季节作业。志书中对当时罟艚的数量、产量及税收都未记载。现今尚存的碑记中，道光六年（1826）隆澳宫前村西港头的《喜捐石桥碑记》记载："吴合兴罟众喜艮十元。章旺兴罟众喜艮十元。第一艚罟众喜艮十元。章新兴罟喜艮八元。潘黄利罟众喜艮八元。黄永发罟众喜艮八元。吴和利罟众喜艮六元。柯新兴罟众喜艮六元。蔡柯盛罟众喜艮六元。吴益盛罟众喜艮六元。黄发利罟众喜艮六元。吴兴发罟众六元。永兴罟众喜艮六元。"共十三艚罟艚。两次记载间隔42年，南澳罟艚业数量基本保持一致。从碑记的记载中，我们可以看到当年南澳罟艚业非常兴盛，特别是乾隆四十九年罟艚业取得丰收，才有众罟艚纷纷捐款重建深澳关帝庙的行为，并记录了青澳也曾有罟艚的历史。而罟艚是一种什么样的作业方式？各时期罟艚的发展如何？又是怎样被禁止的？

罟艚，又称敲罟。在南澳海洋渔业史上占有重要地位。相传明嘉靖年间饶平大埕乡最早采用了"罟艚"作业。据报告人欧瑞木介绍："明朝年间，有一位弘治乙丑年（1505）进士，历官浙江佥事的周用（字舜中）回大埕乡，觉得大埕的'拖沙网'在较深的水域捕不到鱼，教人用木敲之声音驱鱼入网，提高鱼获率，这一以声驱鱼入网的方法，逐步形成罟艚作业。清初，随着罟艚艚数的增加和鱼类资源的变动，作业渔场向外开拓，南澳附近海区亦成为敲罟渔场，罟艚船只也随渔汛变化而时常停泊南澳，南澳渔民亦有被雇到大埕东界参加敲罟业，明万历年间南澳就发展了敲罟作业。过去敲罟都是私人经营，生产好时多人投资谋求发展，多搞几艚，生产欠佳时就散掉几艚。深澳在清代到民国初期，有康、蔡、赖、薛、陈、徐几个姓氏的人家先后曾在隆澳办过敲罟作业。羊屿也曾有敲罟作业，至今后宅地区仍流传着一句'好食羊屿罟扣梏'的谚语。"②

---

① 乾隆《南澳志》卷11《艺文》。

② 据报告人欧瑞木口述。

罟艚属大型集体性围网作业，网长带形，无囊网。用网包围鱼群似围网。每艚设罟公、罟母各一艘，载重 10 吨 ~18 吨（最早为 5 吨左右，为适应外海作业船只不断增大），配罟艇（俗称罟仔，也称舢舨）28 ~36 只（最少 13 ~28 只），载重 2 吨 ~4 吨组成一艚。罟公、罟母每艘 12 人，罟艇每艘 5 ~6 人，全艚最高可有 170 ~210 人协同作业。渔网（染茨苧网）二大张（由 18 幅网片组成），重近千斤，全长 155 米（86 寻，每寻 1.8 米）。罟艇配备一块鹊枋及二支鹊槌。到达渔场，子船形成 20 多平方公里的包围圈，布艇后由罟母船司号，群艇用鹊槌敲打鹊枋，鹊枋发出响声，声震所及直径约 10 公里，范围广，震力大，通过声波传至海中鱼群，诱集、驱赶渔场内的鱼类向敷设围捕网具的方向而捕获。[①] 在隆澳地区，民间流传着这样的渔谣："一夫套一妻，三十六仔团团圆，为着财利拆分去，父母一叫靠身垅。"[②] 民间歌谣将罟艚生产过程生动比喻为家庭利益，形象说明了罟艚是集体作业。罟艚作业主要围捕石首科鱼类，以大黄鱼（红瓜）、小黄鱼、中华海鲇为主，其次是黄姑鱼（俗称春只）、海鲶、黄鲫（俗称黄只）、汉氏棱鳀、银米、鳓鱼、鲨鱼等，属经济鱼类，网产高、易满载（所有船只载满鱼约 150 吨）。有时也捕到名贵黄唇鱼（金钱鮸）、日本姑鱼（赤嘴鮸）。[③] 大黄鱼加工成咸鱼，是南澳早期直销香港的重要水产品之一。报告人欧瑞木介绍："捕捞大黄鱼时，作业时间需 2 ~2.5 小时，捕捞黄姑鱼、鳓鱼、鲨鱼等中、上层鱼时，作业时间为 1 ~1.5 小时。捕捞海鲶、黄鲫等底层鱼类时，则需 2 ~3 小时。"[④] 罟艚属常年性作业，可分"春罟"（正月至四月）、"暑罟"（四月至九月）、"冬罟"（十月至十二月），旺汛期一般为春汛与冬汛。据《南澳县志》载："三期渔汛略有不同，春（汛）以黄鱼为大宗，黄脊（即黄鲫）、松鱼（鳙鱼）次之。春末夏初什鱼及红口亦有。暑罟以红口、黄花为大宗，松鱼亦间有。入秋后以松鱼、黄花、红口为大宗。冬罟以黄花为大宗。入寒后又以黄花、黄脊为大宗，每潮捕获自数十斤至数万斤不等，而珍贵之金钱鮸捕获每在春冬雨季，大沙（鲨）鱼则三冬皆有之。"[⑤] 渔场在南澳沿岸海域，包括勒门列岛与南澎列岛之间的海域，

---

① 据报告人欧瑞木口述。

② 南澳民间文学三套集成工作领导小组编《中国民间文学三套集成广东集 · 南澳县资料本》，油印本，1986，第 22 页。

③ 《南澳县志》，中华书局，2000，第 212 页。

④ 据报告人欧瑞木口述。

⑤ 民国《南澳县志》卷 16《实业之渔业》。

后江猴鼻尖、长山尾海域。①

《饶平新志》载，清同治十年（1871）南澳已有敲罟作业28艚。② 民国《南澳县志》卷16《渔业》记载："本县经缯罟业起于乾隆时代，至光绪年间最发达，扩充至三十余艚，获鱼如山，民国初年有一十余艚，后逐年衰退，晚近竟存六七艚而已。"③ 新中国成立前夕，全县罟艚作业只有胜发联记、金启源记、合发公记、合兴公记、金海兴记等5艚，164艘罟船，945个劳力。④ 据南澳县档案馆馆藏档案，1947～1949年1～9月及1950年南澳敲罟作业产量如表1所列。

表1 1947～1949年1～9月及1950年南澳敲罟作业产量

单位：吨

罟艚	1947～1949年1～9月	1950年
胜发联记	88.95	27.98
金启源记	105.6	37.2
合发公记	125	54.8
合兴公记	10.341	22.65
金海兴记		48.93
合计		191.56

注：金海兴记因1947～1949年产量不明，未列入。

资料来源：南澳县档案馆馆藏档案。

罟艚是南澳县渔业"三艚（即犁艚、桁艚和罟艚）"之首，是最大型的集体作业形式，堪称"南澳渔业先声"。每艚罟艚有1～2名富有生产经验与技术的老渔民，称为"长年"，指挥生产，依据季节、潮流、风向风力、水色等因素判断渔场位置。南澳历史上曾出现过许多"长年"，为南澳渔业做出了贡献。新中国成立前后南澳县罟艚作业分布情况见表2，1950年南澳县罟艚作业情形见图2。

① 民国《南澳县志》卷16《实业之渔业》。

② 《饶平新志》，1962。转引自《南澳县志》，第211页。

③ 民国《南澳县志》卷16《实业之渔业》。

④ 据南澳县档案馆馆藏档案。

表 2　新中国成立前后南澳县罟艚作业分布情况

地址	1955 年								新中国成立前后情况	新中国成立前情况
	艚数（艚）	渔业人数（人）	大船			小船				
			数量（人）	载重（吨/只）	作业人数（人/只）	数量（只）	载重（吨/只）	作业人数（人/只）		
隆西	5	1164	10	17.5	16～17	165	3.75～4	6	1949～1951 年 3 艚，1952 年末 4 艚，1953 年末至 1955 年 5 艚	隆澳（隆东、隆西）光绪元年（1875）前后有 28 艚
隆东	3	690	6	17.5	15～17	99	3.75～4	6	1952 年 2 艚，1953～1955 年 3 艚	1913 年前后存 19 艚，1937 年前后存 8 艚
宫前	1	230	2	17.5	15～17	33	3.75～4	6	1950 年前后存 5 艚，1954 年冬发展	
云澳	1	228	2	17.5	17～18	32	3.5	6	1954 年冬发展（11 月）	
深澳	1	215	2	17.5	17～18	33	3.5～3.75	6	1954 年冬发展（11 月）	
合计	11	2527	22			362				

资料来源：南澳县档案馆馆藏档案。

报告人欧瑞木介绍，新中国成立后，“广东全省只有南澳、饶平、潮阳这三个县敲罟作业，总数最多未曾超过 50～60 艚。1950 年粤东地区只有 13 艚。1952～1953 年，敲罟作业生产获得丰收，人们认为敲罟作业简单易学，一网多船，容纳劳力多，投资少，效益高。于是为提高农村生产力水平，广东省有关部门提出‘全面推广敲罟作业’，各地就大力发展起来。1952 年后宅北面村章嘲（1912～1975，字振玉，1957 年被评为南澳县第六届劳动模范、广东省二水产模范）等 4 名长年，被聘请到惠来县当技术指导。南澳自身的敲罟作业也达到 8 艚，1955 年增至 11 艚。截至 1957 年 4 月，汕头地区有 78 艚。1954 年福建省水产部门也聘请广东广澳技术员进行试验推广，至 1957 年福建全省达 60 多艚，1962 年达 87 艚。受到广东的广澳、南

图 2　1950 年南澳县罟艚作业情形

资料来源：笔者收藏旧照片。

澳和福建的敲罟作业转移到浙南渔场生产的影响，浙江省也大力发展敲罟作业，至 1957 年有 147 艚”。[①] 据 1975 年 10 月统计，广东、福建、浙江三省已有罟艚作业 280 余艚。

罟艚作业大小鱼一网打尽，“部分鱼类由于声波刺激，突然上浮，受到水压的影响，把胃及鳔吐出口外，鱼眼凸出”。[②] 光绪十六年（1890），南澳同知刘传林（字东生，江苏上元人）作《鼓艚歌》：“鼓艚打鼓摇洪蒙，千丈直下冯夷宫。鱼脑痛裂迷西东，僵卧泛泛铺晴虹。两艚对出如两龙，三二秋叶浮长空。鼓公鼓母枝正同，枞金戞玉声玲珑。黄花出水片片红，朱髻赤鬣美驼峰。庚氏辛氏歌雍，金穴只在反掌中。波涛枕席乐无穷，尔曹慎勿贪天功。茅檐亦有穷愁翁，前年闻说家犹丰。”[③] 刘传林任职南澳时期正是南澳罟艚作业鼎盛之时，他一针见血地指出罟艚对渔业资源的破坏极为严重，“鱼脑痛裂迷西东，僵卧泛泛铺晴虹”，是对鱼类资源破坏的描写，而“茅檐亦有穷愁翁，前年闻说家犹丰”，是对渔业资源的波动和生产不稳

① 据报告人欧瑞木口述。

② 《南澳县志》。

③ 民国《南澳县志》卷 22《艺文》。

定性的形象刻画。这首诗入木三分地切中了罟艚弊端。事实上，罟艚作业的兴衰随着大黄鱼的多寡而发展。汕头地区是广东大黄鱼（在石首科鱼类中对声音最敏感）的主要产区，1954 年收购大黄鱼 7000 多吨，至 1959 年只有 400 吨，而 1961 年大黄鱼已经成为珍稀了。① 1956～1962 年春、冬季罟艚生产情况如表 3 所示。

表 3　1956～1962 年春、冬季罟艚生产情况

单位：艚、担

项目	1956 年	1957 年	1960 年	1961 年	1962 年
艚数	10	10	8	9	8
总产	45160	73160	12651	4564	2443
平均单产	4316	7367	1581	507	305

注：春、冬季分别指 1～3 月、9～12 月。1958 年和 1959 年未有相关数据。

资料来源：南澳县档案馆等编《南澳简志》，油印本，1962。

罟艚产业盲目的发展对鱼类资源造成了严重破坏，大量幼鱼被捕或受到声波冲击的影响。1956 年中央提出对罟艚作业要“严格限制、停止发展”，1957 年 5 月国务院发出关于禁止罟艚作业的指示，罟艚作业一度减少。1962 年由于南澳渔场的黄花鱼、海鲶、黄鲫等资源严重枯竭，三艚罟艚转港到浙江平阳县镇下关一带渔场生产，引起当地人们的不满，中央水产部于 1962 年 4 月 29 日电令广东省水产厅“采取必要措施，立即制止在浙的敲罟作业”。至 1962 年底，各地报刊陆续发表了对罟艚作业的评论文章，认为它是一种“杀鸡取蛋”的有害作业，各级政府纷纷做好罟艚渔民的转产工作。1963 年国务院再次规定禁止罟艚作业，从此，罟艚作业真正画上了句号，成为一个历史名词。在南澳也只留下了大雷罟馆路的地名。②

罟艚业的兴衰，使我们知道海洋渔业的发展必须依据鱼类资源自身的周期波动、可捕量和渔具的捕捞效率，制定合理作业布局，也要适时、有序调整渔具数量和作业强度，不能一哄而起搞单一作业，更不能滥捕，破坏自然资源生态平衡，从而确保鱼类资源的延续性和渔业的可持续发展。

《喜缘武庙碑记》对乾隆年间南澳罟艚数量的记载，填补了志书空缺，也为研究当时南澳经济状况、渔业生产规模提供了实物例证。

---

① 据 1962 年 4 月 29 日中央水产部《水产部关于制止浙江敲罟作业的通知》（水产渔字第 34 号）。

② 1963 年 3 月国务院《关于禁止敲罟的命令》。

清末民国潮汕海关碑刻论略

周修东*

清末民国潮汕地区（包括汕头海关管辖的海陆丰地区）有关潮海关历史的碑刻存世不多，在清政府所设潮州海关（常关）系统历史档案较少保存的情况下，有关碑刻是重要的历史印记和资料补充。

一　存世清末民国潮汕地区海关碑刻的概况

清末民国潮汕地区有关海关的碑刻有 17 块（通），现已佚失或仅有文献记载的有 6 块（通）。本文仅就上述有关海关碑刻进行综合分析，主要从以下四个方面进行概括归类。

（一）存在形式

可分为碑刻实物、档案记载的碑刻和尝经眼或传闻但存亡未详的碑刻，略为介绍如下。

1. 碑刻实物

主要存在形式为石碑题刻，既有地界碑，又有告示、禁示碑，也有捐款题名碑，还有其他类型的碑刻（详下）。一般告示、禁示碑和捐款碑有落款日期，如庵埠缅先亭所立《奉宪示禁》，署款日期为“道光二十七年十月二十四日”（见图 1）；地界碑一般没有落款日期，如“庵埠海关地界”碑和妈屿岛“潮海关地界”碑就没有落款日期。

告示、禁示碑有的涉及当时海关管辖业务，如陆丰甲子口的《奉宪示碑》，就是有关乌坎总口因为商船被强征运载兵粮导致税收减少而奉两广总督之命进行规范整治的告示（见图 2）。

---

* 周修东，汕头海关关史陈列馆馆长。

图1　收藏于庵埠缅先亭的《奉宪示禁》

图2　甲子口的《奉宪示碑》

资料来源：郑守治先生提供。

部分碑刻只是署海关官衔，但碑文内容不涉及海关业务，如捐款碑和一些告示、禁示碑；但也有碑刻在碑文中有提及“关口担头”等海关内容。

2. 档案记载的碑刻

有的碑刻见于文献档案记载，而实物暂时未见或已佚。如1908年编写的《汕头常关地位与工作报告》中就抄录了一块澄海县令在汕头永泰路常关验货厂北侧所立地界碑（具体内容详下）。

在潮海关档案中，也有文件记载道：“查常关自归海关兼管以来，凡属常关范围以内之房产地业，皆竖有界石，镌明‘潮海新关地界’字样，向由本关管业。”[①] 可知清末潮海关在接管汕头市区潮海常关的房产时，都在关产上竖有“潮海新关地界”碑。

在陈梅湖手稿（由其孙陈端度整理发布于网络上）中有《故乡进士潮海关监督荥阳夫子墓志铭》，此墓志铭成稿于1949年农历七月，当时适逢新中国建立之际，是否刻石，暂不可考。姑为著录，以存资料。

3. 尝经眼或传闻但存亡未详的碑刻

在居平路原新华书店左侧巷口墙壁上，曾镶嵌有一块海关地界碑，笔者在20世纪80年代末曾亲眼见过，也得到过在该处搭铺卖鞋的女主人的肯定，并称该碑在20世纪90年代他们搭建小商铺时埋在了地基下。

在汕头老市区永泰路（原“永泰直街”）和西堤路交界处一处住宅区的巷口墙上，钉着一块“海关地”门牌，这块地原属于潮海常关置换填地，据说在巷里曾经立有一块新关地界碑，20世纪80年代时还存世。到了2007年初，海关关史陈列馆筹备办同人专程前往寻找该地界碑，只是风雨沧桑，人事已非，该碑已经杳无踪迹了。

如果结合上引档案中所称“凡属常关范围以内之房产地业，皆竖有界石，镌明‘潮海新关地界’字样”。[②] 那么，可以推测居平路和永泰路曾存在的两块海关地界碑应该刻有“潮海新关地界”字样。如果有朝一日居平路开展城市建设，那么埋在地基下的新关地界碑就可以重见天日，具体碑文也就可以确认了。

另外，大约在十年前，笔者曾听黄挺教授说过，他年轻时曾在鮀浦乡下

---

① 《函致本关监督刘》（1926年5月27日），广东省档案馆藏潮海关档案，档案号：全宗413（甲）卷第8950号。

② 《函致本关监督刘》（1926年5月27日），广东省档案馆藏潮海关档案，档案号：全宗413（甲）卷第8950号。

插队，在溪东村一片厕所地见过一块有关海关卡口的石碑，具体内容已记不清楚，这块石碑后来也不知所终。在清末民初，潮海常关总口曾在鮀浦设立“溪东支所”，又称“举丁口”“举丁关”，黄教授所见碑刻之处或许就是溪东支所的旧址，尚待有心人再做一番踏勘考证。

（二）所处地域

大概可分为潮州府地区和海陆丰地区。因为海陆丰地区在清末属于惠州府，在粤海关七个总口时期，海陆丰地区属于乌坎总口管辖，但至迟在1901年7月22日前，乌坎总口被撤为卡口，其管辖各口也一并归属潮州粤海新关管辖，后来历经机构演变，海陆丰地区的海关卡口都属于潮海关和汕头海关管辖。因此，至少从清末光绪二十七年（1901）开始，潮海关的管辖范围就包括了海陆丰地区，本文也就把潮州府地区和海陆丰地区的有关海关碑刻纳入统计和研究范围。

（三）碑刻时期

可分为汕头开埠前、汕头开埠至1911年和民国时期三个时间段。

1. 汕头开埠前

汕头开埠前的历史属于庵埠总口和乌坎总口时期，存世碑刻也以庵埠总口、乌坎总口为主。庵埠总口存有一块早期地界碑和两块嘉庆、道光年间署有“海关榷（税）务”的告示碑。惠来县神泉镇天后宫存有一块涉及“关口担头”内容的《香灯碑记》。乌坎总口存有三块乾隆年间的碑刻：甲子口《奉宪示碑》、乌坎总口有关商船捐纳恩糖和饷钱作为天后庙经费的碑刻（见图3）和乌坎总口税务委员禁止挖土以固港屏的碑刻。另外，碣石存有五块海关捐款题名碑。①

2. 汕头开埠至1911年

这段时间存世的有关海关碑刻以汕头市区为主，主要有两块地界碑，另有存于档案中的光绪十九年（1893）澄海县令在永泰路常关验货厂所立地界碑及尝经眼或传闻但存亡未详的两块“潮海新关地界”碑。

3. 民国时期

这个时期存世的有关海关碑刻甚少，目前仅知有5处。

---

① 甲子口《奉宪示碑》和碣石城隍庙、广福寺、东关庙（高山寺）、广德禅院的捐款题名碑，俱由韩山师范学院郑守治老师提供。特此鸣谢！

图 3　乌坎总口有关商船捐纳恩糖和饷钱作为天后庙经费的碑刻

说明：左为原件，右为复制件。

（1）存心善堂一块 1920 年《表彰善行》捐款题名碑上刻有“潮海关监督兼交涉使谭兆槐”字样。

（2）潮海关钟楼大门左右题刻“潮海大关”和“1919”字样（后来“1919”被改刻为“十年仲夏”），上框刻有英文“CUSTOM HOUSE”字样。

（3）潮海关监督郑浩为郑氏所题墓柱联。潮阳东山曲水流后山水库石梯门口有移自民国郑氏坟墓之墓门石柱。

（4）郑浩为郑祝山所题墓柱联。墓在棉城（城西大道）风吹岩后，为改迁之墓，墓碑为原物。

（5）郑浩为陈梅湖之母林氏太夫人所撰墓前祭堂柱联。联语未详，或已佚。

溪东海关支所的碑刻是否为民国前后所立，暂不可考。

（四）碑刻内容

可分为告示、禁示类，地界碑类，捐款题名类和其他类。

1. 告示、禁示类

从上述可知，此类碑刻有乌坎总口辖区内所存的三块乾隆年间碑刻，即甲子口《奉宪示碑》、乌坎总口有关商船捐纳恩糖和饷钱作为天后庙经费的碑刻和乌坎总口税务委员禁止挖土以固港屏的碑刻；庵埠所存的两块嘉庆、道光年间署有“海关榷（税）务”的告示碑。

乌坎总口的三块乾隆年间碑刻和庵埠道光二十七年十月二十四日（1847 年 12 月 1 日）潮州粮捕水利通判、管理海关税务英濬所立《奉宪示禁》涉及海关征税业务和海关兼管的港务业务；庵埠另一块由“粮捕使者兼海关榷务”即潮州府粮捕通判兼海关委员李辰霄[①]于嘉庆十七年（1812）所立的《捐设祭祀碑文》则不涉及海关业务，仅述其粮捕通判职务内的事务，纳入本文考察范围主要是因为该碑有明确的官衔“兼海关榷务”，据此可补清末庵埠总口海关委员之缺漏。

另有惠来县神泉镇南华居委天后宫《香灯碑记（共议货物出入港门香灯条规)》，碑文中有“照规关口担头每担五厘”“俱照关口担头每担五毫”字样，也涉及神泉海关正税口税则内容（见图 4）。

图 4　惠来县神泉镇南华居委天后宫《香灯碑记》

资料来源：郑守治先生提供。

① 李辰霄，民国《潮州志》据道光《广东通志》写作“李腾霄”。

2. 地界碑类

此类碑刻存世有三块。一块是庵埠总口时期的“庵埠海关地界”碑，原位于庵埠镇万和桥旁，现镶嵌在庵埠缅先亭碑廊上，是历史上庵埠设关的直接见证物。另外两块地界碑在汕头市区范围内，一立于妈屿岛潮海关关产处，刻有“潮海关地界”五字；一立于岩石医生顶潮海关副税务司公馆，刻有“潮海关”三字（见图5）。

图5　潮海关存世的三块地界碑

另外在居平路和永泰路口，曾立有两块“潮海新关地界”碑，20世纪80年代时尚在，现存佚未详。

3. 捐款题名类

陆丰市碣石存有五块海关的捐款题名碑，分别为城隍庙道光三年（1823）十月“粤海关碣石口余安”捐款题名碑、广福寺嘉庆七年（1802）桂月“署海关碣石部税馆”捐款题名碑和道光十四年（1834）腊月“署海关参府曾某”捐款题名碑、东关庙（高山寺）“粤海关碣石口”捐款题名碑、广德禅院“粤海关税口”捐款题名碑（见图6～图10）。其中有三块署款为嘉庆、道光年间，东关庙“粤海关碣石口”和广德禅院“粤海关税口”捐款题名碑时间不详。这五处捐款，三处为以碣石口名义捐赠，两处为碣石口官员以个人名义捐赠。“粤海关碣石口余安”之“余安”，虽不明言为何职，但按照其他捐款人的题名体例，余安应该是碣石口负责人如清书之职，“署海关参府曾某”是以碣石卫参将署理海关税务，此署理海关税务当是碣石口。

在汕头存心善堂，存有一块1920年的《表彰善行》捐款题名碑，其中刻有“潮海关监督兼交涉使谭兆槐”字样（见图11）。

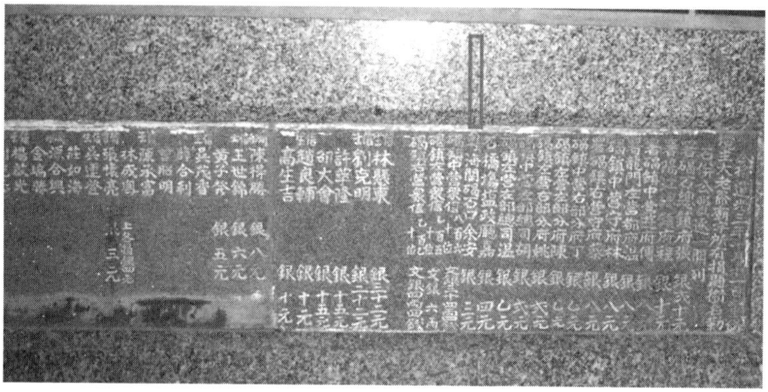

图6　碣石城隍庙道光三年十月“粤海关碣石口余安”捐款题名碑

资料来源：郑守治先生提供。

图7　广福寺嘉庆七年桂月“署海关碣石部税馆”捐款题名碑

资料来源：郑守治先生提供。

图 8　广福寺道光十四年腊月“署海关参府曾某”捐款题名碑

资料来源：郑守治先生提供。

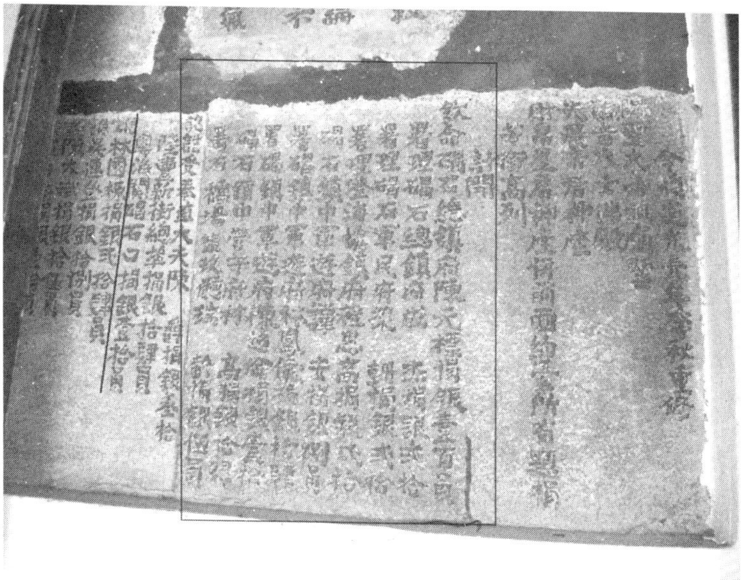

图 9　东关庙（高山寺）“粤海关碣石口”捐款题名碑

资料来源：郑守治先生提供。

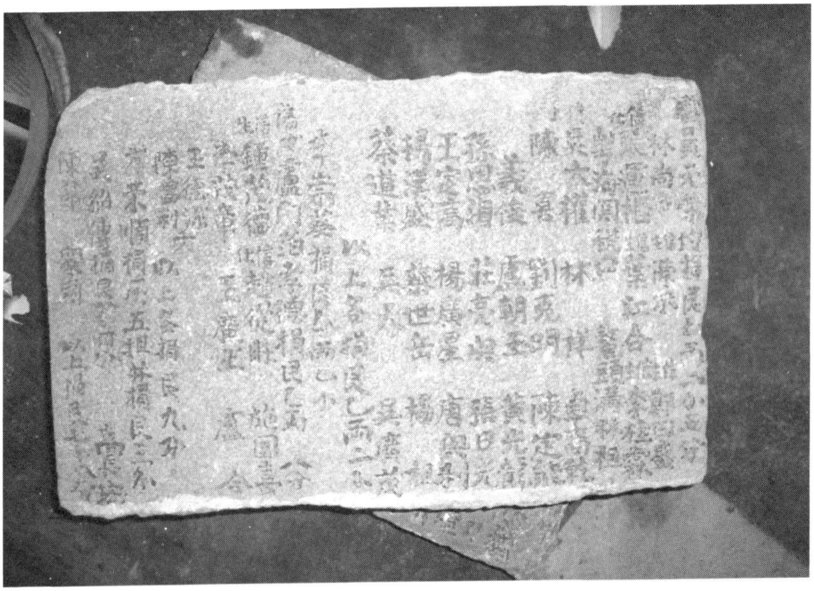

图 10　广德禅院“粤海关税口”捐款题名碑

资料来源：郑守治先生提供。

图 11　存心善堂 1920 年《表彰善行》捐款题名碑

资料来源：陈嘉顺先生提供。

4. 其他类

潮海关钟楼大门两侧的关名和日期题刻，其落款日期在不同时期有不同的表现形式。在 1921 年至 1939 年日本侵占汕头之前，潮海关钟楼大门的题刻是“潮海大关”，落款日期为“1919”。但到了抗战胜利后，据潮海关关员在钟楼大门的合影，落款日期改为了“十年仲夏”，“十年”即民国 10 年（1921）。到了新中国成立后，钟楼大门左侧的“十年仲夏”被凿去，“潮海大关”被换成水泥泥塑“汕头海关”（见图 12 ~ 图 14）。

在钟楼大门横框上原有浮雕“CUSTOM HOUSE”字样，新中国成立后被凿去。2008 年，潮海关钟楼修缮为汕头海关关史陈列馆时，将“1919”“潮海大关”“CUSTOM HOUSE”三处题刻重新恢复。

图 12　潮海关钟楼大门题刻

说明：据民国照片恢复。

图 13　潮海关关员在潮海关钟楼大门的合影（拍摄时间约为 1948 年冬）

资料来源：陈佩伟先生提供。

图 14　新中国成立后的汕头海关

另有署名潮海关监督郑浩的墓柱联三处。

(1) 潮海关监督郑浩为郑氏所题墓柱联（见图 15）。潮阳东山曲水流后山水库石梯门口有移自民国郑氏坟墓之墓门石柱，墓柱为长方形，上有石狮，高约 1 米，侧面相向为九言墓联：“峰起天皇□，张开胜地；□围玉带源，曲绕佳城。”落款为“潮海关监督族叔□[①]浩拜赠”。隶书，上下联各有一字被挖去。据 1921 年郑氏墓碑，此潮海关监督“□浩”当即 1917 年担任潮海关监督的郑浩，此墓约修建于 1921 年或稍后，墓主为郑浩族侄，名不详。

图 15　现移至东山曲水流后山水库处的郑浩题刻墓柱石

（2）潮海关监督郑浩为郑祝山所题墓柱联（见图 16）。墓在棉城（城西大道）风吹岩后，为改迁之墓，墓碑为原物。柱联正面为：“口会龟蛇灵气萃，形成飞凤结穴真。潮海关监督叔浩拜赠。”1920 年 11 月立。

（3）潮海关监督郑浩为林氏太夫人所撰墓前祭堂柱联。陈梅湖《哭郑义卿夫子》其一自注：“迨先妣卒，师又撰墓前祭堂长联，刻于石柱，而元首旌表先妣玺书，今犹敬谨宝藏。”该联联语未详，或已佚。

① □：此处为空格。

图 16　郑祝山墓及郑浩所题墓柱联

资料来源：姚钟尧先生提供。

也有涉及潮海关的墓志铭。如陈梅湖《故乡进士潮海关监督荥阳夫子墓志铭》，见于陈梅湖存世稿本，由其孙陈端度整理发布在了网络上。

另外从碑刻的形制大小和书法形体等方面还可以进一步分类，因与本文研究内容关系不大，也非笔者所长，兹不赘述。

二　有关存世碑刻对潮海关历史研究的作用

碑刻为无声之文献，其史料价值毋庸置疑。本文仅就潮海关有关碑刻对潮海关历史研究的作用略为分析如下。

（一）碑刻是潮海关历史的实物见证

潮海关历史档案以传世文本为主，碑刻作为见证历史的实物，具有不可代替的作用，特别是在文物展示和考古研究上发挥着独特的实物优势。碑刻可以更加直观地反映历史事件，也可以让观众亲眼能见、触手可摸，使海关历史更具有现场感和亲历感。

（二）碑刻内容一般与传世档案和志书记载内容各有侧重

从上述存世有关海关碑刻可以看到，这些碑刻主要有告示、禁示碑，地界碑和捐款题名碑，地界碑和捐款题名碑一般为公文档案和志书记载所忽略，而告示、禁示碑如果不涉及海关的业务内容，一般也不会为档案所收录。而这些不为档案所收录的碑刻，却可以弥补海关档案在这方面的不足，可以从不同侧面来反映当时的某个事件或细节，可以对海关历史研究起到补充史料和实物佐证的作用。

（三）碑刻可以补充某一地区某个时段传世档案、文献记载之缺失

潮汕地区的海关档案，主要是汕头开埠后实行洋税务司制度的潮海关档案，潮州海关总口在汕头开埠之前的档案甚为罕见，开埠后至民国成立前潮州常关总口的部分档案有可能归到了粤海关监督公署的档案中，现藏省档案馆，具体尚未经眼，估计数量也不会很多。其他零星史料见之于《粤海关志》和部分志书。

上述乌坎总口、庵埠总口的碑刻大都集中在道光年间之前，可以填补乌坎、庵埠海关档案在这段时期文献之不足。如出版于道光年间的《粤海关志》，其记载庵埠总口海关委员由潮州府海防同知兼任，职官表录至道光五年，其后的庵埠总口海关委员则未有专门文献记载。我们通过考察存世的《奉宪示禁》碑可知，道光二十七年，兼管海关税务委员的是潮州粮捕水利通判英濬，而且此时庵埠总口海关委员已经不是由潮州府海防同知兼任，而是由粮捕水利通判兼任。

从立于嘉庆十七年的《捐设祭祀碑文》可知，嘉庆十七年曾由潮州府粮捕通判李辰霄兼任海关委员，而这却为《粤海关志》所漏载。《粤海关志》仅载及嘉庆三年（1798）的何钟、嘉庆十一年（1806）的李青云、嘉庆十三年（1808）的普裕和嘉庆二十年（1815）的邬正淞，这些兼任委员均为潮州府海防同知，而嘉庆十七年兼任海关委员的潮州府粮捕通判李辰霄显为漏载，据此碑刻可以补其阙。同时，可见在嘉庆年间，已经有潮州府粮捕通判兼任海关委员之先例，当然，李辰霄当时也有可能是兼署潮州府海防同知而连带兼任海关委员。到了道光后期，由通判兼任海关委员成为常态，如咸丰九年（1859）潮州府通判林朝阳兼任海关委员。

如果把视线放在光绪年间海关委员的兼任情况，那么，从杨伟翻译的

《汕头常关情况报告》[①] 中可以见到，在 1901 年 7 月 22 日以前，潮州粤海新关就已经实行由两位海关委员管理，这两位委员分别由驻扎庵埠的潮粮厅通判和驻扎礐石的海防厅同知兼任。据此也可以佐证潮州府通判兼任海关委员在道光后逐步成为常态。

三　存世海关碑刻研究和多重证据法的应用

海关碑刻研究既要重视田野调查的存世实物，也要收集文献、档案中所记载的已佚失碑刻的文字内容，并结合有关历史背景和其他文献档案资料进行综合分析、研究，从多个角度来互相佐证碑刻所处年代所发生的历史事件，并进一步揭示其背后的历史意义。

（一）存世海关碑刻的使用和研究

对存世碑刻文字的使用，除了现场踏勘拓印或移录文字外，也可以引用有关著作、刊物中已经整理刊载的碑刻文字，但在引用时应该鉴定有关碑刻文字的整理是否可靠，最好还是以拓片、照片进行校对或现场移录文字较为妥当。如在《粤海关惠州总口设于甲子、乌坎沿革略考——兼论海陆丰分治对惠州总口之影响》一文中，笔者最初因没有时间去陆丰甲子现场校对《奉宪示碑》，也没有认真依据郑守治老师提供的有关照片校对碑文，使得引用的碑刻文字多所错漏。当然，首先要感谢许振沛同学《陆丰甲子〈奉宪示禁碑〉浅析》[②] 一文提供该碑刻的文字，但因为许同学在移录和校对碑文时尚存在漏录和个别字错误，加之笔者没有用心去寻找拓片或照片进行校对，使得拙文发表在《海关文献与近代中国研究学术论文集》后，[③] 现在重新依据郑老师提供的照片进行校对才发现存在不少错漏，实在汗颜。现将重新校对过的《奉宪示碑》移录如下，以为拙文勘误之用：

① 《汕头常关情况报告》（1901 年 7 月 22 日），杨伟译，旧中国海关出版物第五系列办公系列（Office Series）第 73 号，第 62 ~ 68 页。

② 许振沛：《陆丰甲子〈奉宪示禁碑〉浅析》，韩山师范学院教务处编《斯土斯民：〈潮汕历史文化〉、〈潮汕区域史〉课程学生作业选编（2000—2011）》，2011，第 100 页。

③ 吴松弟主编《海关文献与近代中国研究学术论文集》，广西师范大学出版社，2018，第 147 ~ 162 页。

奉宪示碑

特授广东惠州府正堂、加三级、记录十一次李　为饬行严禁事。/乾隆三十七年二月十五日，奉/总督两广部堂、昭信伯李（待尧）批：据委管广东惠州总口税务、惠州府经历仟德禀称："卑职窃查乌坎口递年额征税银五千/五百一十余两，全仗商船云集，往来装载客货，轮纳饷项，其余贩艚等船在本口往来约有二百余只，载运柴、炭、海壳等物，/例不收税。近来商船稀少，比较多有不敷。细察其故，缘陆丰县每年四季应运碣石、甲子二处兵米，向系籍雇蛋船装载，因/其苦累，蛋船星散。于乾隆三十五年内始封商船运往，即如现在应解夏季之米，而该县先于二月出票，赴口封船，差役水/练经络不绝，未免追呼滋扰，及至装运米石押赴该处斛收，又需守候多时，往还之间，约二三月之久。商船以装载客货为/业，运一处即误一季之生理，甚至受额外赔累之苦，是以一闻封船，即丧胆远飙，以致税饷日见其绌，守口人役赔累维艰。/兹卑职委期已满，目击情形，冒昧续陈：可否仰邀格外洪慈，饬令该县设法另押别船起运，免封商船，则税饷丰盈，而兵糈/亦不致有误矣。缘由奉批，查陆丰县递年应解碣石镇标兵米，按季起运，每处不过一千余石，需船无几，且有运载文第[①]，自/应公平雇佣，何至蛋艇、商船闻风远避。且夏季之米亦无庸于两月之前封船守候，是否办理不妥，以致差役籍端滋扰，仰/惠州府严查饬禁，仍令该县将每次运送兵米需用何项船只若干、每只给价若干，酌定成规，通禀察核，该府一面出示船/埠，通行晓谕，嗣后只许雇佣守空民船，其余商货客船不得混封扰累，倘有差役需索，一经访闻，或被告发，严拿究详，毋得/宽纵。至税口比较不敷，并饬该委员严密稽查，以防偷漏，在口人役，不得籍称业已禀明，通同弊混，致亏课饷大干，未便市/井。因到府。奉此，合行出示谕禁。为此，示仰该埠船户人等知悉，嗣后陆丰县起解碣石兵米，止许雇佣守空船民船，照例给发/价值，其余商、货、客船，不得混封扰累。倘不肖差役人等籍端需索，一经访闻，或被告发，立即严拿详究；倘该船户人等籍称/船只破烂，不行装载，有误军糈，一并严拿治罪，断不宽贷。各宜凛遵毋违。特

① 第：此字未确，暂系于此。

示。　右仰粤海关舍人[①]募□□□[②]/乾隆三十七年三月初二日示发，仰甲子口实贴晓谕。

其实这个问题我在《宋潮州七贤年谱》中移录《广东碑刻集》所载《宋故朝郎守尚书屯田郎中知海州军州兼管内劝农事轻车都尉赐绯鱼袋借紫罗公墓志铭》时也曾经出现过，主要是因为找不到原碑刻的拓片或照片而无从校对，因此造成部分文字的谬误。如果条件允许，还是要尽量找到原碑的拓片或照片予以校对，以减其憾。

（二）海关碑刻研究既要重视田野调查，也要收集文献、档案中所记载的已佚失碑刻的文字内容

上文谈到1908年编写的《汕头常关地位与工作报告》中录有一块澄海县令在汕头永泰路常关验货厂北侧所立地界碑，现将其碑文移录如下：

汕头关湾泊红船水坪地，现经万年丰会馆绅董禀奉关督宪，准填于濒海，岸上除马路二丈外，划出五丈由新关建造验货厂，其余地段均归会馆管业纳租，其红船湾泊右畔以丁家毗连公路划直，竖石为界。光绪十九年十月吉日　　澄海县立界。[③]

从这篇碑文中，我们可以得出汕头开埠前后红头船的停泊之处就在西堤永泰路附近的红船湾水域，因此也出现了便于对红船进出口监管征税的潮州总口验货厂的设置，万年丰会馆也随之在此建立，并建设妈祖庙等配套建置。

在潮海关档案中，也有文件记载汕头市区常关总口归属潮海关管辖之后，潮海关专门对常关范围以内之房产地业重新竖立界石，镌明“潮海新关地界”字样。[④] 据此可知，在汕头市区潮海常关的房产都竖有“潮海新关

---

① 粤海关舍人：此处“舍人”或为粤海关甲子口负责人属下左右亲信或门客。另“右仰粤海关舍人募□□□”刻字偏小，疑为立碑后加刻。

② 募□□□：许振沛《陆丰甲子〈奉宪示禁碑〉浅析》释读为“募税官叶”，似不甚确，疑为“募镌管业”，尚待详考。

③ 潮海关署理税务司夏立士（A. H. Harris）指导、验货员康普金（W. H. Campkin）撰写《汕头常关地位与工作报告》，杨伟译，杨伟编《潮海关档案选译》，中国海关出版社，2013，第119页。

④《函致本关监督刘》（民国十五年五月二十七日），广东省档案馆藏潮海关档案，档案号：全宗413（甲）卷第8950号。

地界”碑，这对上述曾经经眼或传闻的居平路、永泰路两块海关地界碑起到佐证作用。

另外，在清代、民国有关诗文集中，也可以寻找到涉及潮海关人物的墓志铭类题刻，如陈梅湖文稿中就录有《故乡进士潮海关监督荥阳夫子墓志铭》，记载了潮海关监督郑浩的生平履历及其任职海关期间的事迹。

在诗文集中还能偶尔发现一些碑刻线索，如陈梅湖在一首诗歌自注中，就言及潮海关监督郑浩为其母林太夫人的墓前祭堂撰写长联，并刻于石柱上。虽然联语内容未悉，该柱联存佚未详，然据此亦可略备一说，以见海关人物之交游题赠情况。

（三）有关海关碑刻的研究，还要结合有关历史背景及文献档案资料进行综合分析

要从多重证据、多个角度来充分利用有关文献档案资料，互相佐证碑刻所处年代所发生的历史事件，开拓研究视野，进一步揭示其背后的历史意义。

一些海关碑刻可能文字有限、内容局限，但随着有关文献档案资料的掌握和联系，可以将散见于碑刻、档案和文献甚至口述历史资料等零星史料的各个点串联起来，由点到线，线与线交叉联系而逐渐连成一面，将之置身于历史背景下，某个历史场景便会豁然开朗，使得某个历史真相得到考证，这时候有限的碑刻资料在其中所起的作用也就灵动、鲜活起来，成为历史考证的某个关键一环而熠熠生辉。

如拙作《粤海关惠州总口设于甲子、乌坎沿革略考——兼论海陆丰分治对惠州总口之影响》通过甲子、乌坎存世的三块有关海关的乾隆时期碑刻，考证乌坎总口在乾隆年间的史实，可以得出如下结论。

其一，碑中记载，在乾隆三十年（1765）一月至四十二年（1777）十一月这段时期，惠州总口已改设在乌坎口。据考证，大约在乾隆十五年（1750）至三十年，惠州总口已经从甲子口迁至乌坎口，此后乌坎口作为惠州总口一直没有发生改变，直至清末被撤销。

其二，在乾隆五十一年（1786）由惠州府同知兼任惠州总口委员之前，乌坎总口委员是由候补直隶州左堂（即候补直隶州同知）质某、惠州府经历仟德等佐杂兼任。可作为乾隆十五年十二月两广总督陈大受上奏“请遴委佐杂，分口征收”之佐证。

其三，乌坎口在乾隆三十七年（1772）的征税额为银5510余两，当是整个乌坎总口（惠州总口）的全部税额。查《粤海关志》，在道光年间乌坎总口正税每年额征银1100两，而合计《粤海关志》所载“惠属各口”税额，则为7100两，与乾隆三十七年征税额相比，增加近1600两。可见到了道光年间，惠州总口的征税额有了一定的增长。

其四，海关税口附近大都建有天后宫，如“仰甲子口实贴晓谕”的《奉宪示禁》碑就嵌在甲子天后宫内墙壁上，乌坎总口在乌坎天后娘娘庙附近，神泉、碣石、平海、墩头和靖海各口附近也建有天后庙，这从《粤海关志》所载各口地图可以直观看出。乌坎天后庙的“年间费用”，由惠州总口在乾隆四十二年报请两广总督同意，从乌坎港运往上海、苏州的白糖，每船捐献恩糖12包，并捐税银170文，“存为乌坎天后娘娘庙内年间费用之资”，并立石以为定例。可见海关各税口大都设在商船进出港口，而商船又仰望妈祖保佑平安，商船往还平安，各税口自然税收增加，无形之下税口便与妈祖互为左邻，甚至由总口出面呈请两广总督抽取税捐、船户捐献恩糖作为妈祖经费，那么二者之间就有利益牵涉，互为衬托了。

其五，乌坎正税口对来往商船所装载客货征收税饷，对往来本口载运柴炭、海壳等物200余只“贩艚等船”例不收税。据《粤海关志》，乌坎正税口所征收商货，进口有黄糖、白糖、杉木、寿枋、缸瓦、葵衣、葵扇、灯草、豆子、米麦、烟叶等物，出口有咸肉、咸鱼、生猪和盐等物，从量计税，但未及“柴炭、海壳等物”。黄糖、白糖为乌坎出口大宗，因此，乌坎天后娘娘庙才特地从白糖出口运输船只中抽取恩糖和税银作为该庙的经费。

其六，由于陆丰县每年四季运送兵粮至碣石、甲子两所，于乾隆三十五年（1770）封商船运送，致使商船生业受累而逃避，以致乌坎口“税饷日见其绌，守口人役赔累维艰”。经惠州总口税务委员仟德呈报，始由惠州知府奉两广总督李侍尧批示出示严禁，“嗣后陆丰县起解碣石兵米，止许雇佣空船民船，照例给发价值，其余商、货、客船不得混封扰累”。可见船业是否正常运作影响到税收的征集及关员的利益。

其七，惠州总口委员还负责港务管理，并就“禁止邑民前往港前虎头山挖土，以固港屏”事宜出示晓谕，树立禁碑。

文中进而结合《清实录》及《粤海关志》的有关史料，考证出清康熙二十七年（1688）或稍后在惠州设置总口时，惠州总口先是设在甲子口岸，大约在乾隆十五年至乾隆三十年惠州总口才迁至乌坎口岸。

在潮海关钟楼大门的三次不同题刻，也是可以见证钟楼沿革的历史印记。如大门左侧题刻“1919”是根据旧照片恢复的，结合《中华民国十年汕头口华洋贸易情形论略》：“七月二十五日，本关迁入新建办公屋宇，适逢其时，盖新关建筑既属完美，坐落海旁，地势又得适宜，而办公人员更形利便。”及潮海关档案中钟楼举行落成礼请帖：

> 谨诹本月九日即星期二上午十一点钟为潮海大关举行落成礼，敬攀台旌贲临，指示礼节，藉叨光宠，祇领教言，曷胜荣幸。便章是荷。
>
> 潮海关监督陈其尤、税务司伟克非谨启。①

据《新编万年历》，1921年中9日为星期二的月份，只有8月。那么，我们可以推论出，潮海关新办公楼（钟楼）于1919年开始动工建设，1921年建成，7月25日（农历六月廿一日）潮海关办公地点由居平路原潮海关办公楼搬到新址，8月9日举行落成典礼。大约在20世纪三四十年代，大门右侧“1919”的题刻被改刻为“十年仲夏”②。至新中国建立，钟楼大门左侧“十年仲夏”被凿去，“潮海大关”换成水泥泥塑“汕头海关”时，钟楼大门横框上的浮雕“CUSTOM HOUSE”也被凿去，这也是见证时代的历史痕迹。到了2008年，海关钟楼修缮为汕头海关关史陈列馆时，重新将“1919”“潮海大关”“CUSTOM HOUSE”三处题刻进行了恢复。因为有这些题刻和有关照片、档案的互相佐证，才使我们对钟楼的这段历史有了重新认识，也为后代提供了历史借鉴。

通过上面将题刻和档案资料相结合的讨论，我们可以进一步对以海关钟楼为背景的“集益银票”上的日期进行考察（汕头海关关史陈列馆所藏集益银票为陈景熙教授所赠），银票上的日期是“民国三年”，即1914年，有人因此认为此银票发行于1914年，进而推论海关钟楼建于1914年之前。如果我们没有上面的题刻和档案资料作为佐证，很难否定海关钟楼建于1914年之前这种推论，但是经过上述讨论，我们可以得出这个结论，集益银票初版当是创于1914年，但到了1921年或稍后，该银票也赶时髦，将银

① 《潮海大关举行落成礼请贴》（民国十年十二月十四日），广东省档案馆藏潮海关档案全宗，第604卷。笔者按：此原件系红纸，夹在潮海关全宗604卷中间，无具体档案号。

② 仲夏即农历五月，与1921年农历六月廿一日潮海关办公楼落成时间不符，究为何因，待考。

票背景改换为建成后就成为汕头标志性建筑的海关钟楼，但原版其他部分的内容并没有一起更改，因此才会出现这张银票上署款时期是“民国三年”，但银票背景是建成于1921年的海关钟楼这种情形。这种情形在当时可能不算一个问题，但在一百年后的现在，就会让人出现误读和错版的感觉。这也可算是银票印制的一件可资谈助的轶事。

小 结

本文只是对部分海关碑刻进行综合研究的一些心得体会，但对有些信息含量较少的碑刻，特别是地界碑和捐款题名碑，可以利用研究的内容不是很充分，有时感觉无从下手。如果在某个时段某个地区能收集到一定的数量，且有其他相关档案、文献支撑，当资料积累到某个量变时就有可能达到质变，取得某个研究方向的突破。郑守治先生分享的五块捐款题名碑，已经达到一定的量，接下来如果能够找到相关的档案、文献资料予以支撑，还是有可能获得一定的研究成果的。

庙宇、义山与海外华人社会建构：19世纪砂拉越古晋潮人社会的案例[*]

陈景熙[**]

引言：问题、对象与材料

宗教与社会的关系问题，素来为人文社科领域所关注。近年来，关于马克思主义宗教观的讨论，特别是中国宗教与社会和谐发展的讨论，日益成为中国宗教学界的热门话题。[①] 本文拟以海外华人义山、庙宇等宗教平台与海外华人社会建构的关系为切入口，探讨华人宗教与华人社会和谐发展的学术问题，期望借此他山之石，以攻本土之玉。

在海外华人社会研究领域，华人移民海外之后，在侨居地的社会建构和本土化适应，是广受学界瞩目的研究课题。1948年至1949年受英国殖民部社会科学理事会资助前往砂拉越（Sarawak）进行学术研究的田汝康博士就指出：

> 在东南亚的华人移民面对和中国国内截然不同的地理、经济和社

* 本文为国家社科基金项目“马来西亚槟城华人义山碑铭整理与研究”（项目编号：17BZS035）的阶段性成果，原载《世界宗教研究》2020年第2期。本文在资料收集方面，得到了砂拉越华族文化协会、古晋潮州公会，古晋沈汉忠先生、刘宣汉先生、林映奇先生，诗巫本固鲁蔡雄基先生、蔡增聪老师、拿督刘乃好先生、朱敏华老师，潮安县刘兆涛先生、沈观煜先生、刘敏老师和门生林伟钿、邓进升热情襄助，谨此敬致谢忱！

** 陈景熙，汕头大学文学院教授、潮汕文化研究中心主任、宗教文化研究中心主任、汕头大学图书馆馆长。

① 卓新平、裴飚、龚学增、郑筱筠：《对话当代马克思主义宗教观》，《世界宗教文化》2010年第6期；卓新平：《中国宗教理解的难度与希望》，道教之音，http://www.daoisms.org/article/zjyj/info-20902_2.html。

会挑战。带着他们既有的华人社会经验，这些移民社群以特定的方式来应对新环境中的挑战和一些持续发生的变化。我自己设定的问题就是要找出这是个什么样的应对方式。[①]

实际上，从1950年完稿、1953年修订的结项成果《砂拉越华人社会结构研究报告》(*The Chinese of Sarawak*: *A Study of Social Structure*) 看来，田汝康采用的方法是从社会和经济的层面，对所研究的对象砂拉越侨民群体进行社会结构分析，力求借此“窥探到这个区域内的一些运作模式和要素”。[②]

按田氏自述，其田野调查点，“锁定在英殖民地砂拉越第一省”，“砂拉越第一省是个城乡混合区，这两种社会环境在经济层面上是唇齿相依的。乡区依赖城镇或市集分销进口商品，市集中心则依赖乡区来收集主要出口物产”。在城镇区方面田氏以砂拉越第一省乃至于砂拉越之首府古晋坡(Kuching) 为考察地点，“因为相较于其他地区的市集中心，古晋市区居民包含几乎所有的不同方言群，它是最能全面研究方言群关系的地方”。[③]

田氏在报告中，概括出砂拉越境内有十类方言群：福州人、兴化人、福建人（即闽南人)、诏安人、潮州人、广东人、雷州人、海南人、客家人，以及包括江西人、安徽人、桂林人等的“南部华语群”。而古晋华人，主要是福建人、诏安人、潮州人、广东人、雷州人、海南人、客家人和江西人、安徽人。[④]

上述方言群中，福建人、潮州人在历史上曾控制着古晋乃至于砂拉越的商业界。蔡增聪指出：

1840年代末，福建、潮州华商开始在古晋立住了脚，随后从最初从事土产及零售交易，到最后拓展至种植、出入口、航运及服务业，标志着这两股新崛起的商业势力已牢控了古晋，或者更确切的说砂拉越大部分的商业活动。……在砂拉越历史上，尤以拉者布洛克（1841年起）及英殖主政时期（1946—1963)，此二属对砂拉越经济所发挥的影响，

---

① 田汝康：《砂拉越华人社会结构研究报告》，林青青译，砂拉越华族文化协会，2013，第3页。

② 田汝康：《砂拉越华人社会结构研究报告》，“作者序”，第i页。

③ 田汝康：《砂拉越华人社会结构研究报告》，第2~3页。

④ 田汝康：《砂拉越华人社会结构研究报告》，第21~26页。

以及对砂地方乡镇开发所做出的贡献，实不容吾人所稍加忽视。①

田农也认为：

早期潮州人大多居住在古晋及近郊一带，古晋市区的华人也以闽南及潮州两属为多。②

研究砂拉越华人社会的学者，大多认可上述共识。但是，现有的砂拉越华人社群研究的成果，还是集中于武装抗击英国统治者的石隆门矿区客家人和黄乃裳率领下开拓诗巫的福州人，对砂拉越潮州人、闽南人的研究成果甚少，我们对以古晋、成邦江为主要聚居点的砂拉越潮州人的早期社会建构方式、结构状况、建构模式，其实不甚清楚。这也是我们从整体上认知砂拉越华人社会文化史乃至于婆罗洲华人社会文化史时遭遇到的瓶颈之一。

由此，受田汝康的启发，在蔡增聪、田农二文的基础上，本文主要以今属东马来西亚的砂拉越州古晋市亚答街上主祀玄天上帝的上帝庙的建立为中心，以上帝庙和古晋华人义山粤海亭的匾额、楹联、碑记、墓碑、土地契约等为研究资料，梳理19世纪中后期砂拉越古晋潮人社会的建构方式与结构状况，讨论庙宇、义山等华人宗教平台的创立在海外华人社会建构过程中所发挥的社会作用。③

一　古晋上帝庙的核心缔造者："义安郡"

郑良树曾考察了马来西亚各地的潮人社团，他认为：

一般上来说，早期创办的会馆，其历史背景大概和中国家乡有着密切的关系。或从家乡迎接家神玄天上帝，或从家乡迎接列圣祖牌，

① 蔡增聪：《十九世纪布洛克王朝拓疆时期，砂拉越福建、潮州商业势力的扩展》，《砂拉越华人历史与社会研讨会论文集》，砂拉越华族文化协会，2000，第41～42页。

② 田农：《潮州人在砂拉越的拓殖与经济活动》，《田农文史论集》，砂拉越华族文化协会，2004，第24～25页。

③ 至于砂拉越古晋潮人社会的商业网络，笔者拟另文讨论。

> 然后自家庙神宫发展成为新式的会馆。从这个发展轨迹来观察，我们就知道早期会馆和宗教信仰的历史关系了。①

砂拉越古晋潮州公会的起源，就是当地潮人社群的玄天上帝信仰。1964年朱伯闻在《古晋潮州公会史略》中说道："古晋潮州公会的前身是顺丰公司，而顺丰公司又滥觞于'老爷宫'，就是玄天上帝庙。"② 陈约翰因此认为，古晋上帝庙是"庙宇而同时具有会馆作用"。③

对于古晋上帝庙的创建时间，古晋潮州公会于1966年编印的《砂朥越古晋潮州公会百周年纪念特刊》等纪念特刊中，通常引述一则古晋父老的口述材料并进行推断：

> 据父老相传，上帝庙曾两次毁于火。考古晋曾发生过两次大火，一次在1844年1月20日，另一次在1884年1月20日，都是华人新年前后香火最旺的季节。凡是庙宇的设立，当然是在有了信奉的善男信女之后。如果上帝庙第一次毁于1844年的那次大火，那么在布洛克王朝建立时，古晋已有相当多的潮属居民了。④

据上，古晋潮州公会当局认为，古晋上帝庙很可能在1844年之前已经立庙，后毁于1844年大火。在此基础上，《古晋上帝庙递嬗史略》推论说：

> 第一次毁于大火的上帝庙，应当不是在目前的原址，或许那时一切都属草创，最初的上帝庙也属简陋的建筑。⑤

---

① 郑良树：《潮州人之社团》，郑良树：《马来西亚·新加坡华人文化史论丛（卷一）》，南洋学会，1982，第91页。

② 朱伯闻：《古晋潮州公会史略》，刘宣强、朱洪声主编《砂朥越古晋潮州公会百周年纪念特刊》，古晋潮州公会，1966，第85页。

③ 陈约翰：《砂拉越华人史》，梁元生译，正中书局，1985，第69页。

④ 朱伯闻：《古晋潮州公会史略》，刘宣强、朱洪声主编《砂朥越古晋潮州公会百周年纪念特刊》，第85~86页。又见《本会史略》，《古晋潮州公会创会壹佰二十五周年纪念特刊》，1989，第83页；《古晋上帝庙递嬗史略》，古晋潮州公会上帝庙保管委员会：《古晋上帝庙壬申年纪念特辑》，1992，第18页；《古晋潮州公会简史》，《古晋潮州公会创会壹佰肆拾壹周年纪念特刊》，2005，第27页。

⑤ 《古晋上帝庙递嬗史略》，《古晋上帝庙壬申年纪念特辑》，第18页。

古晋上帝庙前2007年所立《玄天上帝庙简介》碑更进一步推断：

据相传，早期的上帝庙俗称老爷宫，是建筑在顺丰街（原注：现在海唇街），后来迁至木扣街（原注：现在亚答街），当时的神庙是属于十分简陋的建筑物。

不过据古晋上帝庙大殿龙旁墙壁上的光绪十五年（1889）《重修碑记》，情况未必如此，碑刻（见图1）及碑文如下：

重修碑记

窃维宫庙之设，所以妥侑神灵，锡兹祉福，典至巨也。我商等别邹鲁之乡，入荆越之地，则见赫赫上帝，骏德达于遐方；濯濯厥灵，鸿功振于殊俗。感神德之帡幪，愧庙垣之未立，心伤目击，未免黩神抱痛耳。众乃顾而起曰："吾闻神聪明正直，福仁祸淫。夫仁人之安，宅也。有神在，苟无庙，宅以立之，其何以无贻神明羞？"由是人心雀跃，皆萌作庙之思，众志豚诚，愿怀筑宫之意。同治二年癸亥葭月间，遂卜其地于亚答街处，即颜其额曰"上帝庙"焉。斯时，辱在羁人，藉俎豆以求佑；何知妇女，习拜跪以告虔。求亥市之金，卜符乎满；来丁男之问，吉叶象乾。无不感之人心，无不神之灵应。窃谓乃寝既歌，即极之百世、百年，应无坏宗子之城耳。讵意癸未间，坡遭回禄，庙成乌有之乡；时当祝融，宇皆不毛之地。濯濯若彼，洁已比于童山；烈烈如焚，容已灭于火帝。时有过而见者，莫不踊跃争先，出其言以示我邦众曰："我上帝巨镇海邦，声灵赫濯，历古如昭矣。况夫商等列廛肆以鸠居，屡蒙神佑；寄异方而燕处，共荷神庥。倘当此火灭之秋，不复起再造之想，将地成白壤，适撄神怒之加，土皆青芜，何堪馨香之祝。"丁亥，众再捐其项，购宇买基，以为上帝庙所，至己丑春庆落成。新庙奕奕，屋无叹夫瞻乌；聿宇皇皇，居已安夫息燕。我商人缔造有志，既集腋以成裘，彼上帝灵爽式凭，定降祥于旅客。是为序。

大清光绪十五年岁次己丑孟冬月吉日，义安郡司事等同立。[①]

---

① 华侨大学专门史华侨华人史方向2013级硕士生邓进升抄录，笔者校点。

图 1　《重修碑记》

由《重修碑记》可知，古晋上帝庙在同治二年癸亥（1863）十一月创建于亚答街，毁于光绪九年癸未（1883、1884）大火，光绪十三年丁亥（1887），“众再捐其项，购宇买基，以为上帝庙所”，易址或扩展基址（即今址，同样是在亚答街上）重建，光绪十五年己丑（1889）春落成。与之互证的史料是，今天古晋上帝庙中，栋梁铭文为“大清光绪拾叁年岁次丁亥瓜月穀旦建立”，而庙中悬挂的庙宇落成时立的匾额、楹联皆为光绪十五年岁次己丑置立。

而在同治二年之前，古晋玄天上帝信仰的状态是“赫赫上帝，骏德达于遐方；濯濯厥灵，鸿功振于殊俗”，而信众“感神德之帡幪，愧庙垣之未立”，因此感愧“有神在，苟无庙，宅以立之，其何以无贻神明羞?”

换言之，在同治二年之前，古晋已经形成玄天上帝信仰群体，但“有神”而“无庙”，并无固定的庙宇实体，玄天上帝的神像、香炉，在信众的家宅、店铺中轮流值年供奉。①

更重要的是，在《重修碑记》的碑文中，第一人称的叙述主体，先后出现的词语为“别邹鲁之乡，入荆越之地”的“我商”“羁人”“我邦②众”“我商人”“旅客”，以及落款处的署名“义安郡”。

上述词语说明，古晋玄天上帝信仰的主体、古晋上帝庙鼎建的主导者这一社群，在职业身份上是商人，即旅越（砂拉越）华商；在原乡方面，是晋义熙九年（413）所置义安郡，因北宋真宗咸平年间（998～1003）至仁宗康定元年（1040）之间陈尧佐赋诗《送王生登第归潮阳》而美称“海滨邹鲁”的华南粤东潮州地区。总之，古晋上帝庙的核心缔造者，是旅居砂拉越的潮州商人群体。古晋上帝庙中，正殿玄天上帝神龛上方悬挂着全庙最重要的匾额：“光绪十五年岁次己丑孟冬之月吉立/威镇越邦/潮郡众弟子仝敬”，也说明，此庙为旅越潮商“潮郡众弟子”主导创建。

那么，主导创建古晋上帝庙的义安郡“潮郡众弟子”，究竟包括什么成员？

古晋上帝庙门厅虎旁墙壁上镶嵌的两通内容为建庙开支款项征信录的石碑，以及庙中的匾额、楹联，为我们提供了部分答案。

此两通石碑的碑石材质、文字笔迹，均与《重修碑记》和禁示碑（详下）相同，因此应该都是光绪十五年置立。

位于上方者，碑末结算为：

> 计一百四十四条共银四千四百九十八元

位于下方者，碑末结算则为：

> 计六十五条合共银一千一百九十三元三角
> 连二碑总共喜题大银五千六百九十一元一角八占
> ……
> （开支）计十五条合共银五千七百六十三元零三占
> 计抵除之后不敷银七十一元八角五占

① 刘宣汉先生口述，同治二年之前，玄天上帝神像被供奉在顺丰街的潮州人商铺中。口述史料，口述者：刘建发曾孙刘宣汉，时间：2014 年 11 月，地点：砂拉越古晋。

② 应系“帮”字通假。

对顺丰街题银七十一元八角五占

可见，两碑实为同一份建庙开支款项征信录，被分镌于两方碑石之上。这份征信录结尾处的记录，“计抵除之后不敷银七十一元八角五占，对顺丰街题银七十一元八角五占”，表明建庙开支不敷之处由“顺丰街”承担。

朱伯闻 1964 年撰《古晋潮州公会史略》记载：

> 七八十年前，古晋市区商号，潮州人几乎占了百分之九十。那时潮属商人聚居的地方主要分为三区，就是现在海墘街的上段，潮州人把它叫做“顺丰街”。（原注：按海墘街下一段，现在中华商会附近一带叫做老巴虱，为福建商人聚居营业之所）现在的甘蜜街俗称为新巴虱，潮州人称为“长兴街”。现在的亚峇街①，潮州人称为“木扣街”。后来就有了分区的小组织，轮流值年，负责上帝庙迎神赛会、拜祀祭典等事务。这三个小组织便是有名的“顺丰公司”、“木扣公司”以及“长兴公司”。顺丰街富商大贾多，资力雄厚，所以题缘募捐，轻而易举，久而久之，顺丰街公司颇有余资，就置产办业，而其他两公司，相形见绌，日渐涣散。结果剩下顺丰街公司独家主持上帝庙的一切事务，隐然成为潮州人的代表组织了。②

由上，在 19 世纪中后期，古晋潮属商人群体以“义安郡”为社群名称，以古晋玄天上帝信仰为精神纽带，以上帝庙为集体活动空间，已经实现了在地化的社会建构，建立起了以所聚居的商业街区为认同对象的三个次级社会组织“顺丰公司”、“木扣公司”和“长兴公司”，并以经济实力最强大的顺丰公司为核心。顺丰公司在潮属商人群体中的主导地位，不仅从其在上引建庙开支款项征信录碑中负责支付赤字的记录可见一斑，而且从上帝庙中迄今仍保存着的锡质烛台的铭文“顺丰街公司”和铜质八宝仪仗的铭文“顺丰街/上帝庙/省城成泰造”，亦可得到印证。

更有甚者，由于掌控着古晋上帝庙的管理权，顺丰公司进而发展成为

① 亚峇街，今通用中文街名为“亚答街”。经眼古晋潮人社会史文献中，从《本会史略》（《古晋潮州公会创会壹佰二十五周年纪念特刊》，第 83 页）开始即采用“亚答街”名称。

② 朱伯闻：《古晋潮州公会史略》，刘宣强、朱洪声主编《砂朥越古晋潮州公会百周年纪念特刊》，第 86～87 页。

领导古晋潮州人社群的帮权组织。1914年砂拉越政府颁布了社团注册法令后，古晋潮州人社群径以“顺丰公司”（英文名 SOON HONG KONGSI）为名向砂拉越政府申请注册为潮属社团组织，[①]“成为代表潮属人士的公共机构”，至1933年改名为“潮侨公会”，[②] 1937年定名为“潮州公会”。[③] 因此，顺丰公司确实是古晋潮州公会的前身。

另外，在建庙开支款项征信录碑中，我们不难发现，一家名为“义顺号”（英文名 Ghee Soon）的潮人商号贡献特别突出：

> 义顺号捐大银二百五十元，又喜捐题建庙铺地一间。……义顺号得利铺地捐大银四十四元六角。

义顺号，是砂拉越古晋早期潮侨领袖潮州府海阳县上莆都刘陇乡（今潮州市潮安区庵埠镇刘陇村）人刘建发（1835～1885）与潮州府海阳县上莆都华美乡（今潮州市潮安区彩塘镇华美村）人沈亚尧（1831～1884）合伙经营的商业机构。

按《刘公建发传略》：

> 刘公建发，潮安刘陇人。……远走南洋，辗转由新加坡至砂朥越。时砂邦布洛克王朝开国不久，奖励移民，从事开发。刘氏风云际会，召募同乡前往种植胡椒、甘蜜，一面经商。因沉毅果敢，气量宽宏，故深得人心，事业因此云蒸霞蔚，发达不已。嗣氏与同乡沈亚尧合创义顺公司，除经营出入口业外，兼办硕莪粉厂，及开采银朱矿[④]。当时烟酒赌伋为政府专利，义顺公司承包饷伋垂二十年。新加坡章芳林等也曾一度参加投标，竞争之下，望而却步，足见义顺公司资力之雄厚。砂朥越政府需款时，常向义顺公司借贷。故隐然执商界牛耳，为政府之外库。刘氏与福建人王友海、诏安人田考鼎足为华人三巨头，俨然

---

① SOON HONG KONGSI Constitution & Rules, 25th November 1914，古晋潮州公会藏。

② 朱伯闻：《古晋潮州公会史略》，刘宣强、朱洪声主编《砂朥越古晋潮州公会百周年纪念特刊》，第87页。

③ 《本会大事记》，刘宣强、朱洪声主编《砂朥越古晋潮州公会百周年纪念特刊》，第89页。

④ 建庙开支款项征信录碑中，载有“银朱山广发喜捐大银五元”。此银朱山广发未悉是否刘氏产业，待考。

砂朥越王朝之卿士，统领华人焉。①

对于刘氏的侨领地位，Craig Lockard 在讨论砂拉越华人社会领导权问题时，曾指出：

虽然华人社会的领导权早已确定。但是现有的资料足以重新整理出由 1870 年开始的华人领导权的模式。在那时，大约于 1852 年由中国来的商人刘建发是杰出的领袖。1854 年他与一位邻村移民来的潮州人沈亚尧合伙成立义顺公司。该公司成为种植胡椒、甘蜜及提炼硕莪的先驱。鼓励潮州人移民而奠下今日潮州社会的基础，两人居功至伟。②

蔡增聪也曾揭示了刘建发在 19 世纪中后期砂拉越古晋潮帮，乃至于古晋华社之中的重要地位：

逮至 1860 年代以后，古晋的主要的华商，除少许特例，都不出乎（福建、潮州）此两大方言群之外，其中又以潮帮的刘建发、闽帮的王友海及田考（诏安）等三人名气最大。闽、潮的势力，在古晋分庭抗礼，此消彼长。总体而言，闽帮的势力略居上方。但就个别的成就来说，刘建发可谓影响殊巨，其所经营的义顺公司，是最早在砂拉越尝试从事甘蜜及胡椒种植，而后又在古晋设立了第一间硕莪加工厂，并且有相当长的一段时间控制了饷码承包。1877 年查尔斯·布洛克将现砂拉越博物馆公园山丘割予潮属人充当墓地，刘建发的义顺公司成为地契上名义上土地持有人，足见其在潮帮中地位之显赫。③

在光绪十三年至光绪十五年义顺号向古晋上帝庙献地、捐银之前，早在咸丰八年（1858），义顺号就向现存门联、主要匾额均为咸丰六年（1856）立的由砂拉越古晋福建帮主导、各社群共同供奉的寿山亭大伯公庙

① 《刘公建发传略》，刘宣强、朱洪声主编《砂朥越古晋潮州公会百周年纪念特刊》，第 6 页。

② Craig Lockard：《查理士·布洛克与砂拉越现代华人社群的基础（1863—1917）》，薛嘉元译，蔡增聪主编《砂拉越华人研究译文集》，砂拉越华族文化协会，2003，第 28 页。

③ 蔡增聪：《十九世纪布洛克王朝拓疆时期，砂拉越福建、潮州商业势力的扩展》，《砂拉越华人历史与社会研讨会论文集》，第 41～42 页。

赠送匾额："咸丰戊午年葭月敬/群黎保障/沐恩弟子义顺号立。"这彰显了其在古晋华人社会中的重要性。与之形成对比的是，以古晋潮商集体名义赠匾"光绪乙酉年仲春月吉立/聪明正直/潮郡众商等敬题"的活动，是在义顺号赠匾 27 年后的光绪十一年（1885）。

而在刘建发、沈亚尧之后，两人的后代、亲族，仍在砂拉越古晋潮人社会中掌握着领导权。1914 年，顺丰公司正式向砂拉越政府申请注册为潮属人士公共机构，由潮人社群选举产生的管理顺丰公司各项事务的 3 人委员会，包括总理（President）刘进乐（Lau Cheng Lok）、财政（Treasurer）沈两记（Sim Liang Kee）和总务（Secretary）沈谦裕（Sim Khiang Joo）。① 前者是刘建发的七子，后二者是沈亚尧亲族所开的商号。② 1918 年 9 月 4 日，第三代拉者签发给砂拉越潮州社群的义山地契上，是由刘建发五子刘进春作为代表签领。③ 而从 1914 年顺丰公司申请注册至 20 世纪 90 年代之前，刘建发的子孙长期担任砂拉越古晋潮属社团的领导职位（见表 1）。④

表 1　刘建发子孙担任的砂拉越古晋潮属社团职位

姓 名	与刘建发关系	职务	任职时间
刘进乐	七子	顺丰公司总理	1915～1916 年
刘进春	五子	顺丰公司总理	1918～1921 年
刘友珊	六子	顺丰公司总理	1924～1925 年 1928～1933 年
		潮侨公会主席	1934～1935 年
刘振藩	孙子 （进春之子）	潮州公会主席	1940 年 1956～1965 年
刘宣汉	曾孙 （振藩之子）	潮州公会主席	1984～1987 年

资料来源：《先贤及已故职员遗像》《现任（1964 年度）职员》，《砂朥越古晋潮州公会百周年纪念特刊》，第 7～24 页；《本会历届主席暨监察长玉照》《本会历届主席名表》，《古晋潮州公会创会壹佰二十五周年纪念特刊》，第 41～46 页；刘建发玄孙刘兆涛先生提供的刘建发家族世系表。

---

① SOON HONG KONGSI Constitution & Rules, 25th November 1914，古晋潮州公会藏。

② 口述史料，口述者：刘建发曾孙刘宣汉、沈亚尧裔孙沈汉忠，时间：2014 年 11 月，地点：砂拉越古晋。

③ 《本会墓山史略》，《古晋潮州公会创会壹佰二十五周年纪念特刊》，第 129～130 页。

④ 除表 1 所列外，据《先贤及已故职员遗像》，1922～1923 年顺丰公司总理为刘绵远（《砂朥越古晋潮州公会百周年纪念特刊》，第 17～20 页）。此人与刘建发是否有关系，尚不清楚。

除刘建发、沈亚尧合伙的义顺号外，从古晋上帝庙的现存楹联，可看出在光绪十三年至光绪十五年古晋上帝庙建设的社会工程中积极捐献的，还有同样来自潮州府海阳县的其他潮籍侨商（见表2）。

表2　古晋上帝庙建设中捐献的其他潮籍侨商

上　款	正　文	下　款
大清光绪己丑年孟冬月吉立	逞披发仗剑威风仙佛焉耳矣， 有降龙伏虎手段龟蛇云乎哉。	（公元一九六八年岁次戊申秋月重修） 沐恩海邑上莆都沈弟子仝敬
大清光绪己丑年孟冬吉立	至德汪洋十九世心同日月， 奇功卓荦几千秋手换江河。	海邑沈利顺信女卢氏奉敬
己丑孟冬之月吉立	洋洋乎如在其上谁不斋洁虔诚看旗扬剑舞殊觉前面现圣迹， 耿耿然若存于中无非爱护佑庇使蛇绕龟伏遂留后代颂元功。	海邑弟子张成合号敬 【汉三书画】【景醇之印】
	至德著巍峨应知举头中原有帝谓， 声灵本赫濯勿言幽室内别无神祇。	己丑冬月宏安许子芳题
己丑年冬月立	于天为星辰四海咸知拱北， 在地即华岳千秋共祝如南。	海邑弟子陈谦和号敬 【兰芳】【许应时印】

上述史料说明，19世纪中后期，古晋潮人社会以潮州府海阳县移民，特别是刘陇刘氏、华美沈氏为主导。这一历史状况，影响了延至20世纪中期的古晋潮州公会的结构特征。田汝康指出，在他进行田野调查的20世纪40年代末，“古晋所有地缘性公会注册卡片上的资料清楚显示，每一个公会里都有一群来自更小范围的主导性会员群”，“不同的公会组织其实也和第三种强而有力的社会关系——宗族紧密相连。很多海外华人公会的共同会员其实都是同一个宗亲会的成员”。[①] 田氏的调查结果显示，在他所统计的古晋潮州公会的387个会员中，多数会员的籍贯为潮安县，人数为340人，占87.9%。[②]

除地处韩江中下游的海阳县移民以外，19世纪中后期的古晋“义安郡”

---

① 田汝康：《砂拉越华人社会结构研究报告》，第27～28页。

② 田汝康：《砂拉越华人社会结构研究报告》，第28页。不过，值得指出的是，林青青译本中，将“潮安县”（Ch'ao An hsien）误译为“诏安县”（Chao An hsien）。英文版原文见 JU - K'ANG, T'IEN, Ph. D., *The Chinese of Sarawak: A Study of Social Structure*, Research & Resource Centre Committee SUPP Headquarters, Kuching, Sarawak, Malaysia, 1997, p. 26。

“潮郡众弟子”还包括以“潮郡茶阳公司众弟子”自称的潮州府下辖客家人聚居地大埔县（县城茶阳）移民。古晋上帝庙中，现存的所有匾额、楹联中，置立时间最早的匾额是：

光绪十五年己丑岁孟春吉旦/克配上帝/潮郡茶阳公司众弟子等敬奉

置立时间最早的楹联是：

光绪十五年己丑孟春吉旦
位震坎方圣本佑民而辅国
权钦北极帝惟真德以居尊
潮郡茶阳公司众弟子等敬奉

由此可见，来自潮州府大埔县的相对弱势的客家移民以原乡的行政隶属关系为依托，建立起以“潮郡茶阳公司”为组织名称的社会认同，借助赠送匾联的方式，积极维系与操粤东闽南方言的大多数潮州府同乡的社会联系。

综上，鼎建古晋上帝庙的社会工程及其文献资料，折射出19世纪中后期古晋潮州社群的内部结构。

二　古晋上帝庙的集资者：“粤海公司”

从古晋上帝庙中现存的其他碑记、匾额、楹联来看，上帝庙鼎建的支持者，不仅仅是旅居砂拉越的潮州商人。

在古晋上帝庙中司命帝君神龛附近的墙壁上，嵌有如下碑记：

兹为上帝庙祝事，从前系用潮州人，以后如欲轮流庙祝者，亦惟用潮州人，别人不得相争，立此为据。

光绪十五年岁次己丑元月元旦，粤海公司司事等立。

这方维护潮州人群体对上帝庙管理的垄断权的禁示碑揭示，与古晋上帝庙创建相关的古晋华人社会组织，尚有处在“义安郡”上位的“粤海公司”；“粤海公司”的成员虽然以潮州人为主导，但显然还包括“别人”。

那么，“粤海公司”究竟是由哪些华人群体组成的，它又是什么形式的社群联盟？

上文中古晋上帝庙建庙开支款项征信录的石碑，引首为：

兹将我粤海捐题银两盖建上帝庙芳名胪耋于左

说明该碑是“我粤海”，即置立禁示碑的“粤海公司”同人集体捐建古晋上帝庙的财务记录。

在笔者寓目的古晋华人社会史文献中，“粤海”二字最早见于古晋潮州公会辖下的义山，位于古晋大石路一里半的“潮属粤海亭”的总坟墓碑有一通以“坤甸木”镌刻的墓碑：

光绪四年冬月竖/粤海义冢之坟/众人等同立碑记

关于古晋大石路“潮属粤海亭”的由来，详见 1938 年古晋潮人沈弼臣所撰《重修潮属粤海亭序言》：

重修潮属粤海亭序言

盖闻古之谚曰：生必有养，死必有葬。是诚以死葬之在于人事，其关系岂不重且大哉！我潮侨越前辈诸父老，因念及此，故向当地政府恳请恩给葬埋之地于大石路，为潮侨作永远厝棺之所，且能以慷慨为怀，不限地段，任人营葬。其功德诚无量也。然当扫墓之际，一遇狂风骤雨，无可趋避，实属不便，咸议创建一亭于大路旁，名曰粤海亭，以备各属人众避御风雨及憩息之所。惟是事因工程浩大，众擎易举，独力难持，故爰集侨众筹资兴筑以成厥事。计自盖建以来，兹已三十载矣。而为时既久，驳剥坍塌损坏，已属险危。况地属孔道，行路之人十目所视，十手所指，殊非雅观。我潮州公会诸同人睹斯形象，为保安危险起见，同乡开会集议，再行募捐款项，鸠工重整，焕然一新。噫，美矣！善矣！死葬扫墓之人事，至此实可以安全矣！而我侨之群众，其裨益岂浅鲜哉！是为序。

撰述人：沈弼臣

中华民国廿十[1]七年二月十一日　重录人张木清、沈东昌[2]

此序言透露出两项重要信息。

第一，位于大石路的“潮属粤海亭”，创建于《重修潮属粤海亭序言》撰写之前“三十载”，即 1908 年。这一信息，与第三代拉者亲笔签名的大石路潮属义山地契落款时间 1918 年 9 月 4 日[3]相差 10 年。故所谓的“三十载”谅必为“二十载”之讹。

第二，粤海亭创建目的是“为潮侨作永远厝棺之所”，同时“且能以慷慨为怀，不限地段，任人营葬”；而与义山同名的墓亭的建设目的，也是“以备各属人众避御风雨及憩息之所”。

要之，该序言希望传达的信息是，粤海亭系古晋潮侨所创建，但允许入葬者并不限于潮侨，而是包括了“各属人众”的古晋华人。

由上，大石路“潮属粤海亭”的创建时间，其实是在总坟墓碑置立之后。而今“潮属粤海亭”墓亭中的匾额“光绪壬寅年冬月榖旦立/崇德堂/民国廿三年二月重修吉”，初始置立时间也是在这片墓地创建之前，这是为什么？

原来，最早的古晋潮属义山，并非上揭大石路墓地，而是 1877 年 5 月 26 日第二代拉者签发地契给潮商刘建发、沈亚尧的义顺号的有 900 年免费使用权的位于今古晋博物馆公园的潮属旧义山。蔡增聪认为，义顺号是“地契上名义上土地持有人”。[4]不过，虽然地契置立时间为 1877 年，但今日潮属义山中仍保留着两穴入葬于第二代拉者签发地契 10 余年前的古墓，墓碑分别为：

同治乙丑年立/清妣刘门枝娘沈氏之墓

世居海邑华美乡/清考理胜沈公墓/同治丙寅年吉立

前者是刘建发之妻，后者是刘建发之岳父。两人都是刘建发的合伙人

---

① 原文衍“十”字。

② 据砂拉越古晋潮州公会藏《重修潮属粤海亭序言》粉牌实物抄录。

③ 《本会墓山史略》插图，《古晋潮州公会创会壹佰二十五周年纪念特刊》，第 130 页。

④ 蔡增聪：《十九世纪布洛克王朝拓疆时期，砂拉越福建、潮州商业势力的扩展》，《砂拉越华人历史与社会研讨会论文集》，第 41 ~ 42 页。

华美乡沈亚尧的族亲。[①] 换言之，该墓地最初很可能确实是刘建发、沈亚尧的义顺号开始实际占有，进而由义顺号向与其关系良好的第二代拉者申请为合法使用的墓园，并开放作为潮属义山，允许其他古晋华人社群人士入葬。

至第三代拉者时期，砂拉越政府为修建古晋博物馆公园而收回了这片墓园的大部分土地。作为补偿，第三代拉者于 1918 年 9 月 4 日签发地契给英文名为 Kay Chu（Teo Chu）Community 的"潮州公司"（义顺号后人刘进春在契约上签字："刘进春代潮州公司"），提供了在大石路一里半的面积为十八英亩的土地作为潮属新义山。[②]

由上观之，今安置于大石路"潮属粤海亭"的总坟墓碑光绪四年（1878）冬月竖"粤海义冢之坟"和光绪壬寅年（1902）冬月立"崇德堂"匾额，原为 1877 年 5 月 26 日第二代拉者签发地契的今古晋博物馆公园潮属旧义山旧物，"粤海义冢""粤海亭"原为该处旧义山之名称。1918 年 9 月 4 日之后修建大石路新义山时，上述墓碑、匾额均被移立于今址，并沿用了旧义山的粤海亭之名，强调了潮属的社群所有权，同时在《重修潮属粤海亭序言》中保留了从"粤海义冢"初创时至 1938 年，潮属旧义山、大石路"潮属粤海亭"包容"各属人众"自由下葬的历史痕迹。[③]

和"粤海"相关的记载，尚有古晋上帝庙建庙开支款项征信录石碑中出现的一笔款项："粤海泰山亭遗存银一百零五元五角八分。""泰山亭"之名，笔者在经眼古晋潮人社会史文献资料中仅此一见。而在古晋潮商硕莪业的主要原料产地木胶（Mukah），"潮籍人士始终为该市之中坚份子，对于促成全市之进步繁荣，实有力也"。该处潮州公会的前身称"粤海公司"，[④] 而该处的福德祠则称"泰山亭"，"从十九世纪末开始，泰山亭理事会就以'大伯公公司'名称来管理庙务与财政"，至今泰山亭仍保留有置立时间为光绪己卯年（1879）的"万古英灵"匾。[⑤] 另外，在砂拉越河上游的西连（Serian），该处华人义山旁的伯公亭亦称泰山亭。[⑥] 由此两处与古晋潮商群

① 口述史料，口述者：刘建发曾孙刘宣汉、沈亚尧裔孙沈汉忠，时间：2014 年 11 月，地点：砂拉越古晋。

② 《本会墓山史略》，《古晋潮州公会创会壹佰二十五周年纪念特刊》，第 129～130 页。

③ 古晋潮州公会：《本会记事》，《砂朥越古晋潮州公会百周年纪念特刊》，第 90 页，1937 年该会宣布："非本属人士，未经本会产业股发给准字，不得在粤海亭冢山埋葬。"

④ 沈瑞祥：《木胶之潮人》，刘宣强、朱洪声主编《砂朥越古晋潮州公会百周年纪念特刊》，第 111 页。

⑤ 《木胶泰山亭》，蔡宗贤编《砂拉越大伯公庙资料汇编》，永安亭大伯公庙，2010，第 74 页。

⑥ 《西连泰山亭》，蔡宗贤编《砂拉越大伯公庙资料汇编》，第 52 页。

体有着密切联系的砂拉越华人聚居点的泰山亭推断，“粤海泰山亭”很可能是今古晋博物馆公园潮属旧义山“粤海义冢”中供奉福德正神“大伯公”并供扫墓者憩息、司事者举办会议的冢亭名称（亦可能同时作为“粤海义冢”的别称）。所谓“粤海泰山亭遗存银一百零五元五角八分”或即鼎建该亭时结余的款项。至于古晋“粤海义冢”以“泰山亭”为冢亭名称，木胶、西连两处泰山亭命名的缘由，笔者认为，这是砂拉越潮人社会对新加坡潮侨冢山“泰山亭”的模仿、沿袭。《马来亚潮侨通鉴》记载，新加坡潮侨较早的冢山，是 1845 年 10 月 20 日英属东印度公司签发地契的东陵区冢山（今新加坡乌节路义安城一带），“据传该山昔时种植胡椒、甘蜜，原为甘蜜山。该地系潮侨林泰山所有，后来由佘有进等购为潮侨冢地，供潮侨埋骨之所……遂以‘泰山’之名名该山，借资纪念林泰山”。[①]

因此，上文述及的“粤海公司”“我粤海”等名词，其实指称的都是在古晋潮州人社群主导下，以 1877 年获得地契、1878 年树立总坟墓碑的义山“粤海义冢”“粤海泰山亭”“粤海亭”为物质形态、社团形式，整合了“各属人众”的古晋华人社群联盟。

那么，“粤海公司”具体包括了哪些非潮属的华人社群？

在“兹将我粤海捐题银两盖建上帝庙芳名胪誊于左”为引首的石碑中，下列记录透露了相关信息：

> 琼州会馆喜捐大银一百元
> 广惠肇喜捐大银二十四元
> 雷州众商捐大银二十五元

上引捐赠记录中，包括了来自琼州府、广州府、惠州府、肇庆府、雷州府等广东省属移民的社群。其中，广惠肇社群除捐款外，还赠送了匾额和楹联。匾额为：

> 光绪十伍年岁次己丑仲冬吉立/帝德覃敷/沐恩信士广惠肇等敬酬

楹联为：

① 《新加坡潮侨冢山》，潘醒农编著《马来亚潮侨通鉴》，南岛出版社，1950，第 347 页。

恭贺上帝爷爷荣升宝座之庆
庙貌振重新宝炬花开光映凤筵凝瑞气
帝容更焕彩金炉香霭烟浮龙衮结祥云
沐恩信士广惠肇等敬

由此可见，“粤海公司”“我粤海”中除“义安郡”外，还包括了“琼州会馆”“广惠肇”“雷州众商”等社群。上述社群应该就是1937年以前，在古晋博物馆公园“粤海义冢”及大石路享有“入葬权”的非潮属社群。

此外，在古晋上帝庙大殿主神龛上方，全庙最重要的匾额“光绪十五年岁次己丑孟冬之月吉立/威镇越邦/潮郡众弟子同敬”的两侧木柱上，悬挂的楹联为：

恭祝玄天上帝升座之喜
此日仰天颜御坎居坤栋宇辉煌新庙貌
他年沾帝泽生壬成癸海潮汹涌壮财源
己丑季春应和馆敬奉

此楹联和庙中的一方匾额：“恭祝玄天上帝升座之喜/黑威初著/己丑季春应和馆敬奉”，则为粤东客家地区嘉应五属（梅县、蕉岭、五华、兴宁、平远）的社群组织“应和馆”所馈赠。这说明，虽然从“兹将我粤海捐题银两盖建上帝庙芳名胪眷于左”为引首的石碑中暂未能辨认出来自嘉应五属客家移民的捐献，表明嘉应五属客家移民当年很可能并未参与到“粤海公司”社群联盟之中，但嘉应五属客家移民社群也在努力建立与潮州社群之间的友好关系。

结语：海外华人宗教平台与海外华人社会建构

综上所考，古晋上帝庙、“粤海亭”义山等古晋华人宗教资料中所窥见的19世纪中后期砂拉越古晋潮人社会的主要结构，大略如图2所示。

上述华人社会结构的建立过程，大略为：

19世纪前期，古晋潮人社群以玄天上帝信仰为本社群维系纽带，由顺丰街等三大街区的潮商铺户轮流办祭。

19世纪50年代，古晋福建社群主导创立古晋华社共奉的寿山亭大伯公

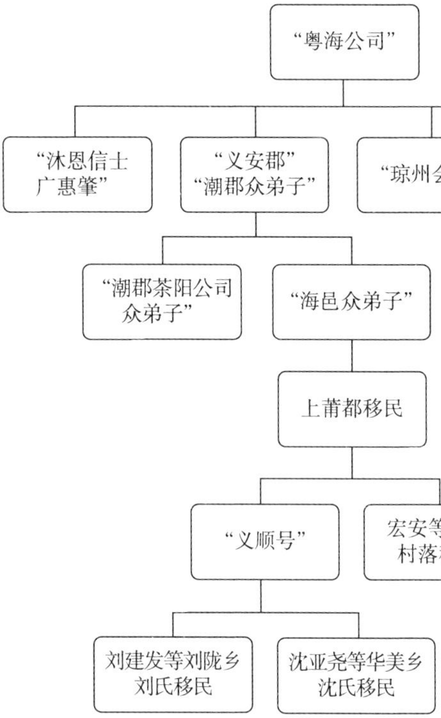

图 2　19 世纪中后期砂拉越古晋潮人社会的主要结构

庙，刘建发、沈亚尧的义顺号及其他潮商群体先后以赠匾的方式表示支持，向古晋福建人社群释放善意。

1863 年，古晋潮人社群建立本帮神庙上帝庙。后毁于 1884 年大火。

19 世纪 60 年代，刘建发原配、岳父先后安葬于今古晋博物馆公园。1877 年，该片墓地由第二代拉者签发给义顺号。1878 年，该墓地定名“粤海义冢”“粤海泰山亭”，允许来自广东省的古晋其他华人社群入葬。以义顺号为首的古晋潮人社群建立起由潮人主导的，涵盖粤、客、琼等不同方言社群的广东省移民集团“粤海公司”。

1887 年，古晋潮人社会以“义安郡”“潮郡众弟子”名义，重建上帝庙，1889 年落成。重建过程中，义顺号献地、捐银，顺丰街公司承担不敷之处，以海阳县侨商为主的旅居古晋的潮州商人群体提供了主要的经济资源，包括潮州府大埔县、广州府、惠州府、肇庆府、雷州府等广东省属移民社群联盟“粤海公司”，以及可能未整合进“粤海公司”的粤东客家五属（梅县、蕉岭、五华、兴宁、平远）社群组织“应和馆”，纷纷捐款、赠匾联表示支持，表现了粤籍华人社群的联盟关系。

1914 年古晋潮人社群以“顺丰公司”为名，向砂拉越政府注册合法社团。1933 年改名为“潮侨公会”，1937 年定名为“潮州公会”。

正如郑良树所揭示的：

> 时代悠远的会馆，大致上都和祭祀或义山发生关系。换句话说，早期的会馆大部分都从宗庙、神宫或义山管理所逐渐脱胎演变而来。①

庙宇、义山等海外华人宗教平台显然是海外华人社会建构的重要手段。本案例展示的具体机制如下。

其一，置立义山，开放入葬。运用与当局之间的良好关系，获取土地资源，设置为某一社群拥有使用权的义山，同时与利益相关社群分享入葬权。从而以义山的形式，建立起以某一社群为主导的社群联盟。

其二，主导建庙，开放集资。某一社群通过承担主要的经济责任，辅以集资方式主导建庙的社会活动，确认其对庙宇管理权的垄断地位，从而以神庙的形式，特别是树立捐题碑、禁示碑的手段，凸显该社群在社群联盟中的主导地位。与此同时，业已分享义山利益的相关社群则通过捐款参与集资或奉献匾联的方式，展示与主导社群的友好关系，显示联盟集团“我群”的社会存在。庙宇管理方也通过将之刻入碑刻，在显眼位置悬挂匾联等方式，做出友善的回应。

在本文所考稽的案例中，由玄天上帝轮值祭祀联结起来的旅居古晋潮州商人群体，特别是来自潮州府海阳县的刘建发、沈亚尧两人组成的义顺号商业系统，从 19 世纪中期开始，通过合法获取墓地，并将墓地开放为公冢的方式，凝聚了以海阳县移民为主体，包括大埔县等潮属各县移民的古晋潮人社群，整合了广惠肇、琼州、雷州等粤属社群，建构出以“粤海公司”“粤海义冢”“粤海泰山亭”为名的古晋广东社群联盟，用以抗衡与潮州社群在古晋分庭抗礼且整体经济实力较潮州社群略胜一筹的福建社群（古晋福建帮庙宇凤山寺、福建帮主导的寿山亭大伯公庙中均有潮州商人赠送的匾额、楹联，而古晋上帝庙中未见任何来自福建社群的捐献或馈赠，表明两个社群之间当年的不对等关系）。古晋潮人社群并以“粤海公司”的

① 郑良树：《潮州人之社团》，郑良树《马来西亚·新加坡华人文化史论丛》卷 1，第 88 页。

名义集资重建上帝庙，确认潮州社群对上帝庙管理权的垄断地位，从而以神庙的形式，凸显以“义安郡”自称的古晋潮人社群在“我粤海”社群联盟中的主导地位，表达出对古晋福建帮的“他群”认同，从而在砂拉越古晋坡的地域范围内，建构出在地华人社会的“我群”“他群”二元对立的社会认知结构。

砂拉越古晋潮人社群建立的上述社会结构，有其仿效对象，也产生了一定的社会影响，如表 3 所示。

表 3　新加坡与砂拉越各地潮人社会结构

潮人侨居地	庙宇	义山暨其福德祠	社团
新加坡	粤海清庙 （天后宫和上帝宫）	泰山亭	义安公司
砂拉越古晋	上帝庙	粤海义冢、 粤海泰山亭、粤海亭	义安郡 粤海公司
砂拉越木胶		泰山亭	粤海公司
砂拉越西连		泰山亭	

可见，古晋潮人社群实际上以新加坡早期潮人社会结构作为其参照体系进行社会建构，并进而间接影响到砂拉越内地潮人社会的建构。这种社会建构模式的传播，反映了当年新加坡、砂拉越两地之间的经济地理关系：砂拉越内地以首府古晋为出入港口，而古晋则依托新加坡进行远洋贸易。海外华商的跨地域商业网络关系，深刻影响了各相关口岸、乡镇的华人社会建构。

综上所述，在宗教与社会的学术视野下，本文揭示的 19 世纪砂拉越古晋潮人社会的主要结构、建构过程、建构手段、参照体系，反映了海外华人宗教与海外华人社会和谐发展的良性机制。在此方面，张禹东曾指出：“华人传统宗教信仰的内涵具有混融性；华人传统宗教是华人会馆、宗亲会、宗祠建立和运作的重要基础，也是华人社群关系整合的推动力量；华人传统宗教还是华人居住地种族和谐、社会和谐的重要促进因素。”① 而就本研究看来，在海外华人社会和谐发展中发挥积极作用的“海外华人宗教”

① 张禹东：《海外华人传统宗教与社会和谐：以东南亚为例的观察与思考》，《华侨大学学报（哲学社会科学版）》2011 年第 3 期。

“华人传统宗教”，在系统上包括了华人制度性宗教、华人民间教派、民间信仰、祖先崇拜等类别，在宗教平台上则包括了义山、庙宇、寺观、鸾坛等社会空间。其中，义山、庙宇等与华人社会生活息息相关的基本宗教平台，尤其发挥了重要的社会建构、社会调协作用。

翁万达圹志考释

郭思恩*

明嘉靖中叶的揭阳人翁万达，由进士起家，“历官中外一十八任”，官至兵部尚书，并一度“入柄本兵”，薨后被赠太子少保和追谥襄毅（一说襄敏）。在20多年的宦海生涯中，他最引人称赞的政绩，莫过于“南平登庸，北惩俺答”。《明史》对他的盖棺定论是：“嘉靖中，边臣行事适机宜、建言中肯窾者，万达称首。”[①] 他一生的功行，史有具论，各种专门研究论著也有缕述，此不复赘。下文仅就一通出土于20世纪60年代关于他的圹志，在金石范畴内试为考释，以作为研究翁万达者的一点借镜。

一　翁万达墓的营建和变迁

嘉靖三十一年（1552）十一月十三日，翁万达在“为武夷、鲤湖之游”后，途经福建上杭，卒于舟次。嘉靖三十二年（1553）四月二十日，礼部尚书欧阳德循例为翁万达题请祭葬和谥号，说翁万达：

> 奉旨复职，即同见任。原系二品文官，虽未如王宪等加有太子太保职衔，然已考满，并无论劾，又非赵载之比，其应得二品恤典，似难别议。合候命下，与祭二坛，行移翰林院撰文，广东布政使司转属支给官钱，买办祭物、香烛、纸，就本布政司堂上官致祭，工部照依品级造坟安葬。及照本官筹边御虏之绩，体国蒙尽心之褒，赐谥易名，

* 郭思恩，中国文物学会会员、潮汕历史研究中心特约研究员。

① 张廷玉等：《明史》卷198《翁万达传》，中华书局，1974。

似亦相应。但恩典出自朝廷，臣等未敢擅便。[①]

世宗的批答是：准照例与祭葬。外又准加赠翁万达太子少保衔。而欧阳德题请中的一项“赐谥易名”，则被其否决。14 年后，即隆庆元年（1567），这一请求才被穆宗批准，赐翁万达谥为襄毅。

嘉靖三十二年，翁万达被安葬在大埔三河镇的凤翔山麓，并在当年的“腊月稍，始告成事”。而这块“鸣马踢地”的风水宝地，是由翁万达在嘉靖二十一年（1542）“官按察时，自营乐丘”。[②]

嘉靖四十一年（1562）四月，“潮寇蜂起”，翁万达的家人“旦夕惟马鬣（坟墓）震荡是忧”，因此具白于两广总督张臬，请派“甲士介而驰”，到翁万达三河墓地，“启羡门（墓门），奉秘器，拥归而厝之城中”。及寇平定，重葬翁万达于三河墓地旧址。但这次重葬，翁万达的家人听了堪舆家的话，将其墓“稍东上十数举武”。

万历二十九年至万历三十二年（1601～1604），翁万达的墓不知何故又一次重修。翁万达的次子翁思佐和万历首辅王锡爵，分别重写了圹志、神道碑。

清朝末年，因翁万达墓的四周“松楸尽斩”，墓前“享寝颓废”“丰碑僵朴”，加之附近村民的盗葬，日益荒败不堪。为此，大埔人台湾知府林达泉特请于福建巡抚丁日昌，请其移书地方政府勒碑严禁，不知结局如何。[③]

1913 年和 1924 年，翁万达墓周围又被盗葬，先后两经大埔县长翁辉光和范志陆的勒令迁移，给以安迁费用，才得以了事。[④]

1957 年“移坟上山时”，翁万达的墓被废。直到 1985 年，泰国华侨陈宾先生有感“名茔日见荒废，遂萌修复之志”，于是慨然仔肩，出资修葺。[⑤]

二　圹志的出土和说明

1967 年，在翁万达墓被废的十年后，附近“村民在翁墓基下端 10 多米

① 《欧阳德集》，陈永革编校整理，凤凰出版社，2007。

② 吴鸿藻辑《古瀛灵光集》，汕头市图书馆馆藏抄本。

③ 林达泉：《请保护名臣翁襄敏公墓书》，《稽愆集》，陈香白点校，中山大学出版社，1997，第 163～164 页。

④ 翁辉东：《请保护名臣翁襄敏公墓书案语》，《稽愆集》，第 164～165 页。

⑤ 陈香白：《重修明兵部尚书翁东涯公陵墓碑记》，《稽愆集》，第 213～214 页。

处建房，挖出圹志铭”。据《广东省志·文物志》载，初出土的“翁墓圹志铭为盒龛式，用灰黄色的岩石打制而成，两块石板对合后，用两条铁皮箍紧”。“其中一块长 0.65 米，宽 0.60 米，篆书阴刻‘明故资政大夫兵部尚书赠太子少保揭阳东涯翁公圹志’23 字”，“另一块长 0.80 米，宽 0.65 米，记述翁万达的生平政绩”。

需要补充的是，这通圹志虽历经《大埔文物志》《广东省志·文物志》《稽愆集》等书的著录，但这些书都只过录文字，没有对圹志进行完整、准确的记录。笔者通过对这通圹志的捶拓，为之补充如下，圹志文见后。

墓盖刻字凡有 6 行，行 4 字，第 3 行仅 3 字，共 23 字，字体作篆书。

圹志刻字凡有 32 行，行字数不等，满行 31 字，字体作楷书。

三　撰文人、书丹人的生平略考

这通圹志撰文人的姓名和结衔，见于碑末，款曰“致仕长泰县训导从弟万化顿首顿首谨志”。据民国《翁氏家谱·统系录》可知，翁万化是翁万达的同堂兄弟，号南汀，贡生出身。[①] 又同书《宗支略传》则载：“万化，号南汀。嘉靖四十五年岁贡、副榜，仕训导。”又《翁氏举登族谱》载：“万化，嘉靖辛丑岁贡生，教授。”[②] 又嘉靖《潮州府志》和乾隆《揭阳县志》分别在《选举志》中记载，翁万化是翁万达的从弟，揭阳鮀江人，是嘉靖二十年的贡生，官训导。[③]

从上可看出，撰文的“从弟万化”和府县志、族谱等书中的“万化”是同一人，他就是翁万达的堂弟翁万化，是嘉靖年间贡生，做过训导。只是《翁氏家谱》记他为“嘉靖四十五年岁贡、副榜”，明显错误。因为这通圹志的落款时间为“嘉靖甲寅季冬”，即嘉靖三十三年（1554），其时翁万化已由福建“长泰县训导”致仕，说明他出贡应该在嘉靖四十五年之前。又《翁氏举登族谱》说他官“教授”，与志、谱、碑都不吻合，亦不可征信。

关于翁万化的生平，潮州现存方志和族谱，舍是而外，都没有详细的记载，唯《闽书》和康熙《长泰县志》有记载他训导长泰时的政绩。

《闽书》载：

---

① 翁辉东：《翁氏家谱》，1926 年影印本。

② 翁继勤主编《翁氏举登族谱》，潮汕翁氏联谊会蓬洲第内分会族谱编委会。

③ 嘉靖《潮州府志》，潮州市地方志办公室，2003，第 98 页。

翁万化，揭阳人。嘉靖中以选贡任训导。雍容恬退，训诸生，恩义兼尽。年方力强，恳求致仕，人高之。[①]

康熙《长泰县志》载：

翁万化，揭阳人。嘉靖二十六年任。天性雍容，恬退自守。年力方强，恳乞致仕。[②]

可知翁万化的确是贡生出身，并在嘉靖二十六年（1547）年出仕，担任福建长泰县的训导。圹志记他以长泰县训导致仕，正与上面二书记载相符。此结衔既可订正《翁氏家谱》和《翁氏举登族谱》记其出身、官职的错谬，又可补方志对其官职的阙略。

对于书丹人吴九围，碑中只提到他是福建莆田生员，为翁万达的门人，至于他的详细生平，目前没有发现相关文献，这里暂付阙如。

四　圹志文的相关释读

翁万化说，在作此圹志，即嘉靖三十三年前，翁万达的“家世行实、生卒年月，载诸名公状志、碑碣、传诔，详矣”。[③] 现在可看到的有邹守愚的《行状》、薛应旂代徐阶的《墓志铭》、严嵩的《神道碑铭》、汪道昆代欧阳德的《传》、谈恺的《诔》，分载各家文集和嘉靖《广东通志》中。[④] 汪《传》、谈《诔》，并为现行的《翁万达集》和《稽愆集》所遗。[⑤] 后此之翁思佐《圹志》、王锡爵《神道碑》、欧大任《传》等，[⑥] 都是后作，不在此列。

又翁万化说，翁万达在户部时，曾经“差监兑湖广”。[⑦] 今考邹守愚的

① 何乔远编撰《闽书》，厦门大学古籍整理研究所、历史系古籍整理研究室《闽书》校点组校点，福建人民出版社，1995，第 122 页。

② 康熙《长泰县志》影印本。

③ 吴鸿藻辑《古瀛灵光集》。

④ 《翁万达集》，朱仲玉、吴奎信校点整理，上海古籍出版社，1992。

⑤ 《翁万达集》。

⑥ 《翁万达集》。

⑦ 万历《湖广总志》，崇文书局，2019，第 158 页。

《行状》作“丁亥，授户部广西司主事，督税监兑，所至有声”，[1]《粤大记》作“授户部主事，督税监兑，所至有声”，[2] 都是概述，没有详细说“督税监兑”何地。至于其他的传铭以及《明史》等，甚且都概行删削，这对研究翁万达之生平，未免美中不足。今赖这通圹志，才知他“监兑”的地方是湖广行省。又据万历《湖广总志》载，翁万达是在嘉靖七年（1528），以“制使（即朝廷使者）”的身份到湖广“监兑”的。[3] 结合邹守愚的《行状》，这时的翁万达为“户部广西司主事”。[4]

又翁万化说，翁万达在户部时，尝“奏劾贵近，词甚峻切”。[5] 邹守愚《行状》也说：

> 己丑（嘉靖八年，1529），榷河西务，疏戚畹侵夺官地商税，语甚峻。上可之。庚寅（嘉靖九年，1530），升署员外郎，督通仓。会权贵阻扰运道，公夺其舟而止，以此人不敢犯漕令。[6]

薛应旂《墓志铭》也说：

> 尝疏劾戚畹，沮抑权贵。虽谤言朋兴，略不为动。[7]

汪道昆《传》也说：

> 尝主河西告缗，核诸豪阑出贷及侵地奸状。寻视通州漕，诸豪亡敢扰漕法。[8]

他书记载，大致如上，只有《明史》阙之不载。

无论是翁万化所提的“贵近”，还是各家口中的“戚畹”“权贵”，抑

---

① 《翁万达集》，第 67 页。

② 郭棐：《粤大记》，黄国声、邓贵忠点校，中山大学出版社，1998，第 106 页。

③ 万历《湖广总志》，第 37 页。

④ 翁万化：《明故资政大夫兵部尚书赠太子少保揭阳东涯翁公圹志》拓本，笔者私人藏本。

⑤ 《翁万达集》，第 46 页。

⑥ 《翁万达集》，第 29 页。

⑦ 《翁万达集》，第 98 页。

⑧ 汪道昆：《太函集》，胡益民、余国庆点校，黄山书社，2004，第 108 页。

或“诸豪”，他们究竟是谁呢？今据《明世宗实录》载，翁万达在嘉靖八年，以户部主事监督河西务钞关时，弹劾的“戚畹”是庆云侯周瑛和锦衣卫指挥使蒋山。[①] 何以劾之？《明世宗实录》说：

> 癸巳，先是庆云侯周瑛、锦衣卫指挥使蒋山，俱以开店河西务，邀截□货，侵渔小民，亏损国课，为巡按御史所劾，罚禄俸三月。而瑛山怙终，开设如故。至是，户部监税主事翁万达复劾之。[②]

而朝廷何以处置之？《明世宗实录》说：

> 上以瑛、山俱系国戚，姑置不问，店房俱令查革，其投充家人拨置生事者，下法司治之。[③]

而“权贵”是谁则因文献缺失，不得而知了。但《明世宗实录》载，翁万达监河西务的时候，曾因事与顺天巡抚周期雍发生过矛盾，不知所指即其人否？

翁万化又说，翁万达在升任浙江参政时，“军门（即蔡经）以安南未平，疏留参广西政”。[④] 各家文集和《明史》记载略同。今据《明世宗实录》载，嘉靖十九年（1540），翁万达由浙江参政改任广西参政，与他前任广西副使一职，都是“添注”，[⑤] 即额外添置的职位，也即邹守愚《行状》中所谓的“廷议设添注宪臣，两广各一人，经理安南，公以才望擢广西按察司征南副使”，[⑥] 但及其一。

五　圹志文释读的比较

校一、和《大埔文物志》比较

拓本第四行“载诸名公状志、碑碣、传诔，详矣”一句，《埔志》本作

① 《明世宗实录》，中研院历史语言研究所校印，1965，第159页。
② 《明世宗实录》，第274页。
③ 《明世宗实录》，第275页。
④ 翁万化：《明故资政大夫兵部尚书赠太子少保揭阳东涯翁公圹志》拓本，笔者私人藏本。
⑤ 《明世宗实录》，第53页。
⑥ 《翁万达集》，第54页。

“载诸公公状志、碑碣，传谏矣”；同行“拉泪”，《埔志》本作“收泪”。

拓本第七行至第八行“为户部主事、员外郎、郎中”一句，《埔志》本作“为户部主事、外郎中差”；第八行“监兑湖广”，《埔志》本作“监充湖广”。

拓本第九行“仇帅鸾”，《埔志》本作“仇师鸾”。

拓本第十行“龙凭土舍”，《埔志》本作“尤凭土舍”。

拓本第十一行“仇乘间遣奸人入安南”，《埔志》本作“仇乘间遗奸入安南”。

拓本第十三行“寻擢副都御史”，《埔志》本作“擢副都御使”。

拓本第十四行“擢兵部侍郎兼都御史”，《埔志》本作“擢兵部侍郎兼都御”；同行“在镇五年，北虏喙遁”，《埔志》本作“在镇五手，比虏啄遁”。

拓本第十五行“己酉”，《埔志》本作“乙酉”。

拓本第十六行“以金革起公防秋”，《埔志》本作“以金草起公防秋”。

拓本第十七行“舆疾就道”，《埔志》本作“与疾就道”。

拓本第十八行“旋以兵部侍郎兼都御史”，《埔志》本作“旋以兵部侍郎兼都御使”。

拓本第十九行“逮仇以逆诛”，《埔志》本缺“逆”字。

拓本第二十行“上闻讣哀悼”，《埔志》本作“上闻讣哀惮”。

拓本第二十一行“前后奉敕凡十道”，《埔志》本作“前后奉勒凡十道”。

拓本第二十二行“应得例荫亦三”，《埔志》本作“应得例荫□三”。

拓本第二十三行“别号东涯”，《埔志》本作“别字天涯”。

拓本第二十五行“次思佐”，《埔志》本作“以思佐”。

拓本第二十六行“邹公守愚”，《埔志》本作“邬公守愚”。同行“自营乐丘，首□趾甲，凡二窴”一句，《埔志》本作“自营东丘，首庚趾甲，凡二穴”。

拓本第二十七行“奉公窆于左”，《埔志》本作“奉公□于左”。

拓本第二十八行“该博之学”，《埔志》本作“赅博之学”。

校二、和《稽愆集》比较

拓本第四行“拉泪”，陈抄本作“收泪”。

拓本第十一行至第十二行，“仇乘间遣奸人入安南，利登庸贿。公廉得，又缚之，登庸益震恐”一段，陈抄本俱缺。

拓本第十九行“终制”，陈抄本作“修制”；同行“庐于铁林”，陈抄本缺“庐”字。

拓本第二十一行“□葬”，“□”字今泐，陈抄本作“营葬”；同行“本布政司堂上官”，陈抄本作“奉布政司堂上官”。

拓本第二十三行至第二十四行“公推荫弟万程与子思佐，其一辞不请。呜呼痛哉！今不复见矣”一段，陈抄本俱缺。

拓本第二十六行“未议嗣”，陈抄本作“未设辞”。

拓本第二十八行“首□趾甲”，“□”字今泐，陈抄本作“首庚趾甲”。

拓本第三十一行“因托”，陈抄本缺“因”字。

附　翁万达圹志篆盖及录文

篆盖：

明故资政大夫兵部尚书赠太子少保揭阳东涯翁公圹志

录文：

明故资政大夫兵部尚书赠太子少保揭阳东涯翁公圹志

呜呼！此三河山，吾先兄兵部尚书、赠太子少保东涯公圹也。公家世行实、生卒年月，载诸名公状志、碑碣、传诔，详矣！圹故有志，万化为公同祖兄弟，谨抆泪而书其概云。公生揭阳县举登村，封尚书叔父梅斋公长子，母许夫人。嘉靖乙酉，由郡学生以《书经》中广东乡试陈思谦榜第三十六人。丙戌，中会试赵时春榜第二百六十二人，殿试登龚用卿榜第二甲，赐进士出身，第三十三人。为户部主事、员外郎、郎中。差监兑湖广、管河西务、督通惠河、赈济顺天，历历有能声。奏劾贵近，词甚峻切。守梧州，恩威并著。时仇帅鸾纵卒扰市民，公悉束缚之。升广西副使，经理交事。龙凭土舍赵楷等，方为莫登庸腹心。公禀命军门，断其中坚，擒三凶，平四峒，定藤峡。登庸闻之震恐，仇乘间遣奸人入安南，利登庸贿。公廉得，又缚之，登庸益震恐。会升公浙江参政，军门以安南未平，疏留参广西政。登庸既降，擢为四川按察使、陕西左右布政使。寻擢副都御史，巡抚陕西。未几，擢兵部侍郎兼都御史，总督宣大。在镇五年，北虏喙遁。以筑边、获奸奏捷，升兵部尚书。己酉，入柄本兵。冬，奔梅斋公丧。庚戌夏，上用廷议，以金革起公防秋。公以父丧未厝，遣疏乞终制。未及上，虏侵畿甸。公闻报，哭辞几筵，舆疾就道。不四十日抵京，自劾待罪。

上疑其迟命，革职候用。旋以兵部侍郎兼都御史，经略紫荆诸关。辛亥春，连疏乞终制，得罢。奔归葬梅斋公，庐于铁林。仇含往事，数中伤公。逮仇以逆诛，上鉴公忠悬，特起为兵部尚书，命至而公徂矣！

上闻讣哀悼，遣行人司官□葬，本布政司堂上官谕祭二坛，加赠太子少保。年五十有五。公历官中外一十八任，前后奉敕凡十道，蒙奖赐凡六，封祖父母凡三，封父母、妻凡四。应得例荫亦三，公推荫弟万程与子思佐，其一辞不请。呜呼痛哉！今不复见矣！公幼讳万春，长更万达，字仁夫，别号东涯。配张，赠夫人，公葬之海阳龟山。继配孙，封夫人。子男二，长思任，邑庠生，张出，娶李，蚤逝，未议嗣；次思佐，国子生，侧室薛出，聘佥事海阳陈公一松女。女一，孙出，适都御史莆田邹公守愚子迪。三河之墓，公官按察时，自营乐丘，首□趾甲，凡二窀。公弟万纪、万程、万逵率思佐，卜今十二月庚寅日吉，奉公窆于左，虚右为孙夫人寿藏。然公以忠义之气、孝友之行、该博之学、明练之才，功在封疆，勋纪石室，当与兹山同悠久也，其或百世。呜马跼地，永望仁人，厚加掩覆，寔为无疆之惠，亦万化无疆之思。因托公门人莆田生员吴九围填讳并书。

嘉靖甲寅季冬之吉，致仕长泰县训导从弟万化顿首顿首谨志。

图1　翁万达圹志篆盖

图 2　翁万达圹志

“盛世元凯”“龙飞首盛”二牌坊匾额书迹考

辜江枫[*]

引　言

在潮州市区太平路（牌坊街）汤厝巷口，有一个2009年重建的牌坊，朝北匾额题“盛世元凯”、面南署“戊辰八贤”，该坊坊主为明崇祯元年（1628）戊辰科潮州府八位同榜进士辜朝荐、郭之奇、黄奇遇、宋兆禴、梁应龙、李士淳、杨任斯、陈所献，因该科潮州府举进士人数为明代科举最高峰，轰动一时，故而省府官员为之建坊旌表。清郑昌时《韩江闻见录》记载：

> 又前明崇祯戊辰同榜进士，有辜朝荐、郭之奇、黄奇遇、宋兆禴、李士淳、梁应龙、杨任斯、陈所献等八人，同建坊于大街，亦题曰“戊辰八贤”。按：是科又有林铭球一人，系普宁人，入漳浦籍。①

而在旧揭阳县城宣化街也有一个与此坊有关的牌坊，称“龙飞首盛”坊，其所建是为旌表以上八位进士中的四位揭阳籍进士郭之奇、黄奇遇、宋兆禴、辜朝荐（其中辜朝荐为海阳人，揭阳学籍）。该坊是位于县衙门口的首座牌坊，据乾隆《揭阳县志·坊表》载：

> 龙飞首盛坊，在太平桥，为戊辰四进士郭之奇、黄奇遇、宋兆禴、

* 辜江枫，广东省书法家协会会员、潮汕历史文化研究中心青年委员会委员、汕头市侨批研究会成员。

① 郑昌时辑《韩江闻见录》卷1，吴二持校注，上海古籍出版社，1995，第6页。

> 辜朝荐立。[1]

该坊传背面镌“戊辰四俊”，民间俗称“四俊坊”，有“五虎廿四狮，七只鹭鸶在摆莲（飞舞）”的称誉，以赞其樑枋之间的石雕之精美。民间亦有传说该坊上的匾额为明代尚宝寺卿、著名书法家、潮州人吴殿邦所题。

至于二坊之命运，陈梅湖在《浙闽逸史·宋兆禴传》言：

> 民国十年以后，秉政者侈言建筑，狂倡拆城筑路之议，摧坏名迹不可胜纪，二坊亦先后被毁。“龙飞首盛”石额为邑绅吴文献移置其所构揭城阙外之别墅中，至“盛世元凯”额碎椎沉泥，莫可考矣。[2]

一　二坊匾额书迹之重见与考证

在2018年的农历正月廿二日，潮安区金石镇辜厝村恰好轮值十年一次的灯首，在辜厝村的太卿第（辜朝荐故居）神厂，该房族人为装扮神厂，展出了其世代相传的辜朝荐像一帧及两条榜书条幅（下文简称“条幅”）。其中辜朝荐像为老画像，经笔者对比辨认，可确定为民国版《潮州先贤像传》所影印之“辜在公像”的原像。而两边的两条榜书条幅为旧摹本，每条条幅摹榜书八个，内容一为“盛世元凯，戊辰八贤”，一为“龙飞首盛，戊辰四俊”，皆填为朱墨行书，每字尺余，无款，字迹相同（见图1）。众所周知，这十六个字便是上面所述的“盛世元凯”坊与“龙飞首盛”坊的匾额内容。由此也自然使我们产生了一个猜想，这十六个榜书是否便是以上二坊的匾额书迹呢？

就此问题，笔者遍寻了关于潮州府城和揭阳县城的牌坊老相片。但遗憾的是，这两个牌坊都没有相片存世。一次偶然的机会，笔者在民国时期的陆军中将吴文献的私家园林——榕石园的资料中找到了关于“龙飞首盛”牌匾的线索。

---

① 乾隆《揭阳县志》卷6《坊表》，《广东历代方志集成·潮州府部》第17册，岭南美术出版社，2009年影印本，第267页。

② 陈端度编辑《浙江诸暨嵝岵张氏家谱及浙粤逸史·陈公梅湖文献选十五之十三》，赵俊明、郭甦、李磊明校对，内部图书，2014，第679页。

图 1　2018 年辜厝村太卿第展出的辜朝荐像与书法条幅

资料来源：笔者摄。

据《揭阳县志（1986—1991 续编）》记载，1926 年，陈卓凡来长揭邑，以奉省政令召邑绅商民代表，宣布扩街道、毁寺观、办学校等各项政令。其中宣化街原五米，扩宽为十米，改名中山路，从衙前一直至南河渡口。“龙飞首盛”坊首当其冲，面临拆除，众皆惋惜。但陈县长坚心不移，对来阻者说，以一坊而碍交通禁锢，事关国计民生之发展，众人毋再非议。城中守旧人士口不敢言而心不悦。坊遂拆卸，匾额则弃于荆榛之间，恰民国陆军中将吴文献（1890～1952）建榕石园于揭阳榕城北沼西侧（今榕城粮管所处，与鱼石斋、榕江书院园林同为揭阳县近现代著名园林），视为至宝，将坊石搬往园中，嵌入园壁，并建“拜石亭”名之，筑成园八景之一“龙飞首盛”。[①] 1935 年，清末翰林吴道镕（1853～1936）重游潮州，曾游榕石园，并撰《榕石园记》，其中有关于此事，载曰：

> 越鱼乐池而北则“四俊坊”在焉。四俊者，郭忠节詹事之奇、宋大令兆禴、黄编修奇遇、辜给事朝荐。郭名臣，宋循吏，黄、辜并以明亡抗节不仕，而皆登第于崇祯初元。海阳吴尚书玺卿（尚宝寺少卿别称）殿邦题曰“龙飞首盛”，二百年来，邦人瞻仰。隊城辟道，坊无所附，委弃荆榛，爰移置于此。而以所余坊石嵌北壁，曰“拜石亭”。

① 贺益明主编《揭阳县志（1986—1991 续编）》，广东经济出版社，2005，第 557 页。

南宫（指宋代米芾）拜石出于好奇，此则崇先贤兼存名迹。①

笔者在吴晓峰《吴文献及其书法》一文的插图中见有吴文献将军与其夫人汤氏于“龙飞首盛”牌匾前的合影，相片中得见一“龙”字。笔者将之与辜厝村太卿第榜书条幅中之“龙”字相对照，发现其字迹完全相同（见图 2）。

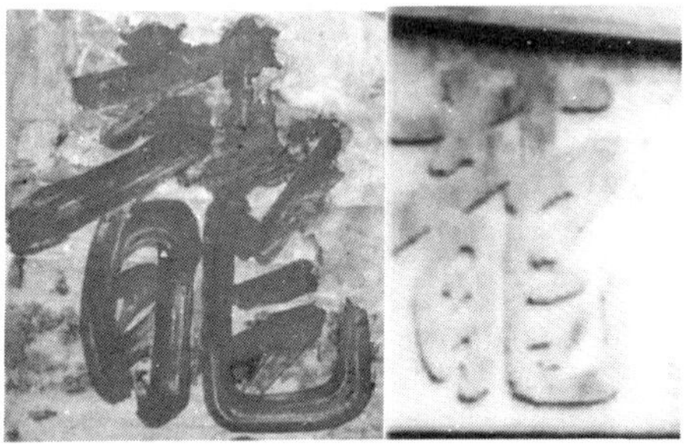

图 2　条幅中“龙”字与照片中“龙”字的对比

另者，又有揭邑孙道平兄传来陈奕波所著《图说岭南水城》书影，书中插图又见“龙飞首盛”匾残件，其中得一“盛”字与半个“首”字（见图 3），笔者又将之对照于条幅中的“盛”字与“首”字，字迹亦完全相同（见图 4、图 5）。

图 3　“龙飞首盛”坊匾残石

资料来源：陈奕波：《图说岭南水城》，汕头大学出版社，2018，第 40 页。

① 吴道镕：《澹盦文存》，《近代中国史料丛刊续编》第 20 辑，台北：文海出版社，1975 年影印本，第 109～110 页。

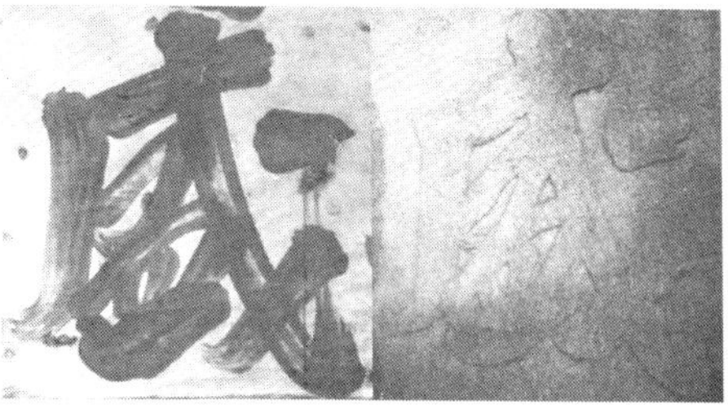

图4 条幅中的“盛”字与“龙飞首盛”坊匾残石中的“盛”字的对比

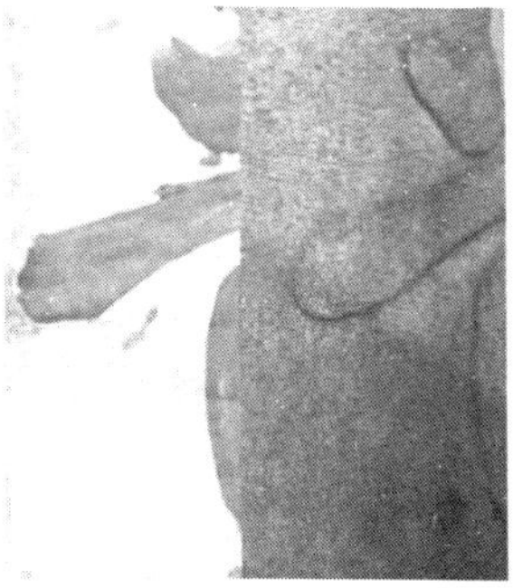

图5 条幅中的“首”字与“龙飞首盛”坊匾残石中的“首”字的对比

因此可断定，辜厝村太卿第所展的榜书条幅中的“龙飞首盛”四字当即为旧揭阳县城龙飞首盛坊的匾额书迹，又因两条条幅中所有的字迹风格皆相同，所以笔者大胆断定，这两条条幅中的字迹应当为旧“盛世元凯”坊和“龙飞首盛”坊上的匾额书迹。

二 吴殿邦题匾考辨

“盛世元凯”和“龙飞首盛”二坊上的匾额书迹一直传说为明代潮州著名书法家吴殿邦所书，可是辜厝村传世的两条条幅和“龙飞首盛”残匾都不见吴氏落款，但是无论是辜厝村传世的两条条幅还是揭阳民间传言，都一致认为是吴氏所题。在民间也有关于八位进士去请吴氏书写牌匾的各种脍炙人口的故事传说，甚至吴道镕在《榕石园记》中也语气非常坚定地说：“四俊……皆登第于崇祯初元。海阳吴尚书玺卿题曰‘龙飞首盛’，二百年来，邦人瞻仰。”① 其用词坚定，无半点猜测之意，吴氏当时是否有看到明

① 吴道镕：《澹盦文存》，《近代中国史料丛刊续编》第20辑，第109～110页。

确的史料记载，今已然不得而知。然而以两条条幅上的字迹的用笔风格与吴氏现存世的牌匾书迹做对比，确实有类同之处，下面笔者便取几个例子试做对比。

（一）枫溪“吴氏家庙”匾与条幅字迹中个别点画的对比

枫溪“吴氏家庙”匾题于崇祯十二年（1639），其字体风格与条幅酷似（见图6），下面将在牌匾和条幅中裁出部分点画进行对比（见图7、图8、图9）。

图6　枫溪“吴氏家庙”牌匾

图7　牌匾中“氏”字的“㇂”与条幅中“盛”“戊”字的“㇂”的对比

图8　牌匾中“家”字的“㇏”与条幅中“辰”“贤”字的“㇏”的对比

图9　牌匾中“庙”字的“丿”与条幅中“盛”“辰”“戊”字的“丿”的对比

（二）枫溪国王宫“山国枫茫”匾与条幅字迹中个别点画的对比

枫溪国王宫“山国枫茫”匾书于崇祯十一年（1638）（见图10），其中“枫”“茫”二字皆有“乚”画，现将之与条幅中“元”“龙”字的“乚”做对比（见图11）。

图10　枫溪国王宫“山国枫茫”匾拓片

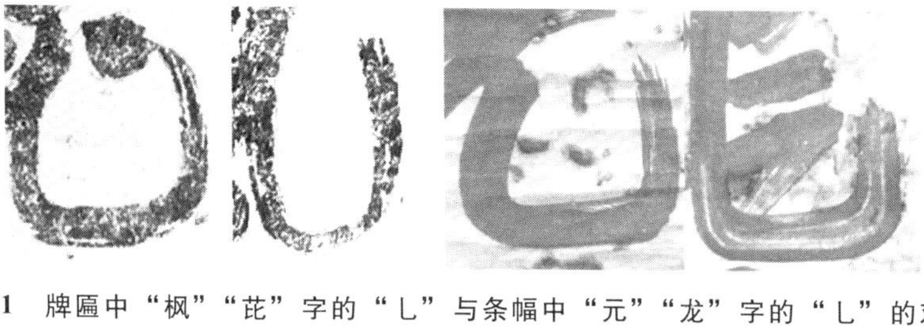

图11　牌匾中“枫”“茫”字的“乚”与条幅中“元”“龙”字的“乚”的对比

（三）汕头博物馆所藏“吴殿邦诗轴”与条幅字迹中个别点画的对比

汕头博物馆所藏“吴殿邦诗轴”为吴氏遗世少数墨迹之一（见图12），现将之其中“有”字的“月”部与条幅中“龙”字的“月”部做对比（见图13）。

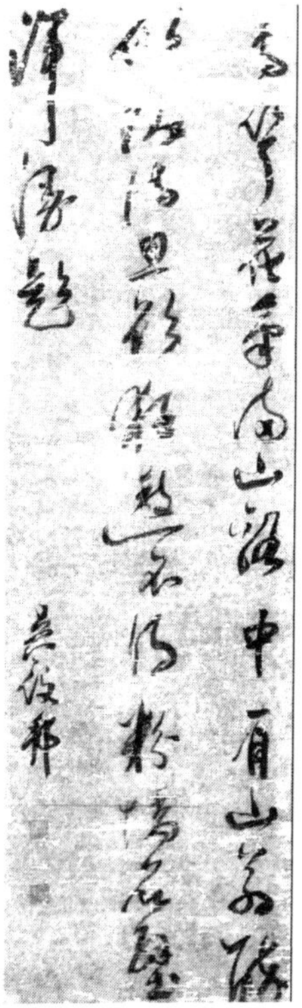

图 12　现藏于汕头市博物馆的吴殿邦诗轴

资料来源：黄舜生、许习文：《潮汕历代墨迹精选》，汕头大学出版社，2004，第 3 页。

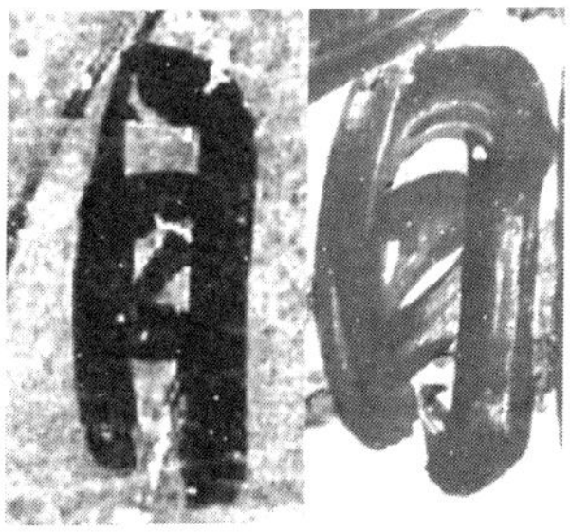

图 13　吴殿邦诗轴中“有”字的“月”部与条幅中“龙”字的“月”部的对比

通过以上例子的对比可见，两条条幅上的字迹与吴氏存世作品字迹的用笔习惯、点画风格皆高度相似。所以自古相传上述两个牌坊的牌匾为吴殿邦所题，应该是有极大的可能性的。

小 结

于今二坊的牌匾书迹再现于辜厝村太卿第，与民国“龙飞首盛”坊匾重嵌于吴氏榕石园一般，皆有遗物重见之感。此中之感，应该是夹杂着几分悲叹与几分欣喜的。悲叹的是旧物数百年来几经磨难，数绝于世。郑智勇在《吴文献与榕石园》一文中曾慨叹说：“古有南宫拜石，仅出于好奇，而将军拜石，却为崇先贤兼存名迹，此中苦心，惟有心人能知。假如有第二个吴文献，或许，我们今天还能有幸见到这块坊石，可惜!”[①] 欣喜的是其物不绝，今日还能为世人所仰。

忆昔曾读民国揭阳诗人洪度之（1877～1941）的《咏榕石园八景》，中有《龙飞首盛》一诗，谨录之以殿本文，其中感慨，亦可表于此间：

四俊联芳忆戊辰，龙飞首盛著崇祯。一坊彪炳争瞻仰，二百春秋入棘榛。

昔日流风空话旧，今朝遗物别重新。经营胜迹留榕石，先正有知开口噘。[②]

---

① 郑智勇：《潮学管锥》，兰州大学出版社，1998，第174～175页。

② 孙淑彦：《孙淑彦文字集》第1册《史学·留住春风》，作家出版社，2014，第282页。

明僧成庵塔铭考释

孙杜平[*]

“律宗是中国佛教的重要宗派之一”，[①] 在唐形成律宗三家，即相部宗、东塔宗和道宣和尚开创的南山律宗。到了唐末，相部、东塔式微，只有南山一宗传承不绝。但南山律宗“元明之间，典型尽失。至明末清初，有古心律师杰出，其嗣法子孙三昧、见月两律师继起，南山宗于是复兴”。[②] 这个“古心律师”，就是被佛门誉为律宗中兴祖师的一代高僧释如馨。释如馨是溧水县人，弱冠出家，后在南京创“古林寺”，并将其发展成为“天下第一戒坛”和“中兴戒律之祖庭”。万历四十二年（1614），他在山西的五台山永明寺“开建皇坛，传授千佛大戒”，被赐号“慧云律师”。著名法嗣有十二人，并在各地传灯，后分为“古林”“愍忠”“圣光”“千华”等派。

在今汕头市潮阳区关埠镇的石井岩，是一处有着一千多年历史的佛教圣地。该山“石室天成，前临大江”，自北宋以来，便有僧人在此辟洞潜修。现在山上还留有多处宋人的题刻，如政和元年（1111）的开山记和嘉定八年（1215）的唱和诗。降至明、清两代，士人游览题咏之刻，精蓝隆替载事之碑，镌石勒珉，随处可见。今山上的三峰寺内，遗有一通清代重刻的《成庵律师舍利塔铭》（下称《塔铭》）碑石，记载着明末律宗“古林”派释如馨的传人——三峰寺住持僧成庵的生平。因为年代久远，加之自然的侵蚀、人为的篡改，这通碑在文字、文意上出现了一定程度的错讹和乖舛。笔者不揣谫陋，试为释其文字、考其事迹，以介绍释如馨所重兴的律宗在潮阳传播和发展的情况，也俾研究地方佛教史者，知“流传于潮

---

* 孙杜平，汕头祥瑞天一文化传播公司顾问。

① 王建光：《中国律宗通史》，凤凰出版社，2008，“序言”，第1页。

② 蒋维乔：《中国佛教史》，上海古籍出版社，2004，第292页。

汕地区的佛教宗派主要是注重实修的禅宗”[1] 外，还存在着一支传承了一百多年的南山律宗分派。

一 僧成庵之生平

据《塔铭》载，僧成庵的俗籍是河南开封府人，童真出家，历受沙弥、比丘、菩萨等戒，曾做过六年的行脚僧，并先后在山西的五台山永明寺、潮州的开元寺以及南岩住锡，最后被礼请为潮阳石井岩三峰寺的住持。除了这些庵寺，他又一度挂锡于今潮安区庵埠镇的施茶庵。[2] 崇祯二年（1629），僧成庵圆寂于三峰寺，俗寿、僧腊不详。崇祯三年（1630）在寺后造塔，现在巍然尚存。

僧成庵初受沙弥戒于释如馨。万历四十一年（1613），僧成庵修行到五台山永明寺，适逢明神宗敕命释如馨在此开坛说戒，因此再度受戒，圆比丘、菩萨两戒。因其“定道洪圆”，成为众多禀戒皈依僧、俗中的“白眉”，即杰出者。僧成庵在这次受戒中，并获“受衣、钵，上赐杖”。对这次朝廷颁赐给受戒僧、俗二道的器物，《律宗灯谱》有这样的记载：“由是，南北缁素登坛禀戒归依者，不可胜计，并赐千珠佛衣、钵盂、锡杖等事件，隆眷甚渥。”[3]《塔铭》所谓的衣、钵、杖，就是千珠佛衣、钵盂、锡杖三项，而不是“接受古心大师的衣钵”。按照“律门的师资相承，其师资关系的形成，通过剃度、受戒、嗣法等形式”，而“嗣法的传承需要一定的传法仪式与付法信物”，[4] 衣钵是其中一种。僧成庵所受的衣、钵，皆出朝廷颁赐，而不是与释如馨之间师资关系的付法信物。僧成庵只是释如馨的受戒“弟子数万人”中的一名，所以《南山宗统》《律宗灯谱》等书只记释如馨法嗣十二人，而僧成庵不在其列。又据清人许希逸的《石井山三峰寺寻紫衣和尚塔并观崇祯朝所赐千佛袈裟》[5] 一诗，这袭千珠佛衣，也即千佛袈裟，“佛制称为衣者，袈裟也”，[6] 至清代的同治年间（1862～1874）还能看到。

---

① 郑群辉：《潮汕佛教研究》，暨南大学出版社，2015，第 129 页。

② 释慧原：《潮州市佛教志·潮州开元寺志》上册，1992，第 28 页。

③ 释源谅：《律宗灯谱》，全国图书馆文献缩微复制中心，1993，第 23 页。

④ 圣凯：《明末清初律宗的传播情况与特点——以〈南山宗统〉与〈律宗灯谱〉为中心》，《世界宗教研究》2014 年第 5 期。

⑤ 许希逸：《堆墨斋诗钞》，清同治十二年（1873）刻本。

⑥ 丁福保：《佛学大辞典》，上海书店出版社，1991。

这也是僧成庵为何被称为“紫衣和尚”的缘故。而赐其佛衣的是万历，不是崇祯。

二　僧成庵之戒律、法系

学者研究，“明末的律学理论有着禅、教、律一体，大小乘一致、显密教律融合的特点”。[①] 释如馨所著的《经律戒相布萨轨仪》一书，其戒律思想也“含摄禅、密、净土、华严等诸宗概念”。[②] 作为释如馨受戒弟子中的白眉，僧成庵在戒律上的修持和思想是怎样的？《塔铭》胪举僧成庵一生所攻研的佛籍，有《楞严经》《心经》《法华经》《华严经》《弥陀经》《梵网大戒》等。其中，僧成庵治《法华经》最用力，深得三昧。这些佛经，分别是禅宗、净土宗和律宗的经典。《梵网大戒》全称《梵网经菩萨大戒》，明末的律宗僧人对此佛经都“表现出浓厚的兴趣”，[③] 如释如馨的得意弟子三昧律师就著有《梵网经直解》。由此可知，僧成庵在戒律上应该仍是步武释如馨，有着明末律宗僧人的一般特点。

僧成庵住持三峰寺约有八个春秋，即天启二年（1622）至崇祯二年（1629），“是时开设道场，广置僧舍百间”，[④] 并在这里“说戒传衣，化度甚广，因缘辐辏，法席称盛”，“其徒散处四方甚众”。[⑤] 当时南山律宗在潮阳传播之迅猛和发展之深广，借此可窥一斑。《塔铭》载其僧、俗弟子，有僧海圣、林海浩、王海琮、余海成等人。又据僧成庵的墓碣题款，其弟子还有海贤、海度、海白等。至乾隆年间，传至第九代法孙瑞荣广文。虽然三峰寺“后毁于兵，惟存石室”，至康熙初叶仅存“有僧一二以守香灯”。[⑥] 但是僧成庵的法系，或者说律宗的传承得以延续。今据《塔铭》以及《律宗灯谱》《南山宗统》等书，为制僧成庵在三峰寺的传灯图（见图1），以见三峰寺与律宗“古林”派，或说南京古林寺之间的历史渊源。

---

① 王建光：《中国律宗通史》，第431页。
② 詹天灵：《古心律师》，http://www.longyuan.net/fxwz/fxwz102/wz102/08.HTM。
③ 王建光：《中国律宗通史》，第443页。
④ 康熙《潮阳县志》，汕头市潮阳区地方志办公室，2017，第132页。
⑤ 康熙《潮阳县志》，第132页。
⑥ 康熙《潮阳县志》，第132页。

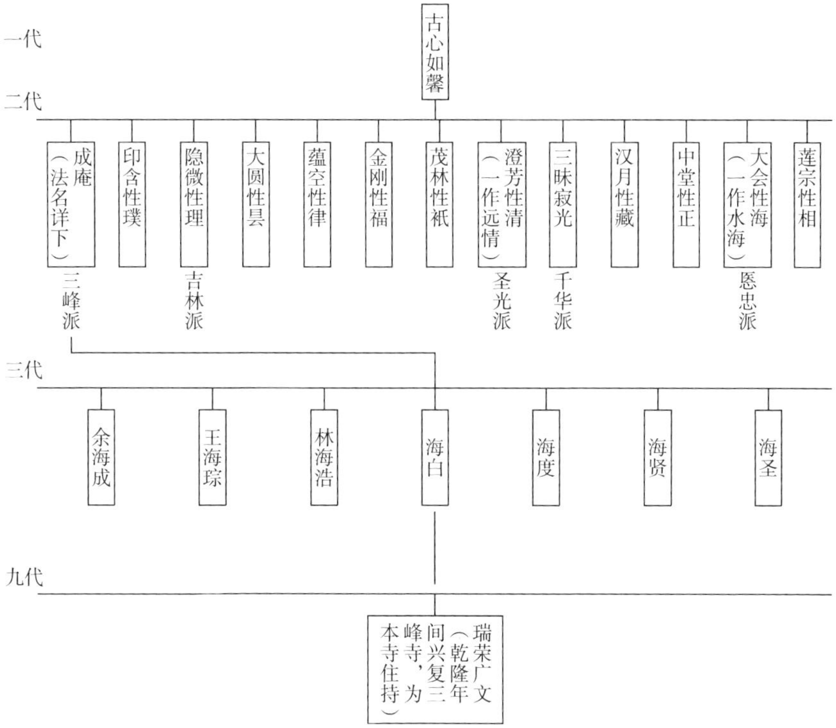

图1　三峰寺传灯图

三　僧成庵之法名

关于僧成庵的法名，这通《塔铭》没有直接指出，而是这样写道："师讳珮公成庵。"又三峰寺内僧成庵的墓碣，题有"明圆寂比丘紫衣成庵珮公塔"的字样。清人梁廷枬说："僧之称公，皆冠以名之下一字。"[①] 这里的"名"，指的是僧人的法名。照此，"珮"字就是僧成庵法名的下一字。

据《律门祖庭汇志》载，南山律宗"古林"派的派字，一共有四十八个字，以"如"字为第一代，为：

智慧清净，道德圆明。真如性海，寂照普通。

① 梁廷枬：《金石称例》，《石刻史料新编》第3辑第40册，台北：新文丰出版公司，1986，第18页。

心源广续，本觉昌隆。能仁圣果，常演宽宏。
惟传法印，证悟会融。坚持戒定，永纪祖宗。①

这四十八个字又见《宗教律诸家演派》，② 原为临济宗的派字。“古林”派之所以用此派字，是因释如馨出家时的受戒师为栖霞寺的真节法师，其为临济宗僧人。“如”字既为第一代祖师释如馨的派字，那么“性”字依理即是僧成庵的派字，其法名就是僧性珮乐，成庵是其别号。从上面所记释如馨法嗣的法名，也可反证僧成庵的法名为“性珮”。他的第九代法孙叫广文，也是沿用这个派字。

四　僧成庵之卒年、塔铭撰文立石之年

关于僧成庵的卒年，《塔铭》说他在“崇祯辛巳十一月廿六日示寂”。辛巳年为崇祯十四年（1641），这看似没有多大的疑问。但据今僧成庵墓碣的刻字，则记在他圆寂的隔年庚午年，即崇祯三年，其弟子为他造塔树碣。兹录其款如下：

崇祯庚午春三月吉旦立（左）；当代徒海贤、海圣、海度、海白等奉祀（右）。

如僧成庵卒于崇祯十四年，而造塔却在崇祯三年，这有些悖于常理。《塔铭》又谓，僧成庵殁后，“揭阳令冯公为师给簿，令建塔于寺之后”。据雍正《揭阳县志·职官》③，崇祯一朝，揭阳知县凡有六人，冯姓知县者，为浙江慈溪人冯元飙，任期为天启六年（1626）至崇祯四年（1631）。互相比较之，《塔铭》的“崇祯辛巳”当是“崇祯己巳”之误，己巳年是崇祯二年。所以，僧成庵应该卒于这一年，明年冯元飙为给簿建塔，于理也安。不然的话，便会出现像林俊聪先生如是的疑虑：“崇祯辛巳十四年，即成庵圆寂时，他（冯元飙）已当上户部给事中，不可能‘为师给簿，令

① 释仁友：《律门祖庭汇志》，清光绪三十一年（1905）印本。
② 释守一：《宗教律诸家演派》，《续藏经》第150册，台北：新文丰出版公司，1994，第526页。
③ 雍正《揭阳县志》，潮州市地方志办公室，2003，第228页。

建塔’。”①

又据《塔铭》，这通碑是在“崇祯辛未年吉旦勒石”的，辛未年是崇祯四年，勒石又在建塔的隔年。勒石时间既有载，应该不劳费辞了。林俊聪先生却以为：“成庵圆寂于崇祯十四年辛巳，而辛未是崇祯四年，师尚在世。塔铭述及师临终及身后之事，不可能撰于成庵生前。”② 为此，林先生在过录《塔铭》时，特将勒石时间的“崇祯辛未”，径改为崇祯十六年（1643）的癸未。

考《塔铭》的作者在叙述撰文的缘由时，有这样的话：“其徒海圣索铭于余，圣与余旧相识，别余廿三载，谈龙首、石井之游如昨日。”这里的“龙首”，指的是龙首山，旧为潮阳八景之一的“龙首环青”，与石井并称名胜。而作者之游石井的年月，《塔铭》开篇即言：“岁万历丙午，余浪游潮阳，访大颠之遗迹，过石井岩。”丙午年为万历三十四年（1606），越“廿三载”，正当崇祯二年，应其徒僧海圣之请，撰写了这通《塔铭》。与上文所说僧成庵圆寂的年月正相吻合。

综上所述，僧成庵当卒于崇祯二年，同年其徒海圣索铭于《塔铭》作者，明年冯元飙给簿建塔，至崇祯四年才把这通《塔铭》勒石。补充一下，清人叶昌炽在《语石》一书中，论及我国僧人的塔铭时说：“释氏之葬，起塔而系以铭，犹世法之有墓志也。然不尽埋于土中，或建碑，或树幢。”③ 也就是说，僧人的塔铭不一定都埋于塔中，也有立于塔旁的。援此加以说明，才不会产生这样的疑问：崇祯四年勒成的《塔铭》，是如何纳在崇祯三年建成的塔中？看来，这通《塔铭》应不是“埋于土中”的。

五　僧成庵之出身与籍贯

对于僧成庵之出身，后世在题咏三峰寺的诗文中，都谓他中过“甲榜”，有过“科名”。如清代揭阳人副贡生孙俊在《重阳日游棉阳石井岩三峰寺》的末句，就这样说：“闻道前僧由甲榜，古今名士半仙才。”④ 同县廪贡生许希逸的《石井山三峰寺寻紫衣和尚塔并观崇祯朝所赐千佛袈裟》一

① 林俊聪：《三峰古寺》，潮阳三峰古寺，2013，第 101 页。
② 林俊聪：《三峰古寺》，第 101 页。
③ 叶昌炽：《语石校注》，韩锐校注，今日中国出版社，1995，第 402 页。
④ 孙俊：《吟香馆诗钞》，抄本。

诗中，也说："幻缘了科名，法眼穷秘笈。"[①] 若僧成庵生前有过"科名"，或中过"甲榜"即进士，如此重大的人生遭际，何以《塔铭》对僧成庵的叙述，没有片言只语及之？这或出于诗人渲染之需，或出于世俗夸诞之谈，应该是不可征信的。

康熙《潮阳县志》谓，"明万历间，江南僧成庵居此"。[②] "此"指三峰寺。今据《塔铭》，则确说僧成庵是"河南开封人"，且说他因"道行醇粹"被一众居士迎住石井岩，并修复三峰寺，时在"壬戌春"。根据《塔铭》上下文意，这个壬戌年为天启二年。《潮阳县志》所说，皆与《塔铭》相左，其"江南"恐为"河南"之误。

六　塔铭撰文人、书丹人、篆额人之身份

如上所说，由于自然的侵蚀、人为的篡改，这通碑在文字、文意上出现一定程度的错讹和乖舛，现在棘手的是对撰文人的考证。虽然，《塔铭》首题次行刻有"进阶中大夫、浙江潮州府同知、右云谢□敬拜"的字样，但这一行字显然出现讹字、脱字的情况。按《明史·地理志》，潮州属广东行省，湖州属浙江行省，则这一行中题衔的"浙江潮州府同知"，"潮"字应为"湖"字形近致误。又从句中知撰文人姓谢，顺藤摸瓜，查一下同治《湖州府志》。[③] 考该志《职官表》所载有明一代的湖州同知，凡四十五人，没有谢姓的同知。现在欲求他的生平事迹，几乎不可能了，只好付之阙如，俟之将来。

而书丹人的姓名，见于该碑的第二十四行，称"逸人萧立则书"，其人事迹，暂不可考。

至于篆额人的姓名，并见于同一行书丹人之前，称"赐进士出身、中墨大夫、湖广郧阳府丹诏□铁扁额"。这里也出现讹字。按《明史·职官志》，明代知府为正四品，其对应散阶有三，为"初授中顺大夫"、"升授中宪大夫"和"加授中议大夫"，这里的"中墨大夫"可能是这三个散阶中的一个。而句中对篆额人姓名的记载，恰与撰文人相反，仅存其名，而失其姓。这一句透露了关于篆额人的三点信息：一是出身——"赐进士"；二是

① 许希逸：《堆墨斋诗钞》。

② 康熙《潮阳县志》，第132页。

③ 同治《湖州府志》，上海书店出版社，1993。

官职——“郧阳府”，这里似脱一“知”字；三是籍贯——“丹诏”，即今福建诏安县的别称。查同治《郧阳志·官师志》[①]，刚好万历十四年（1586），任郧阳知府有沈铁者，出身、官职、姓名和刻字相符，只是将其籍贯“福建诏安”，约略颠倒为“安福”。又查康熙《诏安县志·人物志》，[②] 也有沈铁其人。说他号介庵，为本县三都人，年二十五中万历二年（1574）进士，官至江西九江知府，年逾八十四卒。所以，这个缺了姓氏的篆额人，当为福建诏安的沈铁。县志又说，沈铁生平“与天台、见罗、青螺、南皋诸先辈明道谭学，所知如贺对扬、李愚公、王十华、薛藩、马梦吉诸君子，悉其契交”，[③] 并“著有《大学古本》《浮湘》《钟离》《兰省》《石鼓》诸集，《彭湖》《红夷》诸议”。[④] 这里的“天台、见罗、青螺、南皋”，分别是湖北的耿定向和江西的李材、郭子章、邹元标，皆为明代著名的理学人物。

附 《成庵律师舍利塔铭》释文

成庵律师舍利塔铭（额篆书，横行）

石井三峰寺住持成庵律师舍利塔铭并行实（题，正书，直行）

进阶中大夫、浙江潮（湖）州府同知、右云谢□敬拜

岁万历丙午，余浪游潮阳，访大颠之遗迹，过石井岩，见三峰胜玉□□坏成，荫蔚茂，则叹其形胜之奇，且□然有□

之感。逮十余年，而有成庵律师兴复兹山。又十余年，而师乃圆寂，诸君欲为师施潜德之光，有其徒海圣索铭于余，圣

与余旧相识，别余廿三载，谈龙首、石井之游如昨日，于今后然上人矣。余益感叹久之，非克□□姑状：师讳珮公

成庵，河南开封人，童真出家，皈依律师古心和尚，受沙弥戒。当律师行脚至南海，苦行六六年，持《楞严》《心经》，昼夜不放参，专礼

《法华经》，遂得法华三昧。万历癸丑，

神宗皇帝敕五台山永明寺开戒，众请古心律师说戒。时成庵修行，即

① 同治《郧阳志》，江苏古籍出版社，2013。

② 康熙《诏安县志》，上海书店出版社，2000。

③ 康熙《诏安县志》。

④ 康熙《诏安县志》。

到永明寺，圆比丘、菩萨戒，受衣、钵，

上赐杖，定道洪圆，允称得戒者，吾必以成庵为白眉去（云）。下缘黄公游天台，未持诸名名山，而卓锡于潮之镇城，掩门潮州

南岩水斋一百日。出关，至罗浮，转曹溪礼塔，海圣投师披剃。复归于潮之开元寺，领众诵《华严经》三载。壬戌春，方成等

结缘黄公槩居士林海浩、王海琮、余海成等，知师道行醇粹，迎住石井岩，修复三峰寺，而众同归。说戒传衣，化度甚

广，因缘辐辏，法席称盛矣！而师秋毫无染，粒米丝缕，与众共之，衣钵之外无长物。又开《华严经》期，众同皈依之大光明

法界藏中矣。师于黑白月，自诵梵纲大成，每日不离三衣，常诵《弥陀》、礼《法华》，六时不辍，圣荣随给。庵以《法华》供□，今

收当一字一礼，久之当得大受用。念佛勿散乱，散乱坠落，师垂戒如此，共证西方上品无疑矣。崇祯辛巳十一月廿六

日示寂，预就廿一日令大众礼千佛，廿三日召法派到山中。至中夜，指海圣云："为我收拾。"圣云："□□□□□有三衣

一钵一杖，收拾何物?"师云："即为收拾衣钵入塔。"身施素水沐浴，念佛坐化。七日后，众视之，端坐石上。人乃瞻谒，时黎世

讶以为奇事。揭阳令冯公为师给簿，令过（建）塔于寺之后。青口子曰："甚矣，人之好奇而未知所以者。凡言师之坐化，则悉

言师自知时至又奇，言师坐化后容颜如生愈奇。乃其平日之苦行，礼《法华》，念佛持咒，而人皆未之奇也。非师之平

日精专不二，欲其求后之自在坚固，庸可冀乎？或曰：'大颠具正法眼，机锋迅疾，龙口昌黎，以方成公，其也有讳乎?'意平

实受用，胜险峻机锋，矧成公所受，即千佛所留之衣也，顾不重乎？彼视脱幻躯如脱垢，成之已得大自在，弥留之以作

山门供养，不亦休乎？要之二老心同道同，而门庭施设不同，法界中具作平时观也。"乃箴铭曰：是相皆空，是空即相。本来

承面目，何真何妄？圆寂七日宛如生，灵骨放光彩难比量。不是圣兮不是凡，法华三昧广为证。明多定诸如来，留铭三峰

作供养。无缝塔祇成一样，大颠歌会灵山上。留衣常护法王宫，一统山河太平。

赐进士出身、中墨（宪）大夫、湖广郧阳府丹诏□［沈］铁扁（篆）

额，逸人萧立则书。崇祯辛未年吉旦勒石。

大清乾隆十一年岁次丙寅桂月望日

广东潮阳营左部厅纪功二次佛弟子陈全捐修勒石。

半山上人因之录成而歌曰："名儒兮比禅，识缘兮任翔。

迹灭度兮流芳，放毫光兮万古传。"第九世孙广文即嗣法比丘瑞荣重兴。

近年来澄海清代碑铭的搜集与整理

黄桂华*

一 筑堤碑记（按竖碑年代先后顺序）

（一）《修筑套仔堤碑记》

碑记位置：澄海区澄华街道岭亭社区南桥旁。
年代：雍正十一年（1733）。
现将碑记文字抄录如下：

修著何志喜之碑者，何示不志也。事尽可修乎？当事也。事不可修乎？为民当思也。我县治入海十有三港，皆发海阳之急水其□。沿县治之阴者，曰北港，曰蓬子港，曰大洲港，曰飞钱港，曰旗岭港，曰东陇港。其横沂县治之阳者，曰南港，曰金丝喉港，曰新港，曰东港，曰西港，曰溪东港，曰大港也。□港各河顺与内河亲辅者也。故自急水横沂上中下三都，经县治南门汇教场，夹右导内河之水合流入海者，今之水势然也。而北势隆洼不并者，潮水势伏见不常，当其截内河而独出。随至壅外河而逆行，中下二都民田尽遭浸者，今之水害又然也。若天互起，南港中央俾两水会同仗而一见，见而具伏分修堤岸，经此港口者，套仔隄也。筑套仔隄者，相水势伏见，度地势隆洼，得水地亲辅之义，百世之利也。利则昌，为而废也。曰海氛用武欲利兵师，一

* 黄桂华，汕头民间艺术家协会会员、汕头侨批研究会会员、汕头华侨历史学会会员、澄海江夏黄氏宗亲会副会长，主要研究方向为碑铭、族谱、侨批及潮汕历史文化等。

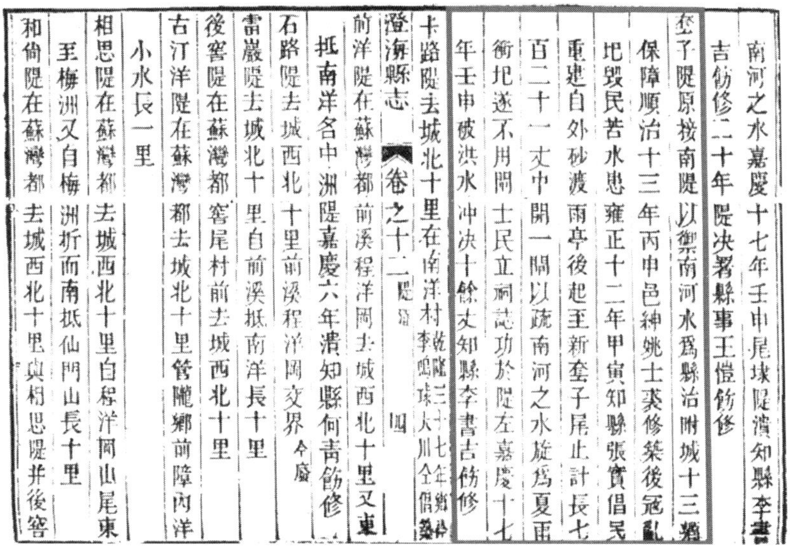

南河之水嘉慶十七年壬申尾埭隄潰知縣李書
吉飭修二十年隄決署縣事王愷飭修
套子隄原接南隄以禦南河水爲縣治附城十三鄉
保障順治十三年丙申邑紳姚士袞修築後寇亂
圯毀民苦水患雍正十二年甲寅知縣張賓倡民
重建自外砂渡雨亭後起至新套子尾止計長七
百二十一丈中開一閘以疏南河之水旋爲夏雨
衝圯遂不用閘士民立祠誌功於隄左嘉慶十七
年壬申破洪水冲決十餘丈知縣李書吉飭修
卡路隄去城北十里在南洋村乾隆三十七年鄉紳李鳴球大川仝倡築
澄海縣志 卷之十二 隄涵 四
前洋隄在蘇灣都前溪程洋岡去城西北十里又東
抵南洋名中洲隄嘉慶六年潰知縣何青飭修
石路隄去城西北十里前溪程洋岡交界今廢
雷巖隄去城北十里自前溪抵南洋長十里
後窖隄在蘇灣都窖尾村前去城西北十里
古汀洋隄在蘇灣都去城北十里管隴鄉前障內洋
小水長一里
相思隄在蘇灣都去城西北十里自程洋岡山尾東
至梅洲又自梅洲折而南抵仙門山長十里
和倘隄在蘇灣都去城西北十里與相思隄并後窖

图1　嘉庆《澄海县志》中记载的套子堤

资料来源：嘉庆《澄海县志》卷12《堤涵》。

时之权也。权则昌，为而不修筑也。曰愚民食天巧宦随俗，故有七十余年之胜，而无四十五日之功。修筑套仔隄，我侯江左张公，尉浙西莫公也。侯莅惠之河源，以才能调我海疆，兴利除害心乎，为民民心交孚，下其令，如流水也。总十三港，水势地势于一心蠲出海，陋规杜内渍也。设巡港哨船，防外决也。嗣是而两百三十余丈，套隄废垂七十余年者，一旦复兴也。复□奈何谋之，尉询及绅士，询及里民，慎以重之。绅士曰：此桑梓之庆，捐以筑也。里民曰：稼穑之祥，泒以利也。侯主之，尉辅之，有孚盈罡北之时，义大地北之利，用神也。是役也，起工十年十月，落工十一年五月尾，八阅月。民世其芳，喜可知也。泐石请志，见□□侯文章与政事并茂也。侯曰：中心藏之，何日亡之，谦谦君子也。虽□百世之利，非示不亡，情难释也。既不复命，退而□为之记。

侯讳实，字若园，江南含山人，捐银壹百两

尉讳国泰，字汇征，浙江钱塘人，捐银叁拾两

陈正夏捐银壹百两　蔡兴哲捐银壹百两　高岗捐银壹拾两　陈日晖捐银叁拾两　陈文合捐银叁拾银　陈文茂捐银贰拾伍两　陈颖发捐银贰拾两　杨天馥捐银贰拾两　陈业起捐银壹拾两

陈文蔚捐银壹拾两　蔡大铭捐银一拾两　陈昇之捐银柒两伍钱

谢高、蔡澄仪、林运世、蔡发祥、林万钟、李际盛、黄廷捷、蔡敬、蔡长合、谢立各捐银伍两　□□□、郑其之、蔡明学、林秀、黄士坚、吴日铉各捐银肆两　林士成贰两肆钱　蔡弘涛、蔡朝海捐银贰两　蔡乔士一两伍钱　黄智先、蔡尚友一两　蔡俊美伍钱

督工

孔日光　陈文发　陈昇之　陈其明　蔡发祥　蔡□□　蔡升隆　吴日铉　陈颖发　杨天馥　陈日晖　高岗　陈文茂　陈衍登　芮廷玉　黄士坚　蔡若锐　蔡乔美　蔡敬　蔡仁丰　许声朝　陈协之　蔡乔士　林仲理　林万钟　邱士武　姚国柱　黄瑞吉　蔡长合　庄德浩　蔡良惠　陈道照　陈玉银

雍正十一年六月初六日中外下外二都绅士里民同勒

通读碑记，我们可以从中了解到不少珍贵的历史信息。

第一，此碑文为陈正夏所撰，雍正《澄海县志》没有记载，可以作为研究澄海先贤的又一资料。陈正夏，字子寅，康熙壬午年岁贡，赠文林郎，崇祀乡贤陈复平之子、陈正运之兄（县志有传）。

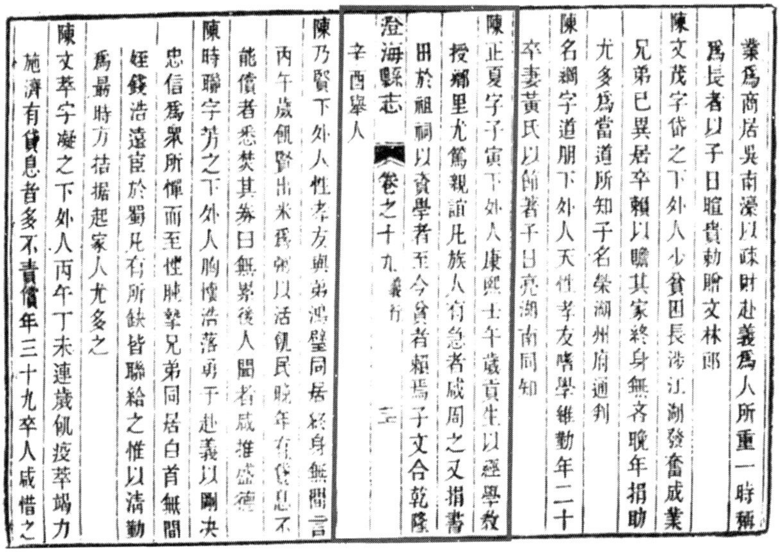
業爲商居吳南濠以疎財赴義爲人所重一時稱
爲長者以子日暄貴勅贈文林郎
陳文茂字岱之下外人少貧因長涉江湖發奮成業
兄弟已異居卒賴以贍其家終身無吝晚年捐助
尤多爲當道所知子名榮湖州府通判
陳名瀾字道朋下外人天性孝友嗜學維勤年二十
卒妻黃氏以節著子日亮湖南同知
陳正夏字子寅下外人康熙壬午歲貢生以經學教
授鄉里尤篤親誼凡族人有急者咸周之又捐書
田於祖祠以資學者至今貧者賴焉子文合乾隆
辛酉舉人
澄海縣志　卷之十九　義行
陳乃賢下外人性孝友與弟鴻璧同居終身無間言
丙午歲飢賢出米爲粥以活飢民晚年有貸息不
能償者悉焚其券曰無累後人聞者咸推盛德
陳時聯字芳之下外人胸懷浩落勇于赴義以剛決
忠信爲衆所憚而至性肫摯兄弟同居白首無間
姪錢浩遠宦於蜀凡有所缺皆聯給之惟以清勤
爲最時方拮据起家人尤多之
陳文萃字凝之下外人丙午丁未連歲飢疫萃竭力
施濟有貸息者多不責償年三十九卒人咸惜之

图 2　嘉庆《澄海县志》中记载的陈正夏

资料来源：嘉庆《澄海县志》卷 19《义行·陈正夏》。

第二，雍正年间，澄海出海口共有十三个港，沿县治之阴者有：北港、蓬子港、大洲港、飞钱港、旗岭港、东陇港；其横沂县治之阳者有：南港、金丝喉港、新港、东港、西港、溪东港、大港。

第三，张实，字若园，江南含山人，澄海知县。修筑套仔堤是张知县的倡议。从碑记中可知，套仔堤是雍正十年十月起工，雍正十一年五月尾落工。故而可知其实任澄海的时间应为雍正十年，并非乾隆《澄海县志》记载的雍正十三年。碑记作为原始资料，有更高的可信度。

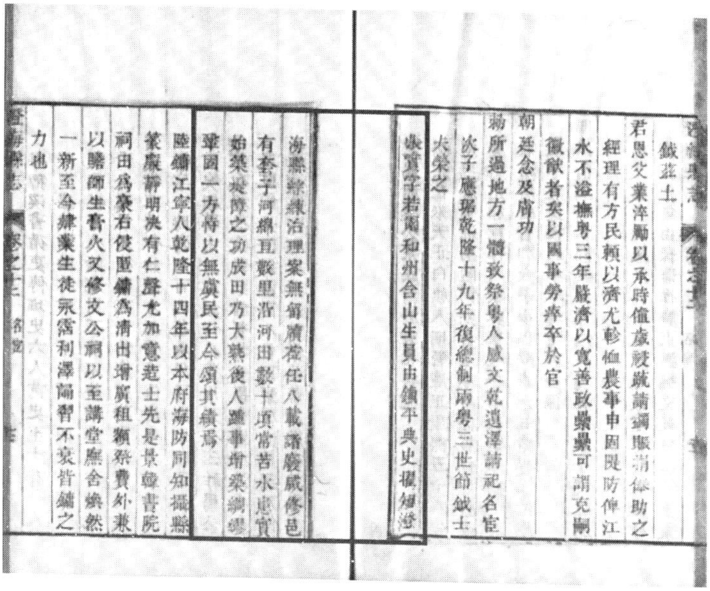
鐵莊士
君恩父業淬勵以承時值虔歲歲請綱賑消佽助之
經理有方民賴以濟尤軫恤農事申固隄防俾江
水不溢撫粵三年嚴濟以寬善政纍纍可謂克副
徵猷者矣以國事勞瘁卒於官
朝廷念及膚功
勅所過地方一體致祭粵人感文乾遺澤請祀名宦
次子應瑞乾隆十九年復總制兩粵三世節鉞士
大榮之
張實字若園和州含山生員由鎮平典史擢知澄
海縣綜練治理案無留牘在任八載請發帑修邑
有套子河綿亘數里浴河田數十頃常苦水患實
始築堤障之功成田乃大熟後人雖事增築總歸
肇圖一方特以無廣民至今頌其績焉
睦鏞江寧人乾隆十四年以本府海防同知攝縣
篆康靜明決有仁聲尤加意造士先是景韓書院
祠田爲豪右侵匿鏞爲清出增廣租額祭費外兼
以贍師生膏火又修文公祠以至講堂廡舍煥然
一新至今肄業生徒霑利澤而習不衰皆鏞之
力也
澄海縣志 卷之十二 名宦

图 3　乾隆《澄海县志》中记载的张实

资料来源：乾隆《澄海县志》卷 12《名宦·张实》。

按图 5 奏疏显示，乾隆十年张实刚好五十岁，那么雍正十年赴任澄海知县时，他只有三十七岁，正是年富力强之时，他赴任后八年里的一系列举措，使他能与明代澄海首任知县周行及鼎建澄海文脉之始冠山书院的蔡楠并列，崇祀名宦祠，他的政绩配得起这种待遇。

第四，士绅名录分析。

（1）蔡兴哲，职监，赠文林郎，坊间俗称蔡百万（县志有传，其故宅及墓碑仍存）。

（2）陈日晖，职监，以州同职封儒林郎（县志有传，其故宅仍存）。

（3）陈文茂，职监，以子名荣贵，赠承德郎，累赠中宪大夫。

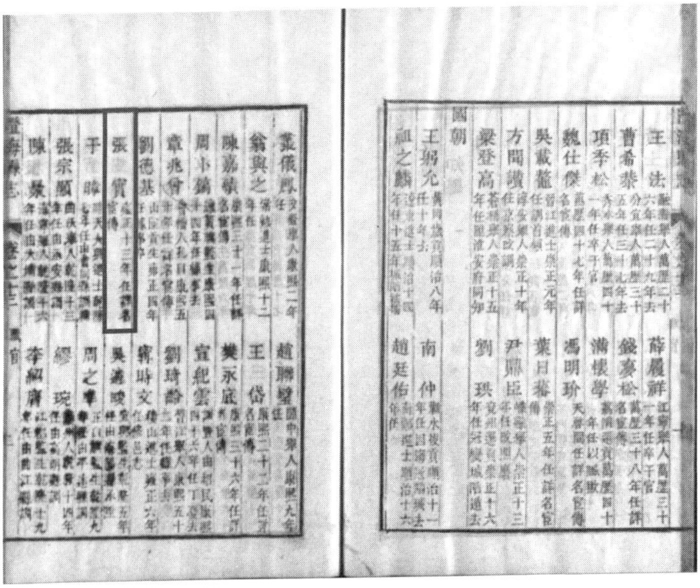

图 4　乾隆《澄海县志》中记载的张实

资料来源：乾隆《澄海县志》卷 12《职官・张实》。

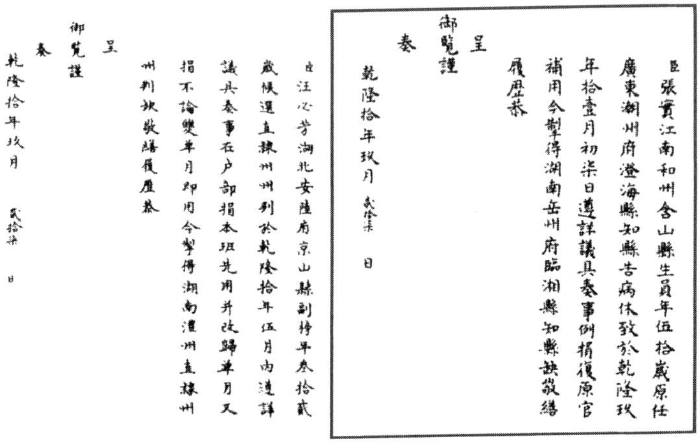

臣張實江南和州含山縣生員年伍拾歲原任
廣東潮州府澄海縣知縣告病休致於乾隆玖
年拾壹月初柒日遵詳議具奏事例捐復原官
補用今掣得湖南岳州府臨湘縣知縣缺敬繕
履歷恭
呈
御覽謹
奏
乾隆拾年玖月貳拾柒日

臣汪心芳湖北安陸府京山縣副榜年叁拾貳
歲候選直隸州州判於乾隆拾年伍月內遵詳
議具奏事在户部捐本班先用并改歸單月又
捐不論雙單月即用今掣得湖南澧州直隸州
州判缺敬繕履歷恭
呈
御覽謹
奏
乾隆拾年玖月貳拾柒日

图 5　《清代官员履历档案全编》中记载的张实

资料来源：秦国经主编《清代官员履历档案全编》第 15 册，华东师范大学出版社，1997，第 255 页上。

图 6　蔡兴哲故宅

图 7　蔡兴哲墓碑，赠署县左尹

图 8　陈日晖故宅“儒林第”，五进，俗称花楼。

（4）陈颖发，职监，以子时谦贵，赠奉政大夫（县志有传，陈时谦大夫第仍存，俗称“五马垂芳”）。

图 9　陈时谦大夫第“五马垂芳”俯瞰

（5）其他例贡有：蔡明学、高岗、蔡澄仪、谢高（宁远知县谢滟之弟）。

（6）其他职监有：陈业起、蔡发祥、蔡明学、蔡敬。

（7）孔日光，康熙戊子科武举人。

（8）陈文蔚，康熙癸未科武进士。

（9）陈文合，乾隆辛酉科举人，娄县知县（县志有传）。

（10）黄瑞吉，知县刘琦龄题赠“德追麦舟”匾，知县宁时文呈报赏“好义可风”匾（县志有传）。

（11）陈昇之，雍正六年举农官。雍正二年奉恩诏六十以上老农勤劳俭朴、身无过举者每岁荐举一人给以八品顶戴荣身。

第五，作为民国乡土教材的《澄海乡土历史教科书》。

《澄海乡土历史教科书》是 1919 年蔡鹏云编辑，是他在景韩小学堂授课时自编的乡土历史教材。

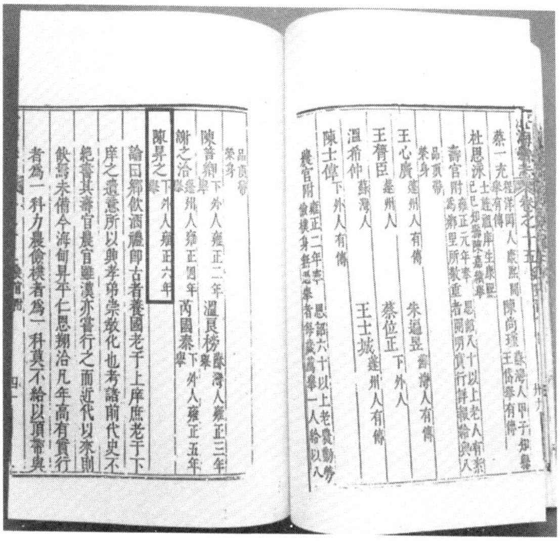

图 10　雍正《澄海县志》中记载的陈昇之

资料来源：雍正《澄海县志》卷 15《农官附·陈昇之》。

图 11　位于澄海区澄华街道上埭社区的“农官第”

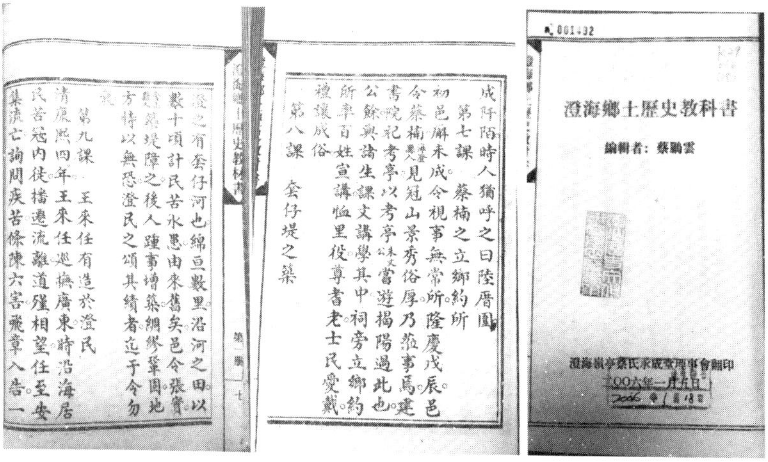

图 12　《澄海乡土历史教科书》

（二）《横陇堤筑堤碑记》残碑

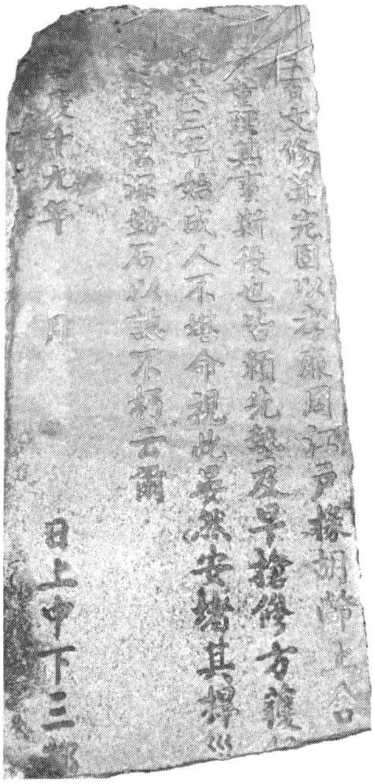

图 13　《横陇堤筑堤碑记》残碑

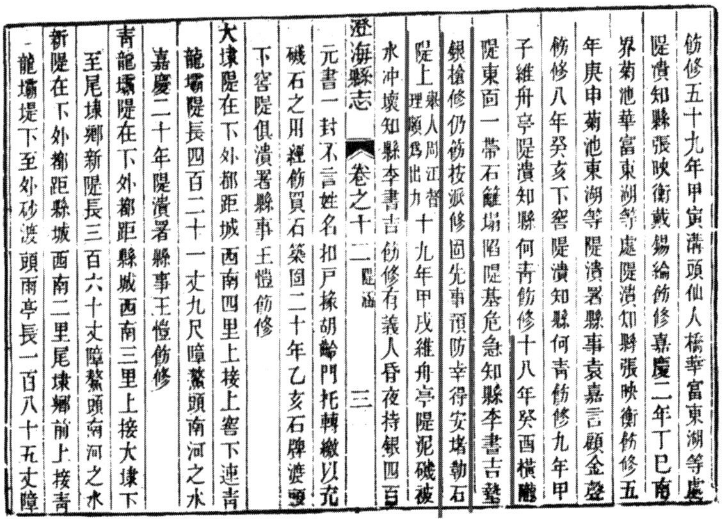

飭修五十九年甲寅溝頭仙人橋華富東湖等處
隄潰知縣張映衡戴錫綸飭修嘉慶二年丁巳南
界菊池華富東湖等處隄潰知縣張映衡飭修五
年庚申菊池東湖等隄潰署縣事袁嘉言顧金臺
飭修八年癸亥下窖隄潰知縣何青飭修九年甲
子維舟亭隄潰知縣何青飭修十八年癸酉橫隴
隄東面一帶石罅塌陷隄基危急知縣李書吉墊
銀搶修仍飭按派修固先事預防幸得安堵勒石
隄上衆人周江督理願爲出力十九年甲戌維舟亭隄泥磯被
水冲壞知縣李書吉飭修有義人昏夜持銀四百
澄海縣志　《卷之十二　隄涵　三
元書一封不言姓名扣戶掾胡齡門托轉繳以充
磯石之用經飭買石築固二十年乙亥石牌渡頭
下窖隄俱潰署縣事王愷飭修
大埭隄在下外都距城西南四里上接上窖下連青
龍壩隄長四百二十一丈九尺障鰲頭南河之水
嘉慶二十年隄潰署縣事王愷飭修
青龍壩隄在下外都距縣城西南三里上接大埭下
至尾埭鄉新隄長三百六十丈障鰲頭南河之水
新隄在下外都距縣城西南二里尾埭鄉前上接青
龍壩堤下至外砂渡頭雨亭長一百八十五丈障

图 14　嘉庆《澄海县志》中记载的堤涵

资料来源：嘉庆《澄海县志》卷 12《堤涵》。

碑记位置：澄海区上华镇陇尾村庄氏宗祠一侧。

年代：嘉庆十九年（1814）。

现将残存文字抄录如下：

……三百文修葺完固，以孝廉周江、户椽胡龄上舍……等董理其事。斯役也，皆赖先垫及早抢修，方获……坍决，三年始成，人不堪命视。此晏然安堵，其捍灾……。是感戴高深，勒石以志不朽云尔。

嘉庆十九年　月　日　上中下三都

该碑值得关注者有以下几点。

第一，此碑记虽然只剩下寥寥数十字，但历史信息极其丰富，连嘉庆《澄海县志》都有详细记载，足见其重要性。据当地耆老口述，此碑记原为四块石碑拼成，此为最末一块，另外的三块不知去向。

第二，南北二堤皆始于横陇堤，其重要性不言而喻。是役有赖澄海知县李书吉垫银抢修才保于万一。

第三，孝廉周江，下外人（今冠山人），嘉庆辛酉科举人。嘉庆《澄海县志》记载："是役周举人督理颇为出力。"

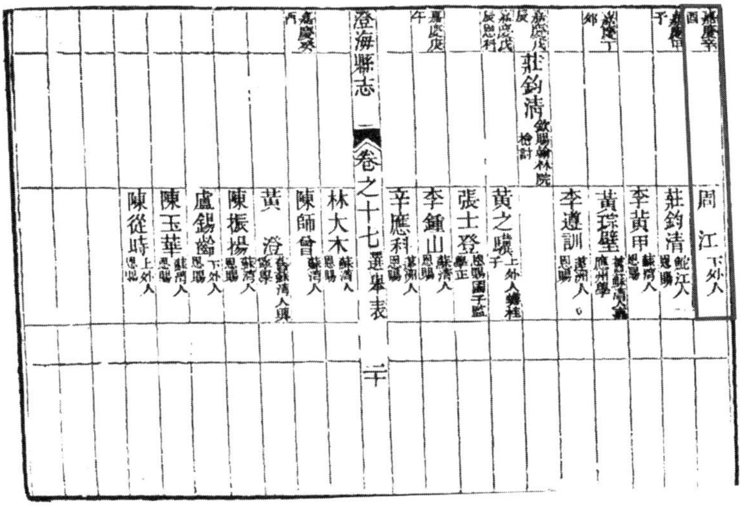

图 15　嘉庆《澄海县志》中记载的周江

资料来源：嘉庆《澄海县志》卷 17《选举表·周江》。

二 宪示碑记（按竖碑年代为序）

（一）岭亭《奉宪捐筑围墙碑记》

碑记位置：澄海区澄华街道岭亭社区蔡氏家庙埕口墙面。
年代：道光二十一年（1841）。
现将文字抄录如下：

奉宪捐筑围墙碑记

尝闻众志可以成城，况其显焉者乎。澄之河沟，淤塞日久，而且沟之内无墙以障敌，所以匪人易越滋扰，有由来也。时□时艰，欲于祖祠一派，筑起浚沟，以御盗匪。若犹虑其事之难成也，夫岂知事出义举，众自欢也。非但族内绅士知者，衿闻之倍加踊跃，欣然乐捐，以共襄厥事。而因之列佥呈请，蒙县主徐出示，将誉准即择吉兴工，阅月而式已竣。冀此后围墙缠绵坚固，河水渊源疏通，族之幸也，众之愿也。是为序。　　本刚

兹将诸位列佥呈请开录：

生员蔡本刚、监生蔡行序、监生蔡行潮、廪生林仪凤、职员陈高扬。

再将出资乐捐者列明：

豁阁祖捐银壹拾肆元、
简祖捐银壹佰元、
韬祖捐银壹拾元、
铭祖捐银壹拾元、
亨祖捐银贰拾元、
达成捐银捌拾元、财合捐银贰拾元、锦记捐贰拾元、
许得合捐银壹拾伍元、勤记捐银壹拾伍元、陈烈合捐银壹拾元、
道利捐银壹拾元、荣昌捐银捌元、祖堂捐银捌元、
信合叙利捐银伍元、耀利捐银肆元、黄攀合捐银叁元、
万发捐银贰元、升合捐银贰元伍角、林永利捐银壹元、
竣记捐银壹元、乔高公捐银柒元、捷成捐银伍元、
广合捐银肆元、陈杰合捐银贰元、林隆记捐银贰元、
陈峰利捐银壹元伍角、绳保捐银壹元、振昌捐银捌元、

巽记捐银伍元、瑞利捐银伍元、恒合捐银肆元、

林四发捐银贰元、陈垂裕捐银贰元、林佑合捐银壹元、

惜龙捐银壹元。

以上共捐花边银伍佰玖拾捌元，通共灰沙工什赀等合用银伍佰玖拾捌元。

道光贰拾壹年仲夏之月

该碑值得关注者有以下几点。

第一，徐县主，1992 年版《澄海县政府志》中没有记载，暂时查不到相关资料。

第二，董事人员相关资料。

（1）蔡本刚，道光七年（1827）科试，澄海县学第二等文理亦通生员，第五名。

（2）林仪凤，道光六年（1826）岁试，澄海县学第一等文理平通生员，第六名。

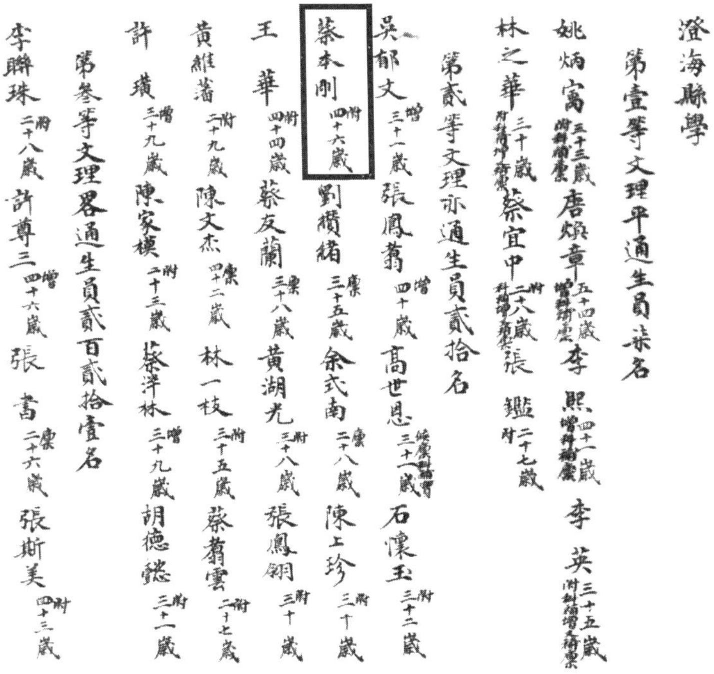
澄海縣學
第壹等文理平通生員柒名
姚炳富 五十三歲 唐煥章 五十四歲 李熙 四十一歲 李英 三十五歲
林之華 三十歲 蔡宜中 二十八歲 張鑑 二十七歲
第貳等文理亦通生員貳拾名
吳郁文 增 三十一歲 張鳳翥 增 四十歲 高世恩 三十一歲 石懷玉 附 三十二歲
蔡本剛 附 四十六歲 劉積緒 廩 三十五歲 余式南 廩 二十八歲 陳上珍 附 三十歲
王華 附 四十四歲 蔡友蘭 廩 三十八歲 黃湖光 附 三十八歲 張鳳翎 附 三十歲
黃維藩 附 二十九歲 陳文杰 廩 四十二歲 林一枝 附 三十五歲 蔡翥雲 附 二十七歲
許璜 增 三十九歲 陳家模 附 二十三歲 蔡洋林 增 三十九歲 胡德懋 附 三十一歲
第叁等文理畧通生員貳百貳拾壹名
李聯珠 附 二十八歲 許尊三 增 四十六歲 張書 廩 二十六歲 張斯美 附 四十三歲

图 16　蔡本刚，道光七年县学第二等第五名

资料来源：翁心存：《粤东校士录》。

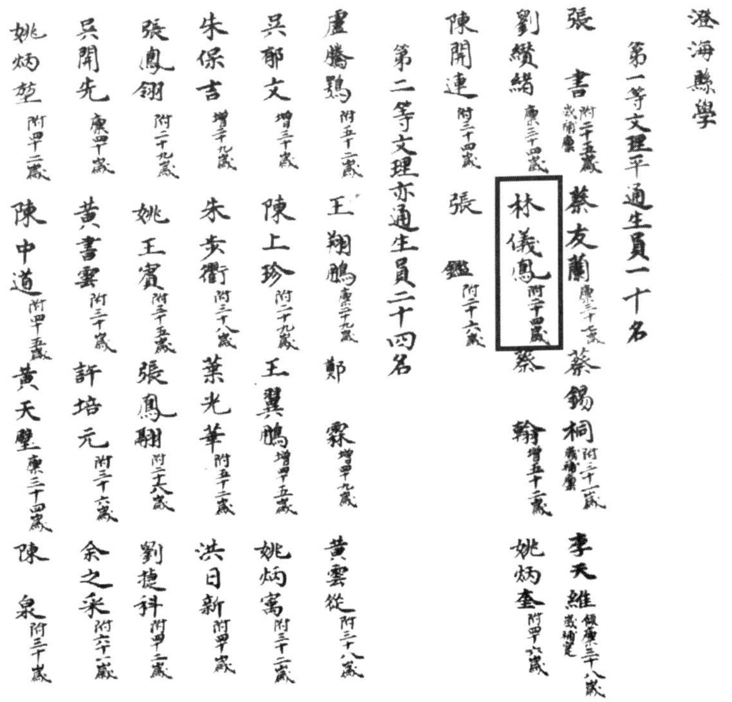
澄海縣學

第一等文理平通生員一十名

張　書 附二十五歲 武備案　蔡友蘭 廩二十一歲　蔡錫桐 附二十一歲 武備案　李天維 銀廩三十八歲 武備案

劉纘緒 廩二十四歲　林儀鳳 附二十四歲　蔡　翰 增五十二歲　姚炳奎 附四十六歲

陳開連 附二十四歲　張　鑑 附二十六歲

第二等文理亦通生員二十四名

盧騰鵾 附五十二歲　王翔鵬 廩二十九歲　鄭　霖 增四十九歲　黃雲從 附三十八歲

吳郁文 增三十歲　陳上珍 附二十九歲　王翼鵬 增四十五歲　姚炳寓 附三十二歲

朱保吉 增二十九歲　朱步衢 附二十八歲　葉光華 附五十二歲　洪日新 附四十歲

張鳳翎 附二十九歲　姚王賓 附三十五歲　張鳳翔 附二十六歲　劉捷科 附四十二歲

吳開先 廩四十歲　黃書雲 附三十歲　許培元 附三十六歲　余之采 附六十一歲

姚炳堃 附四十二歲　陳中道 附四十五歲　黃天壁 廩三十四歲　陳　泉 附三十歲

图 17　林仪凤，道光六年县学第一等第六名

资料来源：翁心存：《粤东校士录》。

第三，此碑记所载使用的是花边银。明万历年间张燮所著《东西洋考》第五卷说："大者七钱五分夷名黄币峙，次三钱六分，夷名英厝，又次一钱八分，名罗料厘，小者九分，名黄料厘，俱自佛郎机（即西班牙）携来。"第十六卷称："至于福建、广东近海之地，又多使用洋钱。其银皆范为钱式，来自西南二洋，约有数万。大者马钱，为海马形，次曰花边，又次曰十字钱。花边亦有大、中、小三等。大者重七钱，中者重三钱有奇，小者重一钱有奇。又有刻作人面，或为全身，其背为宫室、器皿、禽兽、花草之类，环以番字。两面皆为人形者，闽粤之人呼为番银，或称为花边银。"

（二）《水溜口碑记》

碑记位置：澄海区澄华街道城西社区水溜口福德祠旁。

年代：同治五年（1866）。

现将文字抄录如下：

补用军民府尽先补用粮捕府署澄海知县正堂随带加一级寻常加二级纪录十次冯

特授广东澄海营参府杨　为

示谕严禁事，现据蔡振禀称，伊素在南门外蔡衍庆堂雇工，家主即在该处一带起建祠堂房屋，北至红面宫，南至水溜口，西至铁灶巷，界内皆是家主祠屋，并无外人插杂。各处从前原曾设立栅门，嗣因年久废坏。现在时值冬令，世风不古，拟在界内照旧设立栅门，支更守夜，以防盗贼等事。理合禀明，并禀参府宪鉴察，伏乞会衔出示晓谕，准行红面宫水溜口铁灶巷等处。自己界内照旧基址设立栅门三座，每晚二更关闭，天明炮响即开，仍雇人专司启闭，以便行人。庶几藩篱，自固绝宵小窥觑之虞，则家主以后得以乐业安居，皆出宪恩之所赐也。再家主祠屋内，恐有匪徒恃强摆设赌博以及酗酒打架滋事等，弊并求一体禁止，及准将奉到宪示勒石鉴碑垂诸久。违实为德便等情到县，据此当批准移会出示，仰阖邑军民人等知悉。现据蔡衍庆堂家人蔡振具禀前情，准其就于界内红面宫水溜口铁灶巷三处设立栅门，支更巡守，以备防卫，附近居民不得在于该处界内，恃强摆设赌博以及酗酒打架滋生事端，如敢故违谕，该家人授同地保，扭获送赴本县，以凭从严究治，各宜凛遵，违毋特示。

同治五年拾月　日竖立

此碑记有两个信息值得注意。

第一，冯知县即冯镇，1992 年版《澄海县政府志》中没有记载，其到任时间应是同治四年至五年。[①]

该观察第现为澄海区重点文物保护单位。

第二，该观察第的主人是谁一直存在争议，此碑记刚好印证了观察第系蔡氏所有，祠堂堂号衍庆堂。原为三座观察第、一座祠堂，后拆除一座观察第及祠堂，今存两座观察第主体结构基本保存完好。

① 周修东：《潮海关史事丛考》，中国海关出版社，2013，第 86 页。

图 18　澄海水溜口观察第

图 19　丹纶宠贲

说明：上款：同治乙丑腊月，下款：粤督使者毛鸿宾题。

图 20　紫绋荣褒

说明：上款：同治四年冬月，下款：两淮盐使丁日昌题。

三　祠庙碑记（按竖碑年代先后顺序）

（一）《重修福林庵碑记》

图 21　《重修福林庵碑记》

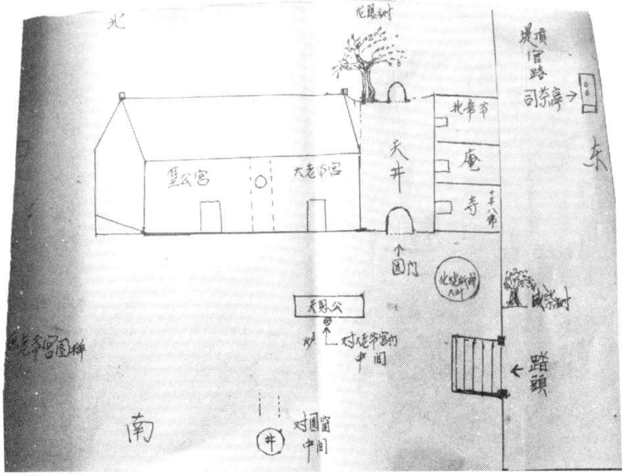

图 22　村老年人协会理事长宋壁亮先生回忆手绘的福林庵平面示意图

碑记位置：澄海区上华镇东林头村南极庙旁。

年代：嘉庆二十四年（1819）。

现将碑中文字抄录如下：

重修福林庵碑记

吾乡之东福林庵也，肇于乾隆甲申岁，僧难募建而成。中构佛堂，左右房各一，合一座，得三间焉。背堤而面于真君庙之左头，颜曰福林，盖取乡名东林，欲为吾乡祈福也。难弟天造，嗣继而居，后有僧智修者，又继天造而后踪于此。苦其局之促也，丐地于洪太公讳文贤，恳再将其尊翁太学仲舒公屋地在庙后者，仍捐多一片，别构佛座一所，与北头房相对，遂广为四间焉，则是庵也。僧难创建于前，智修踵增于后，厥功几等。自时厥后，持僧已往，佛刹犹存。天意厌旧喜新，是岁秋孟，日值中元，飓风疾作，寺前古树一株，高逾十丈，大越数围，上欛被风推下，将庵擲碎，而诸佛逍像幸无少碍，足见佛光有灵，克自呵护。但庵无住僧，难于募化整修，则禅堂几成废土矣。吾乡生员东澳洪君，偕职员敬轩杨君，不忍是庵之废也。又念吾乡北帝一厅，毁坏多年，卜地重建未果。适是庵待修，议将北头一房辟为帝厅，方位与帝符合，询之乡众，无不乐从。而诸乐善好施君子，各喜捐多赀焉。因择吉鸠工，而是庵复成。不独诸佛福地如故，而北帝庙貌亦为焕然一新，则诸君子之为吾乡祈福，其护享更为永远无穷矣。因溯从前建庵之人，与今日重修之举，勒之石上，用示方来，是为志。

杨日兴捐银陆拾元　　杨惟扬捐银伍拾元

洪仲茂、监生洪仲广共捐银　职员杨惟嘉捐银肆拾元

洪仁兴捐银柒元　　监生杨惟明捐银贰元

监生洪朝鸣银贰元　　洪仲教捐银贰元　　生员洪日升捐银贰元

生员洪日新捐银贰元　　洪义春捐银贰元　　杨成锦捐银贰元

宋其玉捐银壹元　　姚舜先捐银壹元　　宋日龙捐银壹元

赵振天捐银壹元　　宋继传捐银壹元

凤岭监生杨亨嘉捐银肆元　城内魏贞捐银肆元

菊池黄稳　　新乡黄就　石坑翁俊清各捐银壹元

嘉庆二十四年岁次乙卯十一月上浣谷旦合社同立

该碑值得关注者有以下几点。

第一，笔者近年多次走访东林头，得知洪氏宗祠理事会一直在寻找族谱，便将手头发现的上海图书馆馆藏的民国时出版的《潮州洪氏族谱》提供给了他们，里面有东林头洪氏创乡始祖至民国初期的世系。通过查阅相关文献材料并结合碑记内容，笔者逐渐梳理出洪念韬家族的脉络。其若干代人都是为乡为民办实事，或鼎建宗祠，或修建庙宇，献地、出钱、出力，凝聚宗族力量。这是他们作为乡绅自觉自发的行为。所以，我们在田野调查的时候，所发现的每一件资料都是不可或缺的。如果没有通读碑记内容，

我们不会知道县志没有将福林庵收录其中，也不会知道洪仲舒一族对家乡的贡献之多。也许，这就是家风的传承，正是我们现今社会所追求的。

第二，碑记之末出现了风岭、城内、菊池等其他乡里人前来捐银的记载，这种现象在清代乾嘉时期其他地方的碑记中较为少见。

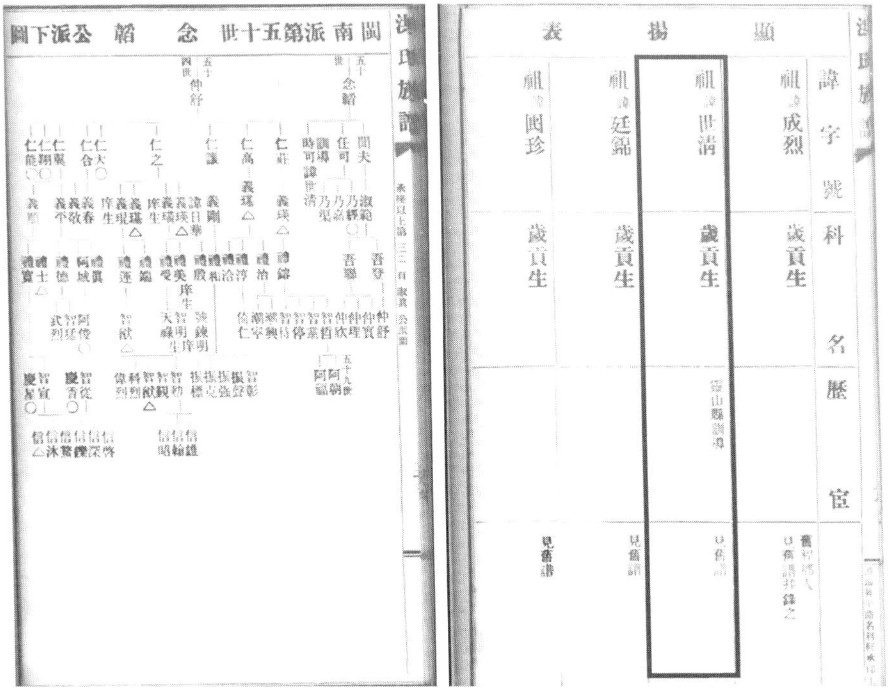

图 23　《潮州洪氏族谱》所载东林头洪氏世系

资料来源：洪已任纂修《潮州洪氏族谱·显扬表》，1922。

图 24　洪仲舒高祖念韬公“耆德可风”匾（广东学政樊泽达所题）

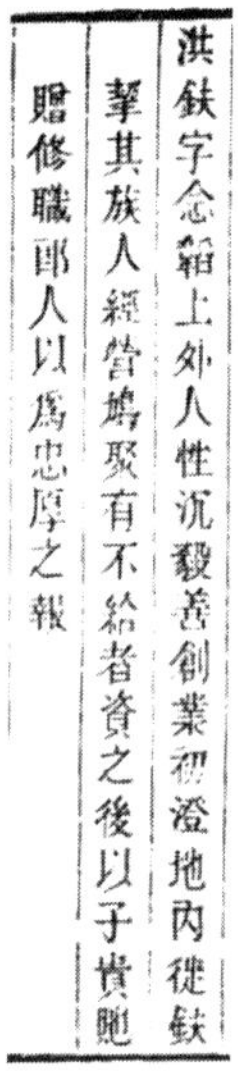
洪鈇字念韜上外人性沉毅善創業初澄地內徙鈇
挈其族人經營鳩聚有不給者貲之後以子貴貤
贈修職郎人以爲忠厚之報

图 25　洪仲舒高祖念韬公县志传略

资料来源：嘉庆《澄海县志》卷 19《义行·洪钛》。

图 26　洪仲舒曾祖叔洪世清（官灵山训导）旗杆石

（二）上埭《李氏宗祠碑记》

碑记位置：澄海区澄华街道上埭社区李氏宗祠内。

年代：同治十三年（1874）。

现将文字抄录如下：

同治九年，前因外砂霸占祖祠前，土名上埭洲翁厝洲粮园。经蒙镇宪大人方、县主常批准，上管继因族内事公挥，己互控不休。蒙县主常、陈、冒堂判，以五十亩归还大宗燕诒堂为蒸业，嗣后不许互相控争，俱以具遵毋敢仍蹈前辙。又蒙诸位宗亲，绍勋太公、记明太公、淡如老爷、家存叔、声员伯、声章兄向前劝处，着令息讼，以照县主

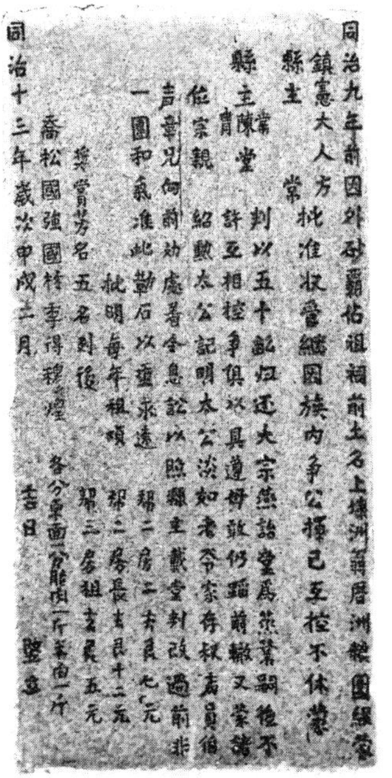

图 27　上埭《李氏宗祠碑记》

戴堂判。改过前非，一团和气，准此勒石以垂永远。

批明每年租项，帮二房长去银十二元，帮二房二去银七元，帮三房祖去银五元。

奖赏芳名五名列后，乔松、国强、国林、季得、穆煌，各分卓面一分、胙肉一斤、羊肉一斤。

同治十三年岁次甲戌二月吉日竖立

该碑值得关注者有以下几点。

第一，这方碑记对笔者来说，比较特殊。因为接触到这方碑记之后，笔者才对碑记产生了极大的兴趣。通过查阅资料笔者发现碑记所载的知县常、陈、冒、戴，仅戴一人从 1992 年版《澄海县政府志》能够查到，但很遗憾，名字还是错误的。笔者发现道光至光绪年间，特别是咸丰、同治年间，县志所载澄海知县之任职情况几乎是一片空白。通过这方碑记，笔者先后搜集到了若干位没有记载在册的澄海知县（含署知县、摄知县），以补遗漏之憾。

第二，《澄海县政府志》中的“戴培源”应为“戴裕源”。据查阅相关资料，戴裕源，字鉴泉，宜兴画溪里人。咸丰己未科举人，同治辛未大挑，选为广东知县，先后权知澄海、新会县事，有政声。另外，他的外孙女蒋碧微女士系大画家徐悲鸿的夫人。

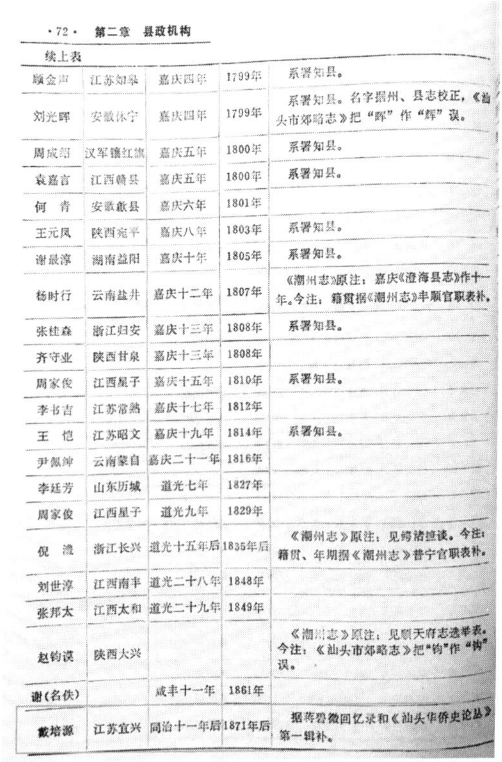

·72· 第二章 县政机构

续上表

顾金声	江苏如皋	嘉庆四年	1799年	系署知县。
刘光晖	安徽休宁	嘉庆四年	1799年	系署知县。名字据州、县志校正，《汕头市郊略志》把“晖”作“辉”误。
周成绍	汉军镶红旗	嘉庆五年	1800年	系署知县。
袁嘉言	江西赣县	嘉庆五年	1800年	系署知县。
何　青	安徽歙县	嘉庆六年	1801年	
王元凤	陕西宛平	嘉庆八年	1803年	系署知县。
谢最淳	湖南益阳	嘉庆十年	1805年	系署知县。
杨时行	云南盐井	嘉庆十二年	1807年	《潮州志》原注：嘉庆《澄海县志》作十一年。今注：籍贯据《潮州志》丰顺官职表补。
张桂森	浙江归安	嘉庆十三年	1808年	系署知县。
齐守业	陕西甘泉	嘉庆十三年	1808年	
周家俊	江西星子	嘉庆十五年	1810年	系署知县。
李书吉	江苏常熟	嘉庆十七年	1812年	
王　恺	江苏昭文	嘉庆十九年	1814年	系署知县。
尹佩绅	云南蒙自	嘉庆二十一年	1816年	
李廷芳	山东历城	道光七年	1827年	
周家俊	江西星子	道光九年	1829年	
倪　澧	浙江长兴	道光十五年后	1835年后	《潮州志》原注：见绮诸堂读。今注：籍贯、年期据《潮州志》普宁官职表补。
刘世淳	江西南丰	道光二十八年	1848年	
张邦太	江西太和	道光二十九年	1849年	
赵钧谟	陕西大兴			《潮州志》原注：见顺天府志选举表。今注：《汕头市郊略志》把“钧”作“钩”误。
谢(名佚)		咸丰十一年	1861年	
戴培源	江苏宜兴	同治十一年后	1871年后	据蒋碧微回忆录和《汕头华侨史论丛》第一辑补。

图 28　《澄海县政府志》所载“戴培源”

资料来源：澄海县人民政府办公室编印《澄海县政府志》，澄海县人民印刷厂，1992，第 72 页。

第三，常知县，查不到相关资料。

第四，陈知县即陈善圻（1833～1889），湖南郴州人，曾任广州府通判，调署嘉应州知州，兼署澄海知县，后任南海知县、澄海知县等。著有《澄海县舆地图说》。其父陈起诗与魏源、汤鹏、左宗植并称“湖南四杰”，陈善圻系魏源之女婿。

第五，冒知县即冒澄，江苏如皋人。先后知潮阳、顺德、番禺、普宁、澄海，署潮州盐运司，廉州知府，著有《潮牍偶存》及《寒碧堂尺牍》一卷等。

（三）下窖《高氏宗祠碑记》

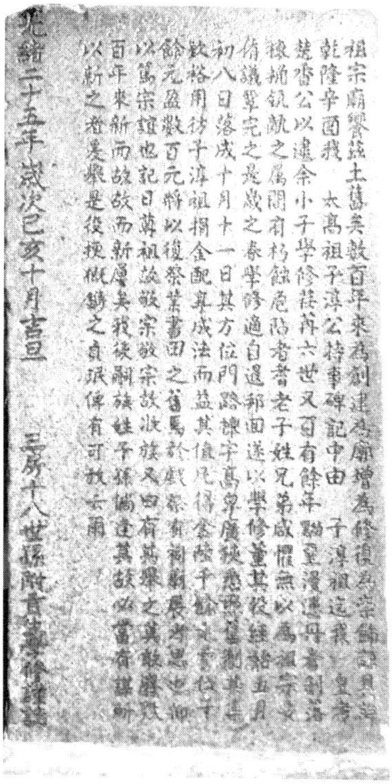

图 29　下窖《高氏宗祠碑记》

碑记位置：澄海区澄华街道下窖社区高氏宗祠内。

年代：光绪二十五年（1899）。

现将文字抄录如下：

祖宗庙飨兹土旧矣。数百年，为创建、为廓增、为修复、为崇饰语，具详。乾隆辛酉，我太高祖子淳公，持事碑记中，由子淳祖迄我皇考楚香公，以建余小子学修茬苒，六世又百有余年。黝垩漫漶，丹青剥落，栋桷瓴甗之属间，有朽蚀危阽者，耆老子姓兄弟，咸惧无以为祖妥侑巩完之。是岁之春，学修适自暹邦回，遂以学修董其役，经始五月初八日，落成十月十一日。其方位门路，栋宇高卑广狭，悉照旧制。其集款裕用，仿子淳祖捐金配享成法，而益其值，凡得金陆千余元，费伍千余元，盈数百元，将以复祭业书田之旧焉。於戏！祭有祠庙，展孝思也，仰以笃宗谊也。记日尊祖，故敬宗、故收族，又曰有其举之，莫敢废毁。百年来，新而故、故而新屡矣。我后嗣族姓子孙，倘逢其故，必当有谋，所以新之者爰举。是役梗概，镌之贞珉，俾有可考云尔。

光绪二十五年岁次己亥十月吉旦　三房十八世孙附贡生学修谨志

该碑值得关注的是撰者高学修。高学修（1874～1932），字晖石，广东澄海人。其父为暹罗（今泰国）米业巨商高楚香。光绪末年，而立之年的高学修科场中举。清末废科举后，功名途塞，他遵父命移居泰国，继承火砻业（碾米业）。1882 年其父去世后，经理先父产业。因经营有方，高氏集团的事业迅猛发展。碾米厂由 1 家发展到 13 家，还创办有矿石厂和橡胶园。广州、汕头、香港、新加坡、东京等地均有高家的商业铺号和工厂。这个时期是高家事业的鼎盛时期。高学修热心文化和慈善事业，创建培英学校，任该校校董多届；有鉴于当年泰国医疗条件落后，旅泰华侨求医困难，死亡率较高，遂与知交刘继宾、伍森源等 6 人倡办天华医院，并首先捐银百斤（当年值 8000 铢）为建院费用，连任该院董事长多届，在任内完善章程，使该院成为纯慈善保健的民办机构；与伍住南、陈立梅等人于 1909 年共同倡建泰国中华总商会，连任五届会长。泰国国王拉玛五世（1868～1910 年在位）御赐其卜銮拍里蒲哇纳（子爵）爵位。

图 30　高学修

余 论

笔者在近些年的乡村走访中，总会留心是否存有碑记。这是因为笔者有亲身感触。笔者长于韩江边，家乡澄海上华横陇村规模也不算小，人口有五六千人，自古有十八个姓氏，即便到如今也有十四姓之多，祠堂有十多个，祠宇也有十多处，但仅存一方同治年间的捐银碑记，文物的破坏不可谓不大。因而，笔者想对家乡的历史进行整理时，往往无从下手，只能求诸其他零散的文献记载。这使我感到碑记在民间社会研究中的重要性。往往一方碑记的发现，也许就能够解开一个地方百年不解的谜团或是一个宗族的源流。这些最原始的民间材料也许能够补充官方文献的漏缺，这也正是笔者乐此不疲探究碑铭文化的原因之所在。

图书在版编目（CIP）数据

潮汕碑铭研究 / 陈景熙主编. -- 北京 : 社会科学文献出版社, 2021.10
（汕头大学国际潮学丛书）
ISBN 978-7-5201-8828-9

Ⅰ. ①潮… Ⅱ. ①陈… Ⅲ. ①碑文-研究-潮汕 Ⅳ. ①K877.424

中国版本图书馆 CIP 数据核字（2021）第 162971 号

汕头大学国际潮学丛书
潮汕碑铭研究

主　　编 / 陈景熙

出 版 人 / 王利民
责任编辑 / 李期耀
文稿编辑 / 徐　清
责任印制 / 王京美

出　　版 / 社会科学文献出版社
地址：北京市北三环中路甲 29 号院华龙大厦　邮编：100029
网址：www.ssap.com.cn
发　　行 / 市场营销中心（010）59367081　59367083
印　　装 / 三河市龙林印务有限公司

规　　格 / 开 本：787mm × 1092mm　1/16
印 张：13.25　字 数：223 千字
版　　次 / 2021 年 10 月第 1 版　2021 年 10 月第 1 次印刷
书　　号 / ISBN 978-7-5201-8828-9
定　　价 / 98.00 元

本书如有印装质量问题，请与读者服务中心（010-59367028）联系